Silvia Irina Zimmermann

Der Zauber des fernen Königreichs

Carmen Sylvas »Pelesch-Märchen«

Die Autorin:

Silvia Irina Zimmermann, geboren 1970 in Sibiu /Hermannstadt, Rumänien, studierte an den Universitäten Sibiu und Marburg Germanistik, Anglistik, Kunstgeschichte und Soziologie und promovierte über das schriftstellerische Werk Carmen Sylvas. Sie betreibt mehrere Webseiten zur Schriftsteller-Königin (www.carmen-sylva.de), und gegenwärtig übersetzt sie eine rumänische Biografie Carmen Sylvas ins Deutsche, die voraussichtlich im Herbst 2011 im ***ibidem***-Verlag erscheinen wird.

Silvia Irina Zimmermann

DER ZAUBER DES FERNEN KÖNIGREICHS

Carmen Sylvas »Pelesch-Märchen«

ibidem-Verlag
Stuttgart

Bibliografische Information der Deutschen Nationalbibliothek
Die Deutsche Nationalbibliothek verzeichnet diese Publikation in der Deutschen Nationalbibliografie; detaillierte bibliografische Daten sind im Internet über http://dnb.d-nb.de abrufbar.

Bibliographic information published by the Deutsche Nationalbibliothek
Die Deutsche Nationalbibliothek lists this publication in the Deutsche Nationalbibliografie; detailed bibliographic data are available in the Internet at http://dnb.d-nb.de.

∞

Gedruckt auf alterungsbeständigem, säurefreien Papier
gemäß DIN EN ISO 9706
Printed on acid-free paper (DIN EN ISO 9706)

ISBN-13: 978-3-8382-0195-5

Printed in Germany

Für Robert, der sich jedes Mal auf das ferne Land seiner Großeltern freut

Für Gabriel, der am Ort der Pelesch-Märchen *aufwuchs und sie als Kind von seiner Großmutter erzählt hörte*

Vorwort

»An einem wunderschönen Sonntagnachmittag, da die erhitzten Tänzer einen Augenblick stille standen, erklang in ihrer Nähe ein so liebliches Flötenspiel, dass der ganzen jungen Schar das Herz schwoll vor Entzücken. Sie wandten sich neugierig; da stand ein schöner junger Hirte an einen Baum gelehnt, die Füße übereinander gekreuzt, so ruhig, als hätte er immer da gestanden, und doch hatte ihn Niemand kommen sehen und war er Niemandem bekannt. Er spielte fort und fort, als sei er ganz allein auf der Welt, nur einmal hob er die Augen und sah Jalomitza an, die nahe an ihn herangetreten war und den himmlischen Melodien mit geöffneten Lippen und bebenden Nasenflügeln lauschte. Nach einer Weile sah er sie wieder an, und dann zum dritten Mal.«

So umstritten Carmen Sylvas literarisches Werk, das seit ihrem Tod bis zu ihrer auch durch Silvia Irina Zimmermann, geb. Rada, bewirkten Renaissance fast vergessen war, zu ihren Lebzeiten gewesen ist, ihre Märchen haben bis heute einen eigenartigen Zauber.

Die zitierte Passage aus dem Pelesch-Märchen *Die Grotte der Jalomitza* ist ein literarisches Jugendstil-Gemälde, und die Figurenkonstellation – der Hirte ist der Zauberer Bucur, der die von dem jungen Bauern Coman geliebte Jalomitza entführen will – erinnert an die Beziehung von Don Giovanni, Zerlina und Masetto. Jalomitza, die Heldin und die Titelfigur des Märchens, wird aber nicht schwach wie Zerlina, sondern tritt in Begleitung von Coman die magische Flucht an und besiegt beim Verwandlungswettkampf den Zauberer beinahe.

Die rumäniendeutsche Verfasserin dieser Arbeit misst die Pelesch-Märchen der deutsch-rumänischen Dichterin weder an den von Carmen Sylva verarbeiteten deutschen und rumänischen Märchen und Sagen, um dann Abweichungen zu konstatieren und als Verfälschungen zu kritisieren, sondern sie lässt sich auf diese phantastischen, ebenso künstlichen wie künstlerischen »Kunstmärchen« ein. Dabei entdeckt sie eine ganze Reihe von Besonderheiten: der sprechende Waldbach Pelesch, das rumänische

Dorfleben, Bilder von schönen Heldinnen und Helden, die mit Naturmetaphern wie »brombeerschwarze Augen« geschmückt sind, dann wieder realistische Schilderungen von Armut und Verkrüppelung, Hexen, die auch sympathische Züge zeigen, oder der durch die Begegnung mit dem Wunder bewirkte tragische Ausgang.

Doch ich will der aufschlussreichen, weil auf die Texte bezogenen Darstellung der Verfasserin nicht vorgreifen und wünsche den Leserinnen und Lesern, dass sie sich von ihr durch diese verwunschene und vergessene Märchenwelt führen lassen.

Wilhelm Solms

Inhaltsverzeichnis

1. Sagenumwobene Karpaten

»Eine Landschaft ist immer auch ›Sagenlandschaft‹«.[1]
Max Lüthi

Zu den Vermittlern rumänischer Literatur und Kultur in Deutschland zählt auch Königin Elisabeth von Rumänien (1843-1916), geborene Prinzessin zu Wied, die ihre literarischen Werke unter dem Künstlernamen *Carmen Sylva* veröffentlichte. Vor allem mit ihrem zweibändigen Werk *Aus Carmen Sylvas KönIgreich* (1883/1885) versuchte sie sowohl mittels eigener Märchen (Band I: *Pelesch-Märchen*) als auch durch Nacherzählungen rumänischer Märchen und Sagen (Band II: *Durch die Jahrhunderte*), Rumänien in ihrer deutschen Heimat bekannter zu machen. Die Literaturkritik würdigte Carmen Sylvas Werk jedoch wenig. Bezüglich der Märchenliteratur gibt es zahlreiche Sammlungen rumänischer Volksmärchen, die vor Carmen Sylvas Märchen veröffentlicht worden sind. Als Übersetzer rumänischer Volksmärchen ins Deutsche sind hier insbesondere die Brüder Albert und Artur Schott zu erwähnen, die 1845 die erste Buchausgabe rumänischer Märchen[2] unter dem Titel *Walachische Märchen* veröffentlichten und die ihre Bedeutung innerhalb der Märchenforschung noch heute behaupten können.

Carmen Sylvas Werke und vor allem ihre Gedichte, Lebenserinnerungen und Märchen waren Anfang des 20. Jahrhunderts weltweit gelesene Bücher.[3] Der soziale Status der Autorin trug zu ihrer Popularität nicht unerheblich bei, denn als »Dichterin auf dem Thron« erregte sie Aufsehen. So konnte Carmen Sylva mit ihren Schriften – mit denen sie in großem Maße auch eine Kulturvermittlung zwischen Ost- und Westeuropa beabsichtigte – eine breitere Leserschaft erreichen. Nach ihrem Tod jedoch geriet Carmen Sylva in

---

1 Max Lüthi: *Gehalt und Erzählweise der Volkssage*. In: *Sagen und ihre Deutung*, Göttingen: Vandenhoeck & Ruprecht, 1965, S. 25.

2 Vgl. *Rumänische Märchen*, erzählt von Maria Kaková, Hanau: Dausien, 1989, S. 175.

3 Vgl. Hildegard E. Schmidt: *Carmen Sylva. Eine progressive Frau an der Schwelle des 20. Jahrhunderts*. In: *Von Frau zu Frau* (hrsg. vom Frauenverein Neuwied), Neuwied: Frauenbüro, 1993, S. 119. Bezüglich der Märchen, vgl. Jens Tismar: *Das deutsche Kunstmärchen des zwanzigsten Jahrhunderts*, Stuttgart: Metzler, 1981, S. 29.

Vergessenheit, so wie viele andere Schriftsteller, deren Werke vom Zeitgeist des folgenden Jahrhunderts überholt wurden. Trotzdem haben manche Werke Carmen Sylvas – und hierzu zähle ich insbesondere die *Pelesch-Märchen* (1883), die Reisebeschreibung *Rheintochters Donaufahrt* (1905) und den Gedichtband *Meine Ruh'* (1884) – ihren Reiz bis heute nicht verloren. Über diese persönliche Beobachtung hinaus stellt sich jedoch die Frage nach dem literarischen Wert der *Pelesch-Märchen*: Sind die Märchen Carmen Sylvas heute nur noch als ein literarhistorisches Kuriosum zu betrachten, oder kann ihnen ein literarischer Wert innerhalb der Kunstmärchenliteratur zugesprochen werden? Auch die Beziehung der *Pelesch-Märchen* zur rumänischen Volksliteratur ist zu untersuchen, denn aufgrund der Lokalisierung der Märchenhandlungen in den rumänischen Karpaten sowie der Tatsache, dass oft Einblicke in das dörfliche Leben Rumäniens im 19. Jahrhundert gewährt werden, hielt man die *Pelesch-Märchen* in der Sekundärliteratur fälschlicherweise für Nacherzählungen rumänischer Volksmärchen oder Sagen. Und nicht zuletzt ist auch die Darstellungsweise des »Zaubers« der »exotischen« Landschaft zu untersuchen, denn durch die immer wieder hergestellte Beziehung der Märchenhandlung zur realen Landschaft der rumänischen Karpaten wird eine gewisse werbende Absicht der Autorin für das Land erkennbar.

Im Anschluss an die Bibliographie dieser Studie ist ein Verzeichnis der veröffentlichten Werke Carmen Sylvas zu finden.[4]

Danksagung

Im Sommer 1993, während eines Ferienaufenthaltes in meiner Heimatstadt Sibiu (Hermannstadt, Rumänien), fand ich einen Artikel über Carmen Sylva von Annemarie Podlipny-Hehn in der Hermannstädter Zeitung. Zwar war mir der Dichtername der ersten Königin Rumäniens bekannt, jedoch hatte ich bis dahin keines ihrer Bücher gelesen. Podlipny-Hehns Beschreibung der zahlreichen noch zu Lebzeiten veröffentlichten und hauptsächlich deutsch-

---

[4] Eine ausführliche Bibliographie bietet meine Dissertation über das schrifstellerische Werk Carmen Sylvas: Silvia Irina Zimmermann, *Die dichtende Königin. Elisabeth, Prinzessin zu Wied, Königin von Rumänien, Carmen Sylva (1843-1916). Selbstmythisierung und prodynastische Öffentlichkeitsarbeit durch Literatur*, Stuttgart: ibidem-Verlag, 2010 (zugleich Dissertation Universität Marburg, 2003).

sprachigen Werke der Königin machte mich neugierig: Ich wollte mehr erfahren und das Werk mit den Methoden der Literaturwissenschaft erforschen.[5]
Meine tiefste Dankbarkeit gilt Professor Dr. Wilhelm Solms, der nicht nur Interesse an meinem eher ungewöhnlichen literaturwissenschaftlichen Forschungsthema über eine dichtende Königin zeigte, sondern sich auch bereit erklärte, sowohl meine Magisterarbeit als auch später meine Dissertation über das gesamte literarische Werk Carmen Sylvas an der Philipps-Universität Marburg fachwissenschaftlich zu betreuen. Es ist eine sehr große Ehre für mich und freut mich sehr, dass sich Professor Solms als geschätzter Märchenexperte bereit erklärt hat, das Vorwort zu diesem Buch zu verfassen. Ich danke ihm ganz herzlich für die erneute kritische Durchsicht des Publikationsmanuskripts dieser Studie und für die wertvollen Korrekturhinweise.
An der Philipps-Universität Marburg veranstaltete ich im Wintersemester 1993/1994 zusammen mit Freunden (ebenfalls Studierende an der Philipps-Universität Marburg und Mitbewohner des Collegium Philippinum) einige Leseabende, an denen wir aus Carmen Sylvas *Pelesch-Märchen* sowie aus veröffentlichten Briefen der Königin vorlasen. Dabei stellte ich fest, dass sich die Teilnehmer weniger für die Briefe Carmen Sylvas und die Person der Königin interessierten, als vielmehr für ihre Märchen, die somit in mehreren Sitzungen bevorzugt vorgelesen und besprochen wurden. Für diese Erkenntnis und für die anregenden Gespräche bei diesen Leseabenden bedanke ich mich nachträglich bei allen am Lesezirkel im Wintersemester 1993/1994 teilnehmenden Literaturfreunden aus der »Stipe« (wie das Collegium Philippinum von uns Mitbewohnern genannt wurde).
Meine Studie über Carmen Sylvas *Pelesch-Märchen* wäre ohne Unterstützung durch Stipendien, die ich während meines Studienaufenthaltes in Marburg genießen durfte, nicht zustande gekommen. Am meisten verdanke ich Herrn Pfarrer i. R. Erhard Maurer aus Borken/Hessen (Träger des Bundesverdienstkreuzes, Verdienstkreuz am Bande: 13.09.1989), durch dessen unermessliche Unterstützung die Finanzierung meiner Studienzeit in Marburg ermöglicht wurde. Als geschätzter Vermittler zwischen Deutschland und Rumänien wird er vielen Menschen insbesondere in Borken und in Sibiu

[5] Diese Studie ist eine überarbeitete Fassung meiner Magisterarbeit von 1996 im Fach Neuere deutsche Literatur des Fachbereichs Neuere deutsche Literatur und Kunstwissenschaften der Philipps-Universität Marburg.

(Hermannstadt) weiter im Gedächtnis bleiben. Ich danke der Stadt Borken/Hessen, den evangelischen Kirchengemeinden aus Borken und Umgebung sowie dem Lions-Club Bad Wildungen/Hessen für die Unterstützung durch Fördergelder in den Jahren 1992-1993. Für das Stipendium 1993-1996 danke ich dem Diakonischen Werk der EKD Stuttgart und namentlich Herrn Pfarrer i.R. Helmut Staudt (Leiter der Stipendiatenprogramme zu meiner Studienzeit).

Vielleicht hätte ich mich nie oder erst sehr viel später zu einer Veröffentlichung meiner bisherigen Studien über Carmen Sylva entschlossen, wäre es nicht zu einer so harmonischen Zusammenarbeit mit Dr. Gabriel Badea-Păun während der Übersetzung seiner Biographie *Carmen Sylva. Uimitoarea regină Elisabeta a României* (*Die bemerkenswerte Königin Elisabeth von Rumänien*)[6] ins Deutsche gekommen. Ich danke ihm sehr für seine Freundschaft und seine außergewöhnliche Unterstützung und Ermutigung zur Veröffentlichung und Bekanntmachung meiner Forschungsarbeiten über Carmen Sylva.

Herrn Christian Schön und Frau Valerie Lange vom ibidem-Verlag danke ich für die Aufnahme dieses zweiten Buches über Carmen Sylvas in ihr Verlagsprogram sowie für die sehr gute Zusammenarbeit, umsichtige Betreuung und rasche Drucklegung.

Für die ununterbrochene Unterstützung und Ermutigung möchte ich mich bei meiner Familie bedanken. Gerda Zimmermann und Kai-Otto Zimmermann danke ich ganz herzlich für das wiederholte aufmerksame Korrekturlesen. Robert danke ich für seine Begeisterung für Carmen Sylvas *Pelesch-Märchen* und für seine erfrischende Art, die Fragen zu stellen, die man als Erwachsener leider längst verlernt hat. Für die zahlreichen gemeinsamen Gespräche, seine grenzenlose Geduld beim Zuhören, für die ununterbrochene Hilfe bei der Suche nach bibliographischem Material in Archiven und Bibliotheken und vor allem für sein Da-sein danke ich Kai-Otto von ganzem Herzen.

---

6 Erschienen 2003 im Bukarester Verlag Humanitas und mitterweile (2010) in der vierten Auflage: Gabriel Badea-Păun, *Carmen Sylva. Uimitoarea regină Elisabeta a României*, Bucureşti: Humanitas, 2003f. Die erste französische Ausgabe wird im Frühjahr 2011 im Verlag Via Romana erscheinen. Deutsche Übersetzung durch die Autorin: *Carmen Sylva. Die bemerkenswerte Königin Elisabeth von Rumänien*, Stuttgart: ibidem-Verlag, Erscheinungsdatum voraussichtlich im Herbst 2011.

2. Zur Person und zum Werk Carmen Sylvas

»In einem Artikel stand, ich würde nie ein grosser Dichter werden, weil ich die Menschenherzen nicht studieren könne!! und weil es mir stets an Leidenschaft fehlen würde! Und in Deutschland werde ich wegen zu grundtiefer Analyse und zuviel Leidenschaft gesteinigt! – So geht's! Wenn man auf irgendwen hörte, wäre man schlimm dran!«[1]

Carmen Sylva

»Das ganze Schreiben ist doch nur une décharge d'électricité.«[2]

Carmen Sylva

»Es würde mir Freude machen, wenn meine Sachen gesungen würden, ohne dass man wüßte, von wem sie sind.« [3]

Carmen Sylva

Der Schriftstellername *Carmen Sylva* ist heute wenig bekannt, vielmehr ist es der Name Elisabeth, Königin von Rumänien, der die historische Gestalt näherzubringen vermag. Geboren 1843 in Neuwied, als erstes Kind des wiedschen Fürstenpaares, erhielt Elisabeth eine sorgfältige und umfangreiche Erziehung und Bildung im Schloss ihrer Familie unter der Leitung ihrer Eltern und des Hauslehrers Dr. Georg Sauerwein sowie durch den Unterricht des Mennonitenpredigers Pastor Harder in Geschichte, Kunstgeschichte und Logik. Aufenthalte am preußischen Königshof, am schwedischen Hof, dem Großherzoglichen-Badischen Hof, am Zarenhof und am französischen Hof sorgten für eine höfische Bildung und für die Einführung in das politische und kulturelle Leben der hohen Adelskreise Europas. Durch die Hochzeit mit Fürst Karl I. von Rumänien im Jahr 1869 wurde Elisabeth Fürstin Rumäniens und 1881, infolge der Erhebung Rumäniens zum Königreich, Königin von Rumänien.[4] Nach dem Verlust ihres einzigen Kindes, Prinzessin Maria (1870-

---

1 Zit. in: Mite Kremnitz, *Carmen Sylva*, Leipzig: Haberland, 1903, S. 306.

2 Zit. in: Natalie von Stackelberg, *Aus Carmen Sylva's Leben*, Heidelberg: Winter, 1889, S. 233.

3 Zit. ebd., S. 242.

4 Ausführlichere Darstellungen der rumänischen Zeitgeschichte, siehe Bibliographie: Weitere Literatur zu Carmen Sylva, S. 156ff. (insbesondere Mite Kremnitz und Paul Lindenberg).

1874), und auf Anregung des rumänischen Ministers und Dichters Vasile Alecsandri (1821-1890), begann Elisabeth, rumänische Dichtungen ins Deutsche zu übertragen. Anfangs war diese Übersetzungstätigkeit für die Königin nur eine »therapeutische« Maßnahme und Zerstreuung, um den Verlust des Kindes zu verkraften[5], doch mit der Zeit erkannte sie darin eine neue Aufgabe für sich: die der Vermittlerin zwischen der deutschen und der rumänischen Kultur. Von nun an bemühte sich Elisabeth verstärkt um die Kulturförderung Rumäniens, nicht nur als Gönnerin der Künste (Musik, Malerei und Literatur), sondern auch als Übersetzerin und Schriftstellerin. Die bis dahin im Verborgenen ausgeübte dichterische Tätigkeit – zumeist Gelegenheitsgedichte und Tagebücher in Versform – entpuppte sich als eine wichtige Voraussetzung für ihre schriftstellerische Arbeit. Die ersten Veröffentlichungen[6] spiegelten die Suche nach einem passenden Dichternamen (»E. Wedi«, Anagramm von »Wied«; »F. de Laroc«, Anagramm von »Femme de Carol«) wider, bis sie den lateinisch anmutenden Namen »Carmen Sylva« (»Lied des Waldes«) wählte, der dem rumänischen Sprachklang verwandter war und zugleich ausdrücken sollte, dass sie ihre Dichtung dem Wald ablausche und ihn den Menschen als »natürlichen« Gesang wiedergäbe.[7]

Carmen Sylvas Übersetzungen zeitgenössischer rumänischer Dichtungen[8] und ihre Märchen- und Sagensammlung unter dem Titel *Aus Carmen Sylvas*

---

[5] Vgl. Mite Kremnitz: *Carmen Sylva*, 1903, S. 116.

[6] Unter dem Pseudonym E. Wedi: *Rumänische Dichtungen* (1877 in der Zeitung »Gegenwart«, 1877 im Magazin für die Literatur des Auslandes); unter dem Pseudonym F. de Laroc: *Vârful cu Dor* (Sehnsuchtsgipfel), Libretto für die Oper von Z. Lubicz, 1879. (Vgl: Natalie von Stackelberg, *Aus Carmen Sylva's Leben*, 1889, S. 234; Hildegard E. Schmidt, *Elisabeth, Königin von Rumänien, Prinzessin zu Wied, »Carmen Sylva«. Ihr Beitrag zur rumänischen Musikkultur von 1880 bis 1916 im Kulturaustausch zwischen Rumänien und Westeuropa*, Dissertation, Bonn, 1991, S. 458).

[7] Wie die Schriftstellerin dieses Pseudonym wählte, verrät sie in *Märchen einer Königin*, Bonn: Strauß, 1901, (*Carmen Sylva*, S. 321-341). Vgl. auch: Karl Peters, *Carmen Sylva als lyrische Dichterin*, Marburg: Friedrich, 1925, S. 35; Paul Lindenberg, *Schloß Pelesch und seine Bewohner*, Berlin: Holten, 1913, S. 30f.

[8] *Rumänische Dichtungen*, 1. Auflage 1881, unter Mitarbeit von Mite Kremnitz, einer deutschen Schriftstellerin und Hofdame der Königin von Rumänien. Mite Kremnitz, die ihrem Ehemann, Dr. Kremnitz, dem späteren königlichen Arzt, nach Bukarest gefolgt war, wurde um 1880 die literarische Mitarbeiterin Carmen Sylvas. Ihre selbständige schriftstellerische Tätigkeit umfasst Romane, Novellen, biographische Werke und

Königreich[9] lassen den Eindruck entstehen, die erste Königin Rumäniens habe eine kulturelle Mission verfolgt: die rumänische Literatur und Kultur im Westen Europas bekannt zu machen. Die Schriftstellerin beabsichtigte, zwei weitere Bände als Fortsetzungen zu *Aus Carmen Sylvas Königreich* zu schreiben, ein dritter Band mit *Blumen- und Vogellegenden*[10] und ein vierter *Aus den rumänischen Chroniken*[11] sollten folgen, um so ein »schönes und komplettes Werk fürs Land [Rumänien]« zustande zu bringen.[12] Dieses Vorhaben ist jedoch nicht zur Ausführung gekommen.

Die schriftstellerische Tätigkeit Carmen Sylvas blieb nicht nur auf die kulturelle Mission für ihre zweite Heimat beschränkt, sondern führte zu einer reichen und vielseitigen literarischen Produktion, bei der die Autorin das Schreiben immer mehr als Berufung empfand.[13]

Das literarische Werk Carmen Sylvas beinhaltet Gedichtbände, Novellen, Romane, Märchen, Theaterstücke, Essays, autobiographische Aufzeichnungen und Aphorismen.[14] Einige Werke der Königin sind in Zusammenarbeit mit Mite Kremnitz entstanden und wurden unter dem Pseudonym »Dito und Idem« (alias Carmen Sylva und Mite Kremnitz) veröffentlicht, zum Beispiel die in Deutschland sehr erfolgreichen Romane *Aus zwei Welten*, *Astra* und *Feldpost*.[15]

Übersetzungen rumänischer Literatur ins Deutsche. (Vgl. Renate Grebing, *Mite Kremnitz*, Frankfurt/Main/Bern: Lang, 1976, S. 66-82).

9 Band I: *Pelesch-Märchen*, 1. Auflage 1883; Band II: *Durch die Jahrhunderte*, 1. Auflage 1885.

10 Vgl. Natalie von Stackelberg, *Aus Carmen Sylva's Leben*, 1889, S. 248. In einem Brief Carmen Sylvas an ihre Mitarbeiterin Mite Kremnitz ist hinsichtlich des 3. Bandes nur von *Blumenlegenden* die Rede. Vgl. Mite Kremnitz: Carmen Sylva, 1903, S. 227.

11 Vgl. Mite Kremnitz: *Carmen Sylva*, 1903, S. 227.

12 Aus einem Brief Carmen Sylvas an Mite Kremnitz von 1886, zit. in: Mite Kremnitz, *Carmen Sylva*, 1903, S. 227.

13 Vgl. Mite Kremnitz: *Carmen Sylva*, 1903, S. 275f.; H. E. Schmidt: *Die Förderung der Kultur und Bildung in Rumänien durch die Königin Elisabeta geb. Prinzessin zu Wied (Carmen Sylva, 1843-1916)*, Neuwied, 1983, S. 12; Uwe Eckardt: *Carmen Sylva*. In: *Rheinische Lebensbilder*, Bd. 8, Köln 1980, S. 302.

14 Siehe hierzu das Verzeichnis der veröffentlichten Werke Carmen Sylvas sowie die Gesamtbibliographie in Silvia I. Zimmermann: *Die dichtende Königin, Elisabeth, Prinzessin zu Wied, Königin von Rumänien, Carmen Sylva (1843-1916)*, Stuttgart: ibidem-Verlag, 2010.

15 Vgl. Benno Diederich: *Elisabeth, Königin von Rumänien (Carmen Sylva)*, Leipzig: Voigtländer, 1898, S. 67, 79.

Die schöpferische Kraft Carmen Sylvas lag sowohl in ihrer überaus reichen Phantasie wie in dem persönlichen Erleben. Ihre Werke sind durch eine auffallende Betonung des Gefühls, der Subjektivität gekennzeichnet, wobei stark autobiographische Themen nicht nur in den Lebenserinnerungen der Schriftstellerin anzutreffen sind, sondern auch in ihren Dichtungen, Novellen, Romanen und Märchen (z. B. *Mein Rhein* (1891), *Leidens Erdengang* (1882), *Märchen einer Königin* (1901), *Pelesch im Dienst* (1888), *Aus zwei Welten* (1883) u. a.). Zeitgemäße, soziale Themen sind in den *Handwerkerliedern*, in Essays (z. B. *Die Frauenfrage*[16]) und Reiseberichten (z. B. *Rheintochters Donaufahrt*[17]) literarisch dargestellt. Die relativ kurzen Theaterstücke (bis zu vier Akte) sind meist moralisch geprägt; hier gelingen der Schriftstellerin teilweise sehr beeindruckende und stimmungsvolle Bilder (z. B. in *Meister Manole*[18] die Beschwörung der Naturgewalten, um Marias Erscheinen zu verhindern; in *Dämmerung*[19], wo nicht der Kreuzritter, sondern dessen Geliebte aus dem Morgenland zur wartenden Ehefrau kommt).
In den Romanen in Zusammenarbeit mit Mite Kremnitz wurde der Briefstil bevorzugt, wobei Carmen Sylva mit Vorliebe den weiblichen Korrespondenten übernahm und Mite Kremnitz den männlichen Adressaten überließ. Die anfangs sehr harmonische Zusammenarbeit der beiden Autorinnen (das gemeinsame Pseudonym »Dito und Idem« bedeutet »Desgleichen und Ebenso«) ließ mit der Zeit nach: der letzte unter dem gemeinsamen Pseudonym erschienene Novellenband *Rache und andere Novellen*, Bonn 1888) enthielt keine gemeinsamen Arbeiten mehr, sondern Novellen, die die Schriftstellerinnen unabhängig voneinander geschrieben hatten.[20]
Carmen Sylva setzte sich in ihrem literarischen Schaffensdrang mit allen Gattungen auseinander, insbesondere aber galt ihre Vorliebe der Dichtung, und so, wie ihr Pseudonym (»Carmen Sylva«, d.h. Waldgesang) es verdeutlicht, nannte sie sich selbst eine »Sängerin«.[21]

---

16 In: Carmen Sylva: *Geflüsterte Worte*, 1. Teil, Regensburg: Wunderling, 1922, S. 35-55.

17 Carmen Sylva: *Rheintochters Donaufahrt*. Ein Bericht, (10.-16. Mai 1904), Regensburg: Wunderling, 1905.

18 Carmen Sylva: *Meister Manole*, Bonn: Strauß, 1892.

19 Carmen Sylva: *Dämmerung*. In: *Frauenmuth*. Dramen, Bonn: Strauß, 1890.

20 Vgl. Mite Kremnitz: *Carmen Sylva*, Leipzig: Haberland, 1903, S. 285.

21 Vgl. Paul Lindenberg: *Schloß Pelesch und seine Bewohner*, 1913, S. 30-29. In den Literaturgeschichten wird Carmen Sylva auch primär als »Dichterin« betrachtet. In Engels Literaturgeschichte (1912) wird Carmen Sylva zu den »Sängerinnen« gezählt;

Obwohl märchenhafte und phantastische Motive auch in ihren Dichtungen anzutreffen sind – sowohl den epischen (insbesondere *Die Hexe*[22]) wie auch den lyrischen (zum Beispiel *Die Elfen*, *Die Frage*, *Am Wasserfall*, *Betrogen*, *Die Bescherung*, *Waldmuse*, *Ewige Liebe*[23]) –, nimmt das Märchen im numerischen Verhältnis zum Gesamtwerk und insbesondere zu den Dichtungen eine eher bescheidene Stellung ein. Die Märchenbände *Leidens Erdengang* (Erstauflage 1882), *Pelesch-Märchen* (deutsche Erstauflage 1883)[24], *Märchen einer Königin* (Erstauflage 1901) und *Das Sonnenkind und andere Märchen* (Erstauflage 1906) sind hier zu nennen. Weitere Märchen, die einzeln veröffentlicht oder den oben genannten Märchenbänden hinzugefügt wurden, sind: *Die Legende von der guten Königin* (1899 als Manuskript gedruckt[25] und 1901 in *Märchen einer Königin* aufgenommen), *Puiu* (Erstauflage 1882 in rumänischer Sprache, 1883 in *Pelesch-Märchen*, der deutschen Ausgabe, unter dem Titel *Nesthäkchen*), *Balta (Der See)* (1883, in der deutschen Erstauflage der *Pelesch-Märchen*) und *Pelesch im Dienst. Ein sehr langes Märchen für den Prinzen Heinrich XXXII. von Reuß* (Erstauflage 1888).

Persönliche Erlebnisse und Ansichten der Autorin sind auch in den Märchen dichterisch wiedergegeben, besonders in dem Märchenzyklus *Leidens Erdengang*, dem Märchen *Pelesch im Dienst* und dem Märchenband *Märchen einer Königin*. In manchen *Pelesch-Märchen* sind rumänische Sagenmotive zu erkennen, anderenorts wird die Geschichte Rumäniens allegorisch dargestellt (z. B. *Puiu/Nesthäkchen*).

Hinsichtlich der Bedeutung der literarischen Produktion der Königin ist es schwer, eine einheitliche Kritik in den bisherigen Veröffentlichungen zu Carmen Sylva zu finden. Die Meinungen der Biographen und Literaturkritiker

---

auffallend ist aber, dass hier ihre Dichtungen kritisiert und die Prosa gewürdigt wird. Vgl. Eduard, Engel: *Geschichte der deutschen Literatur*, Bd. 2, Wien: Tempsky/Leipzig: Freytag, 1912, S. 367.

22 Vgl. Carmen Sylva: *Die Hexe*. Gedichte zu einer Statue von Carl Cauer, Berlin: Duncker, 1882.

23 In: Carmen Sylva: *Meine Ruh'*. Gedichte, Berlin: Duncker, 1901.

24 Die Erstauflage der *Pelesch-Märchen* erschien 1882 in Bukarest in rumänischer Sprache.

25 Vgl. H. E. Schmidt: *Elisabeth, Königin von Rumänien, Prinzessin zu Wied, »Carmen Sylva«. Ihr Beitrag zur rumänischen Musikkultur* [...], 1991, S. 460.

über Carmen Sylvas Schreibstil weichen oft voneinander ab: teils wird nur ihre Lyrik gelobt[26], teils wird ihre Prosa mehr geschätzt.[27] Ihre Dramen sowie deren Aufführungen finden allgemein keine Schätzung, und die Märchen, Essays und Aphorismen werden von Kritiker zu Kritiker unterschiedlich bewertet. In einem Kritikpunkt aber treffen fast alle Meinungen zusammen: dem Mangel an Formvollendung, erwachsen aus einer zu raschen, oberflächlichen und nicht gefeilten literarischen Produktion, trotz der starken dichterischen Nachempfindung und der reichen Phantasie. Die Biographin und Mitarbeiterin der Schriftstellerin, Mite Kremnitz, sieht die Gründe für den »Mangel an wahrer Arbeit«[28] am Werk in der Unbeeinflussbarkeit Carmen Sylvas durch Kritik oder Anweisungen anderer Schriftsteller und Gelehrten[29], in den Schmeicheleien anderer[30] sowie in dem Drängen sowohl ihrer Verleger als auch ihrer Freunde nach neuen literarischen Produktionen[31]. Der Biograph Eugen Wolbe schreibt Carmen Sylva ebenfalls eine »beinahe fabrikmäßige« Ausnutzung der dichterischen Fähigkeit zu, entsprungen aus dem Bestreben, den finanziellen Anforderungen der Wohltätigkeitsdienste nachzukommen.[32] Karl Peters hingegen, deutet auf die vielen Veränderungen und Verbesserungen mancher Werke (z. B. Übersetzung der *Perlenreihen* von Vasile Alecsandri, Gedichtband *Meine Ruh'*), gibt aber zu, dass die Schriftstellerin an ihren Werken nur ungern »feilte« und dass sie in ihren späteren Schaffensjahren keine Kritik mehr duldete.[33] Rudolf von Gottschall betont das »eigenartige Talent« und die Originalität der Schriftstellerin und weist ausführlich nach, dass der Vorwurf des Dilettantismus im Fall Carmen Sylvas nicht berechtigt ist.[34]

Auffallend ist, dass die sehr unterschiedliche und teilweise widersprüchliche Beurteilung ihrer literarischen Werke die Schriftsteller-Königin selbst um so

---

26 Vgl. Mite Kremnitz: *Carmen Sylva*, 1903, S. 132f.

27 Vgl. Eduard Engel: *Geschichte der deutschen Literatur*, Bd. 2, 1912, S. 367.

28 Mite Kremnitz: *Carmen Sylva*, 1903, S. 133.

29 Vgl. Mite Kremnitz: *Carmen Sylva*, 1903, S. 120.

30 Vgl. ebd., S. 273.

31 Vgl. ebd., S. 244; Paul Lindenberg: *Einführung zu Carmen Sylva: »Aus dem Leben«*, Leipzig: Reclam, 1912, S. 8.

32 Vgl. Eugen Wolbe: *Carmen Sylva*, Leipzig: Koehler & Amelang, 1933, S. 176.

33 Vgl. Karl Peters: *Carmen Sylva als lyrische Dichterin*, 1925, S. 108.

34 Gottschall, Rudolf von: *Studien zur neuen deutschen Literatur*, Berlin: Allgemeiner Verein für Deutsche Literatur, 1892, S. 358-383, (Kapitel: Eine Dichterin auf dem Throne).

mehr in ihrer Einsicht bekräftigte, sich beim Schreiben von diesen nicht beeinflussen zu lassen und ihrem eigenen Geschmack treu zu bleiben: »Was ich für das Beste halte, halten aber nicht immer andere Leute dafür. Zum Glück findet unter zehn Personen jede ein anderes schöner.«[35]

Die Zeitungsberichte und Forschungsarbeiten aus den letzten Jahrzehnten, die die Erinnerung an eine der bedeutendsten[36] und zugleich auffallendsten[37] Frauen des 19. Jahrhunderts erneuern, reichen nicht aus für das Kennenlernen der schriftstellerischen Tätigkeit Carmen Sylvas und können die Lektüre ihres literarischen Werkes nicht ersetzen. Doch letzteres wird heute erschwert durch die Rarität der Bücher von Carmen Sylva. Obwohl viele ihrer literarischen Werke, die fast ausschließlich in deutscher Sprache verfasst wurden, zu Lebzeiten der Königin in Deutschland in mehreren Auflagen erschienen sind, wurden nach ihrem Tod 1916 nur wenige Neuauflagen verlegt. Ein Grund für die starke Abnahme des Interesses am Werk der ehemaligen Königin ist politischer Natur[38] und beweist, dass auch vor 1914 das Interesse nicht primär ihrem Werk, sondern ihrer Stellung galt. Trotzdem war in der Zwischenkriegszeit eine Carmen-Sylva-Stiftung geplant, die sowohl das An-

---

[35] Carmen Sylva zit. in: Mite Kremnitz, *Carmen Sylva*, 1903, S. 121.

[36] In einer Umfrage des *Berliner Tageblatts* vom 7.05.1903 wurde Carmen Sylva unter den fünf bedeutendsten Frauen ihrer Zeit an zweiter Stelle (nach Bertha von Suttner) genannt. In: Brigitte Hamann, *Bertha von Suttner. Ein Leben für den Frieden*, München: Piper, 1987, S. 319.

[37] Über das für die Zeit exzentrische Auftreten und insbesondere die Kleidung Carmen Sylvas, vgl. Brigitte Hamann: *Elisabeth. Kaiserin wider Willen*, München/Zürich: Piper, 1990, S. 461; Benno Diederich: *Elisabeth, Königin von Rumänien (Carmen Sylva)*, 1898, S. 57; Jörg Stuker: *Die große Parade*, Freiburg/Br.: Walter, 1971, S. 259-262; Geoffrey Bocca: *Könige mit und ohne Thron*, Stuttgart/Hamburg: Deutscher Bücherbund, o. J. (um 1960), S. 138.

[38] Rumänien hatte im ersten Weltkrieg ursprünglich die Neutralität erklärt, sich dann jedoch mit der Entente verbündet und somit den Mittelmächten (zu denen auch Deutschland gehörte) den Krieg erklärt. Die daraus resultierende Betrachtung Rumäniens als Feind Deutschlands ist auch in Schriften über die Literatur Rumäniens und sogar in Bezug auf Carmen Sylva zu erkennen. In vielen dieser Texte jedoch war man allgemein bestrebt, die ehemalige Königin Rumäniens und deutsche Prinzessin nicht für die politische Situation in Rumänien um 1914 verantwortlich zu machen. Vgl. Otto von Dungern: *Rumäniens Abfall*. In: *Deutsche Rundschau*, Oktober 1916, Berlin 1916, S. 24-41; Hermann Kienzel (Hrsg.): *Die Fäulnis Rumäniens im Lichte rumänischer Dichter und Schriftsteller*, München: Müller, 1917, Vorwort: S. 7-49; Karl Peters: *Carmen Sylva als lyrische Dichterin*, 1925, Vorwort.

denken der Dichterin erneuern als auch bedürftige Künstler und Künstlerinnen fördern sollte.[39] Nach dem zweiten Weltkrieg war wohl das Andenken an die ehemalige Königin Rumäniens nicht mehr aktuell, erst seit den achtziger Jahren des 20. Jahrhunderts erschienen neue Veröffentlichungen über Carmen Sylva.

Carmen Sylvas Werk wurde auf literarischer Ebene keine große Bedeutung zuerkannt, die bürgerliche Presse (»Kölnische Zeitung« und »Gartenlaube«) berichtete aber in regelmäßigen Abständen von ihren Veröffentlichungen.[40] Obwohl Carmen Sylva Beziehungen zu Schriftstellern und Künstlern der Zeit pflegte (z. B. zu Peter Rosseger, C. F. Meyer, Pierre Loti; auch zu Vertretern der romantischen Epigonendichtung wie Richard Voß, Victor von Scheffel, Hans von Hoffensthal und anderen), hatte sie keine Verbindung zu den Vertretern des Realismus und des Naturalismus.[41]

Zahlreiche deutsche Literaturgeschichten, Literaturlexika und Anthologien der Jahrhundertwende erwähnen Carmen Sylva: zum Beispiel die Literaturgeschichten von Alfred Biese, Eduard Engel, H. H. Ewers, Hermann Kluge, W. Oehlke und Klabund[42] sowie von Robert Koenig[43], die Literaturlexika[44] von Franz Brümer, Johannes Groß, Adolf Hinrichsen, Hermann Anders Krüger, Sophie Pataky u. a., Anthologien von Karl D'Ester, Heinrich Groß, Rudolf von Gottschall und Georg Scherer[45]. Selten aber werden ihrem Namen mehr als einige allgemeine Bemerkungen beigefügt, und meist wird Carmen Sylva der »Frauenliteratur« zugeordnet. Ausführlichere und Anerkennung gewährende Äußerungen zu ihrem Werk in literaturgeschichtlichen Büchern sind eher die Ausnahme. In späteren Literaturgeschichten wird sie nicht mehr erwähnt.

In Rumänien ist das Werk der ehemaligen Königin heute genauso wenig bekannt wie in Deutschland. Die Gründe dafür sind sowohl literaturhistorischer

---

[39] Und zwar vom Seemann Verlag aus Leipzig. Vgl. Karl Peters: *Carmen Sylva als lyrische Dichterin*, 1925, S. 112.

[40] Vgl. Uwe Eckardt: *Carmen Sylva*. In: *Rheinische Lebensbilder*, Bd. 8, 1980, S. 300; Magdalene Zimmermann (Hrsg.): *Die Gartenlaube als Dokument ihrer Zeit*, München: dtv, 1967, S. 92.

[41] Vgl. Hildegard E. Schmidt: *Die Förderung von Kultur und Bildung* [...], 1983, S. 13f.

[42] Siehe Bibliographie: Weitere Literatur zu Carmen Sylva, S. 156ff.

[43] Zit. in Karl Peters: *Carmen Sylva als lyrische Dichterin*, 1925, S. 109.

[44] Zit. in Elisabeth Friedrichs: *Die deutschsprachigen Schriftstellerinnen des 18. und 19. Jahrhunderts*. Ein Lexikon, Stuttgart: Metzler, 1981, S. 72.

[45] Siehe Bibliographie: Weitere Literatur zu Carmen Sylva, S. 156ff.

als auch sozialer und – besonders nach dem zweiten Weltkrieg – politischer Natur. In der zweiten Hälfte des 19. Jahrhunderts erlebte die rumänische Nationalliteratur ein Aufblühen[46]: die literarische Gesellschaft »Junimea« (Jugend) aus Iaşi bestand schon seit 1863, weitere literarische Strömungen, nationalistischer und modernistischer Prägung, bildeten sich um die Jahrhundertwende: »Semănătorul« (Der Sämann), »Viaţa Românească« (Rumänisches Leben) und »Viaţa Nouă« (Neues Leben). Bedingt durch ihre soziale Position war es der Königin nicht möglich, selbständig eine literarische Gesellschaft zu besuchen. Auch war die rumänische Literatur von männlichen Autoren dominiert, und politische beziehungsweise nationalistische Tendenzen spielten in den literarischen Gesellschaften eine nicht zu unterschätzende Rolle. Die kunstliebende Königin veranstaltete eigene literarische und musikalische Salons in Bukarest und Sinaia, die sowohl ausländische als auch einheimische Schriftsteller, Künstler und bedeutende Persönlichkeiten zu Gast hatten. Engere Beziehungen zu rumänischen Autoren hatte Carmen Sylva nicht, abgesehen von Vasile Alecsandri, der aber der deutschen Sprache nicht mächtig war und dem Carmen Sylva ihre Werke in französischer Übersetzung vorlas.[47] Diesem Dichter und Sammler rumänischer Volksdichtung verdankt Carmen Sylva einen Großteil ihres Wissens über rumänische Sagen und Volkslieder. Nach dem Tod Vasile Alecsandris (August 1890) hatte Carmen Sylva nur noch wenig Kontakt zur neueren rumänischen Literatur, obwohl Titu Maiorescu, der literarische Führer der »Junimea«, eine Zeit lang zu Gast im königlichen Palast war.[48]

Zu Lebzeiten Carmen Sylvas wurden viele ihrer Bücher in rumänischer Übersetzung in Rumänien veröffentlicht, nach ihrem Tod nahmen die Neuauflagen stark ab. Eine große Anzahl ihrer Werke thematisieren Aspekte der rumänischen Geschichte und Kultur (zum Beispiel die Sagen- und Märchensammlungen, das Drama *Meister Manole* und das Reisebuch *Rheintochters Donaufahrt*), spielen sich im bäuerlichen Milieu ab (*In der Lunca*) oder prei-

---

46 Alecsandri, Eminescu, Caragiale, Creangă - Klassiker der rumänischen Literatur - veröffentlichten ihre literarischen Werke zu Lebzeiten Carmen Sylvas.

47 Vgl. Vasile Alecsandri: *Cele mai frumoase scrisori* (hrsg. von Marta Anineanu), Bucureşti: Minerva, 1972, S. 266.

48 Vgl. George Bengescu: *Carmen Sylva. Viaţa Reginei Elisabeta*, Iaşi: Portile Orientului, 1995, S. 103.

sen die Schönheit der rumänischen Landschaft (*Rheintochters Donaufahrt*, Gedichte aus *Meine Ruh'* und *Meerlieder*). Ihr Interesse für die Geschichte und Volksdichtung des rumänischen Volkes hat zu zahlreichen Übersetzungen rumänischer Dichtung ins Deutsche geführt. Der volkstümlich-rumänische Charakter der von ihrer Hofdame Văcărescu gesammelten *Dîmbovitzalieder*[49] dagegen wurde angezweifelt und Carmen Sylvas freie dichterische Umgestaltung rumänischer Sagenmotive (z. B. in *Meister Manole*) sowie manche ihrer Veröffentlichungen[50], die das rumänische Volk dem Ausland in »unvorteilhaftem Licht« vorstellten, riefen in Rumänien Empörung hervor.[51]

Politisch gesehen, ist die Regierungszeit der deutschen Dynastie in Rumänien (obwohl sie von den führenden rumänischen Staatsmännern des 19. Jahrhunderts unterstützt wurde[52]) noch heute ein heikles Thema der rumänischen Geschichte. Aus dem letztgenannten Grund gehörten auch die Werke Carmen Sylvas in Rumänien bis vor 1990 noch zur schwer zugänglichen Literatur, wobei nicht ihre Schriften selbst, sondern vielmehr die historische Person (die Tatsache, dass sie Königin Rumäniens und deutscher Nationalität gewesen ist) nicht mit der Geschichtsauffassung der rumänischen

[49] Die *Lieder aus dem Dîmbovitzatal* (*Der Rhapsode der Dîmbovitza*. Lieder aus dem Dîmbovitzatal gesammelt von Elena Văcărescu und übersetzt von Carmen Sylva, Bonn: Strauß, 1889) wurden der Königin von der jungen Hofdame Elena Văcărescu in französischer Fassung als rumänische Volksdichtung zur Übersetzung ins Deutsche vorgeschlagen. Einige rumänische Gelehrten wiesen diese Dichtungen als nicht volkstümlich-rumänisch, sondern als »Fälschung« zurück und meinten, sie seien dem rumänischen Volkswesen fremd. (Vgl. Mite Kremnitz: *Carmen Sylva*, 1903, S. 280f.).

[50] Z. B.: *Bucarest*. In: *Les capitales du Monde*, Paris, 1892 und die Novelle *Rache*, in: *Rache und andere Novellen* von Dito und Idem, Bonn: Strauß, 1888.

[51] Vgl. George Bengescu: *Carmen Sylva. Viaţa Reginei Elisabeta*, I, 1995, S. 104; Mite Kremnitz: *Carmen Sylva*, 1903, S. 285; Ştefănescu Delavrancea, Barbu: *Carmen Sylva şi românii* (III); *Carmen Sylva. Capitala şi românii* (IV); *Carmen Sylva şi România* (VI). In: Ştefănescu Delavrancea, Barbu, *Opere*, vol. V, (hrsg. von Emilia St. Milicescu), Bucureşti: Editura pentru Literatură, 1962. [Reihe: Scriitori români].

[52] Im Mai 1866 wurde Karl I. von Hohenzollern zum Fürsten der Vereinigten Rumänischen Fürstentümer (Moldau und Walachei) ernannt, um den Streitigkeiten zwischen den thronberechtigten rumänischen Bojarenfamilien ein Ende zu setzen. (Ausführliche Literatur zur politischen Lage Rumäniens im 19. Jahrhundert: siehe Bibliographie, S. 159ff.).

Regierungen, die dem Sturz der Monarchie (1947) folgten, zu vereinbaren war.[53]

Das erste literarische Werk Carmen Sylvas, das 1990 in Rumänien (unmittelbar nach dem Sturz einer jahrzehntelangen Diktatur und dank der darauf folgenden Privatisierung beziehungsweise Gründung neuer Verlage) neu erschien, war der erste Band der Sagen- und Märchensammlung *Aus Carmen Sylvas Königreich*, die *Pelesch-Märchen*.[54]

In Rumänien stößt die Beschäftigung mit dem Leben und Werk Carmen Sylvas auch heute auf das Vorurteil der monarchistischen Sympathisierung. Auch wenn dieses in manchen Fällen unbegründet sein mag, kann man nicht leugnen, dass die einzigen Bücher, die nach 1990 zu Carmen Sylva veröffentlicht worden sind, in der Reihe »Colecţia Dinastia« (Sammlung Dynastie) im Verlag »Porţile Orientului« in Iaşi (Jassy) oder »Casa Regală« (Königshaus) im Bukarester Verlag Humanitas erschienen sind. Interessanterweise ist eines der erfolgreichsten Bücher auf dem heutigen rumänischen Buchmarkt über die Mitglieder der rumänischen Königsfamilie eine Biographie über Carmen Sylva von Gabriel Badea-Păun, die von 2003 bis 2010 in vier Auflagen erschienen ist.[55]

---

53 Ioan Taloş berichtet in seinem Aufsatz *Volksmärchen und Volksmärchenerzählen in Rumänien* (1993) von einem offiziellen Misstrauen (»Verbot«) zur Literaturgattung »Märchen« in Rumänien unmittelbar nach dem Sturz des königlichen Hauses, weil die darin auftretenden Gestalten (Prinzen, Prinzessinnen, Könige) zu stark an das Königtum hätten erinnern können. Eine mündliche Volksmärchentradition existierte trotzdem weiter, so wie es auch die 1966 erschienene dreibändige Anthologie rumänischer Volksdichtung des Ovidiu Bîrlea zeigt. Vgl. I. Taloş: *Volksmärchen und Volksmärchenerzählen in Rumänien*. In: *Märchen und Märchenforschung in Europa* (ein Handbuch, hrsg. von D. Röth und W. Kahn, im Auftrag der Märchen-Stiftung Walter Kahn), Frankfurt/Main: Haag & Herchen, 1993, S. 190-202; Ovidiu Bîrlea: *Antologie de proză populară epică*, 3 volume, Bucureşti, 1966.

54 Diese Neuauflage folgte der ersten Auflage in Rumänien von 1882 (vor der deutschen Erstauflage also, die erst ein Jahr später, 1883, in Deutschland erschienen ist), in der die einzigen Veränderungen hinsichtlich der veralteten Orthographie unternommen worden sind (Vgl. Carmen Sylva: *Poveştile Peleşului*, Timişoara: Argo, 1990, S. 27f.).

55 Gabriel Badea-Păun: *Carmen Sylva. Uimitoarea regină Elisabeta a României*, Bucureşti: Humanitas, 2003f. Die erste französische Ausgabe wird im Frühjahr 2011 im Verlag Via Romana erscheinen. Die deutsche Übersetzung durch die Autorin ist ebenfalls in Vorbereitung: *Carmen Sylva. Die bemerkenswerte Königin Elisabeth von* Rumänien, Stuttgart: ibidem-Verlag, Erscheinungsdatum voraussichtlich im Herbst 2011.

Obwohl man Carmen Sylvas als Gönnerin der Künste eine Rolle in der rumänischen Kulturgeschichte zumisst[56], findet ihr schriftstellerisches Werk in Rumänien wenig Würdigung. Das Vorurteil des Dilettantismus haftet ihren Werken noch immer an. Behauptet man aber, der Ruhm der Schriftstellerin Carmen Sylva gründe sich insbesondere auf ihrer Position als Königin[57] und dem damit verbundenen Reiz am »exotischen« Königreich oder auf den »Zauber« ihrer Persönlichkeit[58], so wird damit nicht über das Werk, sondern über die Person geurteilt. Deshalb ist die Beschäftigung mit dem literarischen Werk notwendig, um die bisherigen Urteile der Literaturkritik und die Möglichkeit einer neuen Bewertung des Werkes aus heutiger Sicht durch neue Erkenntnisse auf den Gebieten der Kulturgeschichte und Literaturwissenschaft zu überprüfen.[59]

---

[56] In Geroge Călinescus Literaturgeschichte sind – trotz der politischen Zensur zur Zeit der kommunistischen Regierung in Rumänien – Fotos des Königspaares abgebildet, wobei auch der Schriftstellername der Königin auftaucht. (Vgl. George Călinescu: *Istoria literaturii române de la origini până în prezent*, Bucureşti: Editura Minerva, 1985, S. 400-402). Der Verlag Socec & Co. nimmt noch zu Lebzeiten der Königin die *Pelesch-Märchen* (erschienen in rumänischer Sprache) in die Reihe »Scriitori români« (Rumänische Schriftsteller) auf. (Vgl. Carmen Sylva: *Povestile Peleşului*, Bucureşti: Socec & Co., 1908). George Bengescu würdigt ihre Wohltätigkeitsdienste und ihre Kulturförderung Rumäniens (Vgl. George Bengescu: *Carmen Sylva. Viaţa Reginei Elisabeta*, 1995, S. 103-105).

[57] Vgl. Uwe Eckardt: *Carmen Sylva*. In: *Rheinische Lebensbilder*, Bd. 8, 1980, S. 300; Alfred Biese: *Deutsche Literaturgeschichte*, Bd. 3, München: Beck, 1911, S. 424; Otto von Dungern: *Königin Elisabeth von Rumänien*. In: *Deutsche Rundschau*, Oktober 1916, Berlin 1916, S. 1-16.

[58] Vgl. Mite Kremnitz: *Carmen Sylva*, 1903, S. 300.

[59] Vgl. Silvia Irina Zimmermann: *Die dichtende Königin. Elisabeth, Prinzessin zu Wied, Königin von Rumänien, Carmen Sylva (1843-1916). Selbstmythisierung und prodynastische Öffentlichkeitsarbeit durch Literatur*, Stuttgart: ibidem-Verlag, 2010 (zugleich Dissertation Universität Marburg, 2003). Diese Studie ist die erste systematische wissenschaftliche Auseinandersetzung mit dem gesamten literarischen Werk Carmen Sylvas und bietet die bislang umfangreichste Bibliographie zur dichtenden Königin. Neu ist die Betrachtung des literarischen Werkes der Königin von Rumänien auch unter dem Aspekt der Öffentlichkeitsarbeit durch Literatur: Das Phänomen einer in eigener und prodynastischer Sache literarisch tätigen Königin offenbart unerwartete Modernität; zugleich ermöglicht diese Betrachtungsweise eine genauere literarhistorische Einordnung und Bewertung der schriftstellerischen Tätigkeit Carmen Sylvas, die ihrem Anliegen besser gerecht wird.

3. »Was war, wie's niemals war...« – Erfundene Sagen und Kunstmärchen

»Von jedem Blatt, von jeder Welle
Fällt mir ein Märchen in den Schoß,
Ich nehm' sie auf und sing' sie schnelle.
Sie sind nicht mein – ich kenn' sie bloß.

Sie kommen mir wie Lichtgedanken
Aus Waldesgrund und Moos hervor,
Auf jedem Halm sie zitternd schwanken,
Und flüstern lieblich mir ins Ohr.

Sie kommen wie die Sonnenstrahlen,
Und doch, wie sie, von Glanz beseelt,
Sich selber zeigen, singen, malen –
So frisch hab' ich sie nie erzählt.«[1]
Carmen Sylva

3.1. Entstehungsgeschichte und Rezeption der Märchen

Die *Pelesch-Märchen* (1883) zählen zu den Frühwerken Carmen Sylvas, das Märchen *Pelesch im Dienst* (1888) dagegen gehört der späten Schaffensperiode an. Beide Werke sind jedoch durch die beschriebene geographische Umgebung (der Bach Pelesch in Sinaia) sowie durch gemeinsame Motive mit identischer Darstellung und Funktion verbunden.
Die *Pelesch-Märchen* sind auf Anregung des damaligen Kultusministers Titu Maiorescu[2] als Prämienbuch für die Schuljugend verfasst und 1882 in rumänischer Sprache herausgegeben worden. Die erste deutsche Fassung der

[1] Laut Natalie von Stackelberg soll Carmen Sylva diese Verse in ihr Tagebuch eingetragen haben, als sie die *Pelesch-Märchen* zu schreiben begann. Vgl. Natalie von Stackelberg: *Aus Carmen Sylva's Leben*, 1889, S. 245-246.

[2] Vgl. Natailie von Stackelberg: *Aus Carmen Sylva's Leben*, 1889, S. 522; Mite Kremnitz: *Carmen Sylva*, 1903, S. 178. Der Name des Kultusministers taucht nur bei Paul Lin-

Pelesch-Märchen erschien im folgenden Jahr in Deutschland. Die deutsche Ausgabe enthielt zusätzlich als Motto das Gedicht *An die Kinder* sowie zwei weitere Märchen im Anhang der *Pelesch-Märchen*, *Balta/Der See* und *Puiu/ Nesthäkchen*. Spätere Auflagen enthalten ein zusätzliches *Pelesch-Märchen*, *Der Hundegipfel*, wie auch weitere Märchen im Anhang.[3]
Wie schon erwähnt, folgte den *Pelesch-Märchen*, die den Obertitel *Aus Carmen Sylvas Königreich* trugen, ein zweiter Band, *Durch die Jahrhunderte* (1887). In diesem sind historische Erzählungen aus den rumänischen Chroniken sowie rumänische Sagen und Volksdichtungen nacherzählt. Wie die Autorin berichtet, handelt es sich um »Geschichte, Sage, Ballade, Novelle (aber lauter wahre) bei einander«.[4] Das Werk ist dem Dichter und Sammler rumänischer Volksdichtung, Vasile Alecsandri (1821-1890), gewidmet, von dessen Tätigkeit auch die letzte Erzählung des Bandes *Wie Alecsandri die Balladen fand* berichtet.
Der rumänischen Fassung der *Pelesch-Märchen* liegt ein programmatischer Aspekt zugrunde: Anhand dieser Märchen sollen der rumänischen Schuljugend »in sinnig-poetischer Weise die gewaltigen Berggipfel bei Sinaia zur vaterländischen Sage und Geschichte in Beziehung«[5] gebracht werden, mit dem Ziel, das Heimatgefühl zu pflegen und zu vertiefen.[6]
Wie kam es überhaupt dazu, dass ein kleiner, ansonsten unbedeutender Waldbach mit der rumänischen Geschichte und den rumänischen Sagen in Verbindung gebracht wurde? In diesem Fall spielen für Carmen Sylva neben historischen Begebenheiten auch persönliche Erlebnisse eine besondere Rolle. Wegen der zu großen Hitze in der Hauptstadt Bukarest während der Sommermonate hielt sich das Königspaar mit Vorliebe in der bergigen Umgebung des Klosters Sinaia im Peleschtal auf, wo der König den Bau eines Sommerschlosses plante (ab 1873)[7]. Doch bis dieses Unternehmen zur Vol-

---

denberg (1923) auf. Paul Lindenberg: *Carol, König von Rumänien. Ein Lebensbild dargestellt unter Mitarbeit des Königs*, Bd. I, Berlin: Hafen, 1923, S. 522.

3 Vgl. Carmen Sylva: *Pelesch-Märchen*, 3. vermehrte Auflage, Bonn: Strauß, 1886.

4 Zit. in: Natalie von Stackelberg: *Aus Carmen Sylva's Leben*, 1889, S. 247.

5 Paul Lindenberg: *Carol, König von Rumänien*, Bd. 1, 1923, S. 522.

6 Vgl. ebd., S. 522.

7 Vgl. Milton F. Lehrer: *Sinaia*, Bukarest: Meridiane, 1967, S. 31.

lendung kommen sollte[8], bewohnte das Königspaar mehrere Jahre einen Teil des Klosters Sinaia im selben Tal. Ein Forsthaus oberhalb des Klosters sowie eine Sennhütte auf der sogenannten »Alm der Königin« waren beliebte Ausflugsziele der Hofgesellschaft, genauso wurden Wanderungen zu den Gipfeln des Bucegi-Gebirges unternommen.[9]
Angeregt durch die malerische Umgebung des Peleschtales entstanden hier Carmen Sylvas *Pelesch-Märchen*, den Namen des Waldbachs tragend, den auch das später errichtete Schloss erhielt. Mit dem Namen des bis dahin unbedeutenden Waldbachs, zu dem keine Sagen in direkter Beziehung standen, wurde eine historische und sagenhaft reiche Symbolik verbunden, vergleichbar mit der des Rheins[10] aus der Heimat der Königin. Die *Pelesch-Märchen* sind ein erster Schritt dahin, den Namen Pelesch zu einem Symbol der neuen hohenzollernschen Dynastie in Rumänien zu machen. Die spätere Errichtung des Pelesch-Schlosses verstärkte diese Bemühungen. Die Außenarchitektur des Schlosses spiegelt die Rezeption einer in Deutschland im 19. Jahrhundert beliebten Orientierung an mittelalterlichen Burgen wider.[11] Diese betont deutsche Architektur sollte an das Herkunftsland Königs Karl I. von Rumänien erinnern.[12]

---

8 Der Grundstein des Schlosses wurde erst am 22. August 1875 gelegt. Der Bau des Schlosses kam – infolge einer zweijährigen Unterbrechung durch den Unabhängigkeitskrieg Rumäniens (1877-1878) – erst 1883 zu einem vorläufigen Ende. Die offizielle Einweihung fand am 7. Oktober 1883 statt. Die weiteren Anbauten und Restaurationen dauerten bis 1914 an, dem Todesjahr Königs Karl I. von Rumänien. (Vgl. ebd., S. 31).

9 Mite Kremnitz berichtet von einem solchen Ausflug ins Gebirge »zum sogenannten Eremiten«, der Carmen Sylva zu einem Märchen aus *Leidens Erdengang* (1882) angeregt haben soll (Vgl. Mite Kremnitz: *Carmen Sylva*, 1903, S. 129).

10 Der Rhein in der Literatur, vgl. Paul Hübner: *Der Rhein. Von den Quellen bis zu den Mündungen*, Frankfurt/Main: Büchergilde Gutenberg, 1977, S. 11f. Zur Rheinromantik beziehungsweise den rheinischen Sagen, vgl. Lutz Röhrich: *Sage und Märchen*, Freiburg/Basel/Wien: Herder, 1976, S. 123f.; 107-124. Zum ›Mythos Rhein‹ vgl. Richard W. Gassen und Bernhard Holeczek (Hrsg.): *Mythos Rhein*, Ausstellungskatalog des Wilhem-Hack-Museum/Ludwigshafen am Rhein (12. Juni-16. August 1992).

11 Zur Architektur des Schlosses Pelesch vgl. Milton F. Lehrer: *Sinaia*, 1964, S. 30-38; *The Peles Castle - A Work of a Lifetime*, o. O., Editura Arhimede, o. J.; *Peles. Das Nationalmuseum Peles/Sinaia* (hrsg. von C. Dina und I. Serban), Sinaia: Publirom, 1994.

12 Der rumänische Historiker Nicolae Iorga betonte das Fehlen rumänischer Kunst in der Architektur des Schlosses: »[...] ein Schloß, das auf rumänischem Boden an das Land erinnert, aus dem der kam, der hier herrscht« (Iorga, Nicolae: *România cum era pâna la 1918*, Bucureşti: Ed. Minerva, 1972, [Biblioteca pentru toti], S. 269). In der Beurtei-

Abgesehen von derartigen historischen Aspekten sind die *Pelesch-Märchen* Carmen Sylvas in erster Linie literarische Produkte, die der Phantasie der Autorin entsprangen. Eine getreue Wiedergabe vorhandener rumänischer Sagen oder Begebenheiten aus der Umgebung des Pelesch-Tales ist hier nicht zu erwarten, sondern ein eigenes Werk der Schriftstellerin. Motive des rumänischen wie des deutschen Sagenguts und des Volksmärchens sind zu erkennen, gleichzeitig spiegeln die *Pelesch-Märchen* soziale und philosophische Einsichten der Autorin wider, nicht zuletzt auch eigene Erlebnisse und Eindrücke. Letzteres verbinden die *Pelesch-Märchen* weniger mit dem zweiten Band *Durch die Jahrhunderte* als mit dem später entstandenen Märchen *Pelesch im Dienst* (1901), das stark autobiographisch geprägt ist. *Pelesch im Dienst* ist eine in Märchenform wiedergegebene Rückschau auf das Leben der Autorin vor deren öffentlicher Schreibtätigkeit und zugleich eine Erklärung der Beweggründe für ihr Schreiben. Dieses Märchen entstand, so wie es Mite Kremnitz, die ehemalige Mitarbeiterin der Schriftstellerin, erklärt, infolge des Versprechens Carmen Sylvas an den Sohn des deutschen Botschafters, Prinz Heinrich XXXII. von Reuß, ein langes Märchen zu schreiben.[13]

In der Sekundärliteratur zum Werk Carmen Sylvas gibt es nur wenige Äußerungen zu den *Pelesch-Märchen* und noch weniger zu *Pelesch im Dienst*. Aber auch diese wenigen Bemerkungen zu den Märchen sind interessant und aufschlussreich, da sie verschiedene literaturkritische Positionen vertreten. Unterschiedliche Zuordnungen der *Pelesch-Märchen*, mal zu der Gattung Märchen, mal zu der Sage, sind festzustellen. Auch gibt es unterschiedliche Beurteilungen darüber, ob die *Pelesch-Märchen* Übertragungen rumänischer Märchen oder Sagen sind, und folglich wie groß der persönliche Beitrag der Schriftstellerin zu den Märchen ist. Die *Pelesch-Märchen* werden entweder dem Volksmärchen oder der Volkssage gegenübergestellt oder mit Ovids »Metamorphosen« verglichen.

---

lung der Außenarchitektur des Pelesch-Schlosses von deutscher Seite her ist aber auch eine ironische Färbung zu bemerken: »Wieder einmal brachte – wie auch anderswo in Europa – der deutsche Monarchenexport ein Märchenschloss hervor, denn Pelesch entstand aus der Erinnerung an deutsche Burgen.« (In: *Paläste und Schlösser in Europa*, Text von Rainer Frenzel, Wien/München: Schroll, 1970, S. 136.).

[13] Vgl. Mite Kremnitz: *Carmen Sylva*, 1903, S. 259.

Im Folgenden sollen die Äußerungen der Sekundärliteratur zu den *Pelesch-Märchen* und zu *Pelesch im Dienst* näher betrachtet werden. Allgemein zur Märchengattung und in Bezug auf andere Werke der Schriftstellerin äußert Eugen Wolbe (1933), dass Carmen Sylva im Märchen, im Gegensatz zu anderen Gattungen, »ihre Phantasie spielen lassen«[14] kann. Dieses erläutert Wolbe wie folgt:

> »Die hier auftretenden Personen brauchen nicht Wesen von Fleisch und Blut zu sein, keine von Kämpfen und Leidenschaften aufgewühlte Menschen. Phantastische Vorgänge sind alles, Charaktere nichts!«[15]

Dieses ist nicht nur eine einseitige Kritik am Werk Carmen Sylvas, sondern verdeutlicht auch die unrichtige Annahme des Biografen Wolbe, dass Kunstmärchen sich nur auf phantastische Vorgänge konzentrieren würden und keine Charaktere oder Typen vorkommen könnten. Ob der Kritiker in Carmen Sylvas Märchen Nacherzählungen rumänischer Volksmärchen, die durch die Autorin überarbeitet wurden, zu erkennen meint, ist nicht eindeutig, jedoch wird die Schriftstellerin in Beziehung zu Erzählern rumänischer Volksmärchen gestellt:

> »Sie [Carmen Sylva] erlauscht Märchen in den Spinnstuben. Echt morgenländisch verkürzten berufsmäßige Erzähler den von jeglicher Kultur abgeschnittenen Bauern die langen Winterabende durch den Vortrag von Märchen, die sie freilich oft genug durch eigene Erfindungen in die Länge ziehen. Daher kommt es, dass eine gewisse Langatmigkeit die Schönheit der rumänischen Märchen beeinträchtigt.«[16]

Eine Erklärung bleibt Wolbe bei der Bezeichnung »Spinnstube« schuldig. Eine bäuerliche Spinnstube wird es wohl kaum gewesen sein. Viel wahrscheinlicher ist eine Situation, die Carmen Sylva in der letzten Erzählung des Bandes *Durch die Jahrhunderte* (*Wie Alecsandri die Balladen fand*) schildert.[17] Hier handelt es sich um das Gefolge der Königin, die mit Handarbeit beschäftigten Hofdamen, in deren Mitte Vasile Alecsandri von seiner

---

14 Eugen Wolbe: *Carmen Sylva*, 1933, S. 174.

15 Ebd., S. 174.

16 Ebd., S. 174f.

17 Carmen Sylva: *Wie Alecsandri die Balladen fand*. In: *Aus Carmen Sylva's Königreich*, Bd. II: *Durch die Jahrhunderte*, Bonn: Strauß, 1887, S. 349-360.

Tätigkeit als Sammler rumänischer Volksdichtung berichtet und auch Volksmärchen erzählt.
Benno Diederich (1898) nennt die *Pelesch-Märchen* »wirkliche Kunstwerke«[18]. Er spricht von einem »Carmen Sylvaschen Märchenton« und findet die Märchen hauptsächlich von einer »ernsten Melancholie« gekennzeichnet.[19] Die *Pelesch-Märchen* sind, wie Diederich vermutet, rumänische Sagen über die Karpatengipfel, die die Schriftstellerin nacherzählt und durch eigene Beiträge erweitert:

> »Nicht minder hat die Königin ihren Anteil an den Märchen. Da ist die hohe Frau, die nach weitschauenden Zielen handelt und die Mission in sich fühlt, wie sie die Kultur des Westens nach Rumänien verpflanzt hat, so auch dem Abendlande ihre neue Heimat bemerkbar zu machen. So schrieb sie die Sagen auf, mit denen rumänische Volksdichtung ihre Karpathenwipfel umsponnen. [...] Die Stoffe sind größtenteils Verwandlungssagen, wie sie einst der römische Dichter Ovidius in klangvolle Verse gebracht, und sie sind wohl im Volke selbst entstanden. In der Ausführung aber hat die Dichterin manches vom Eigenen hinzugethan, feinen Sinnspruch und lockende Schilderung; auch aus ihrem Leben findet sich hie und da eine Erinnerung.«[20]

Maximillian Schmitz (1889) würdigt die *Pelesch-Märchen* auf ähnliche Weise wie Diederich. Der Kritiker bezeichnet jedes dieser Märchen als »ein kleines Kunstwerk, in das man sich mit Entzücken senken kann«[21]. Im Gegensatz zu Diederich aber ist Schmitz betreffend der Quellen zu den *Pelesch-Märchen* »sicherer«, wenn er sie, wie selbstverständlich, »uralte« Volksmärchen nennt, die Carmen Sylva angeblich entdeckt haben soll. Ihre eigene Bearbeitung der Stoffe habe demnach der Verständlichkeit für ausländische Leser gedient:

> »Noch mehr fast, wie die rumänischen Dichtungen [die Carmen Sylva in deutscher Übersetzung veröffentlicht hatte[22]], zeigt dieses Werk [*Pelesch-Märchen*], in dem die Dichterin die uralten, wunderbaren Märchen ihres Volkes wie Gold aus längst versunkenem Schacht zu Tage fördert, ihre bewundernswerte Begabung für dieses

[18] Benno Diederich: *Elisabeth, Königin von Rumänien (Carmen Sylva)*, 1898, S. 84.

[19] Ebd., S. 84f.

[20] Ebd., S. 86f.

[21] Maximillian Schmitz: *Carmen Sylva und ihre Werke*, Neuwied/Berlin: Heuser, 1889, S. 34.

[22] Vgl. Carmen Sylva: *Rumänische Dichtungen* (in Zusammenarbeit mit Mite Kremnitz), Leipzig, 1881.

so freudig übernommene Vermittleramt zwischen Ost und West. [...] Dabei kann es keinem Zweifel unterliegen, dass Carmen Sylva manchen der behandelten Stoffe selbständig ausgestaltet und so bearbeitet hat, dass ›sie auch dem Verständnis und dem Gefühle nichtrumänischer Leser näher gerückt sind, ohne dass sie dabei von ihrem eigentlichen Lokalton und ihrem wildromantischen Kolorit verlieren‹.«[23]

Die *Pelesch-Märchen* sind für die Biographin der Schriftstellerin Natalie von Stackelberg (1889) »eine eigenartige und phantasievolle Schöpfung«, in welcher die »elementaren Naturereignisse mit dem Leben der Menschen in poetischer Zusammenstellung gebracht und in echtem Märchenton«[24] erzählt sind. Die Biographin meint fälschlicherweise, in dem Widmungsgedicht »An die Kinder« die Schriftstellerin als Landesmutter zu erkennen.[25] Dieses Gedicht (auf das später ausführlicher eingegangen werden soll) ist aber nur in den deutschen Ausgaben der *Pelesch-Märchen* erschienen und richtet sich demnach nicht an rumänische Kinder.
Schärfere Kritik an den *Pelesch-Märchen* findet sich in der Biographie von Mite Kremnitz (1903). Hier wird den *Pelesch-Märchen* jede Beziehung zu rumänischen Volkssagen oder Volksmärchen abgesprochen. Kremnitz vemisst (wie sie wiederholt in ihrer Biographie über Carmen Sylva betont) eine Beschränkung der Phantasie und der Motive zugunsten der Form:

»Diese Legenden[26] sind völlig frei erfunden; die vorhandenen Namen der Gipfel und Schluchten regten die Phantasie der Königin an; nur diese sind echt und volkstümlich.[...] Eine reiche Phantasie und ein keckes Drauflosstümen kann niemand diesen Märchen absprechen; seelische Vertiefung und Märchenzauber fehlt ihnen indessen. Sie enthalten manche rührende Episode, aber auch viel absichtliches Moralisieren schädigt sie. Die wohltuende Anempfindung der Natur bricht jedoch überraschend allerorten durch, wenn man Harmonie und Durcharbeitung vermisst. Das Gold ist oft nicht aus den Quarzsteinen herausgeholt; der gewöhnli-

---

23 Wer sich hinter diesen zitierten Worten verbirgt, verrät Schmitz allerdings nicht. (Maximillian Schmitz: *Carmen Sylva und ihre Werke*, 1889, S. 34).

24 Natalie von Stackelberg: *Aus Carmen Sylva's Leben*, 1889, S. 246.

25 Ebd., S. 246.

26 Die Bezeichnung der *Pelesch-Märchen* als »Legenden« ist womöglich auf den Einfluss der rumänischen Sprache auf die Biographin zurückzuführen. Im Rumänischen gibt es eine einzige Bezeichnung sowohl für Sagen als auch für Legenden: »legenda«. Der Unterschied zwischen den beiden deutschen Begriffen wird im Rumänischen durch spezifizierende Beiwörter verdeutlicht. So gibt es zum Beispiel: »legenda religioasă« (Heiligen-Sage/Legende), »legenda geografică« (Ortssage), »legenda istorică« (historische Sage) u. a. (Zum rumänischen Begriff »Legende«, vgl. auch: Karlinger/Turczynski (Hrsg.): *Rumänische Sagen und Sagen aus Rumänien*, Berlin: Schmidt, 1982, S. 8).

che Leser entdeckt es daher nicht schnell in dem großen Steinhaufen. Oft möchte man sagen: weniger wäre mehr. Es geschieht zuviel; jedes Motiv des Lebens und Leidens ist angewandt, das Was allein aber wirkt nicht künstlerisch, nur das Wie.«[27]

Rudolf von Gottschall (1892) dagegen verbindet die *Pelesch-Märchen* wieder mit rumänischen Volkssagen, räumt jedoch ein, den Grad der Verarbeitung von Sagen in diesen Märchen nicht genau bestimmen zu können:

»[...] auch wissen wir nicht, was von diesen Märchen der Volkssage und was der freien Erfindung der Dichterin angehört. Jedenfalls knüpfen sie alle an die Naturwunder des wallachischen Gebirges, an Felsen, Seen, Wasserfälle an, und die Erzählung hat durchweg dichterischen Reiz. Die Phantasie der Verfasserin ist nie verlegen um glänzende und zugleich stimmungsvolle Arabesken aus dem Naturleben und die Darstellung hat nirgends etwas Zerflossenes.«[28]

Bezüglich des Märchens *Pelesch im Dienst* ist Kremnitz der Meinung, dass es »kein eigentliches Märchen [ist], es sind symbolisierte, persönliche Erinnerungen und Stimmungen und schöne Naturschilderungen«[29], wobei Stackelberg es »eine Art Allegorie«[30] nennt.
Folglich sind, im Falle der oben angegebenen Kritiken zu den *Pelesch-Märchen*, hauptsächlich zwei Positionen zu erkennen: Einerseits werden die *Pelesch-Märchen* als rumänische Volksmärchen mit Erweiterungen der Schriftstellerin betrachtet, andererseits werden sie als Phantasiegeschöpfe missbilligt, weil sie nicht volkstümlich echt seien.
Über die realen Quellen zu den *Pelesch-Märchen* gibt es keine eindeutigen und sicheren Bezüge in der Sekundärliteratur. Carmen Sylva bekennt nur im Falle des Märchens *Vârful cu Dor* von dem Stoff einer alten rumänischen Sage inspiriert worden zu sein[31]. Es ist nicht möglich, anhand von sicheren Dokumenten zu bestimmen, welche (mündliche oder schriftliche) Variante aus der Volksdichtung die Schriftstellerin beeinflusst hat.[32] So ist, methodolo-

---

27 Mite Kremnitz: *Carmen Sylva*, 1903, S. 178.

28 Rudolf von Gottschall: *Studien zur neuen deutschen Literatur*, 1892, S. 378.

29 Mite Kremnitz: *Carmen Sylva*, 1903, S. 259.

30 Natalie von Stackelberg: *Aus Carmen Sylva's Leben*, 1889, S. 262.

31 Vgl. ebd., S. 235.

32 Ab 1876 beschäftigte sich Carmen Sylva mit alten rumänischen Chroniken und Legenden (Vgl. Hildegard E. Schmidt: *Elisabeth, Königin von Rumänien, Prinzessin zu Wied, »Carmen Sylva«. Ihr Beitrag zur rumänischen Musikkultur* [...], 1991, S. 478). In manchen dieser Chroniken (insbesondere bei Ion Neculce aus dem 17./18. Jahrhundert)

gisch gesehen, auch im Falle der bearbeiteten Volksmärchen- und Sagenmotive in den *Pelesch-Märchen* die Untersuchung aller bekannten und zugänglichen Varianten aus der Volksliteratur (Märchen, Sage, Ballade)[33] erforderlich, um den Grad der Ähnlichkeit oder vielleicht die mögliche Physiognomie der Variante zu bestimmen, die die Autorin beeinflusst haben könnte.

Es stellt sich folglich die Frage nach den Gründen der so häufigen Annahme in der Sekundärliteratur, dass die *Pelesch-Märchen* relativ freie Nacherzählungen rumänischer Volksmärchen oder Volkssagen seien. Die Kritiker beriefen sich in dieser Annahme besonders auf die geographische Lokalisierung der *Pelesch-Märchen* in den rumänischen Karpaten und auf das überzeugend wiedergegebene Lokalkolorit. Zu untersuchen ist demnach, ob weitere Kriterien in den *Pelesch-Märchen* die These der Sekundärliteratur bekräftigen oder widerlegen.

Stoffe und Motive, die eventuell aus Sagen und Volksmärchen übernommen und bearbeitet wurden, werden in späteren Kapiteln behandelt. Im Folgenden sei die Frage nach wesentlichen Ähnlichkeiten und Unterschieden der *Pelesch-Märchen* mit dem Volksmärchen und der Volkssage gestellt.

3.2. Beziehung der Pelesch-Märchen zu Sagen und Volksmärchen

Der Märchenbegriff ist bei Carmen Sylva etwas weit gefasst: Manche der *Pelesch-Märchen* sind eher außerordentliche Geschichten (*Piatra Arsa/Verbrannter Stein*), bei anderen ist die Beziehung zur Sage, zum Mythos größer als zum Märchen (z. B. *Die Jipi*, *Das Hirschtal* und *Der Caraiman*). Man kann auch bezüglich der *Pelesch-Märchen* Carmen Sylvas von »Kontamination«[34] (L. Röhrich) sprechen, das heißt, von Vermischung

---

gibt es eine Fülle von historischen Sagen. Dem Dichter und Sammler rumänischer Volksdichtung, Vasile Alecsandri, kam auch ein nicht zu unterschätzender Beitrag zur Erweiterung der Kenntnisse Carmen Sylvas bezüglich der rumänischen Volksdichtung zu. Die freundschaftliche Beziehung Carmen Sylvas zu Vasile Alecsandri dauerte von 1876 bis 1890, dem Todesjahr des Dichters.

33 Siehe Bibliographie: Zum Vergleich herangezogene Literatur (Märchen, Sagen, Mythen, Volksdichtung), S. 166ff.

34 Lutz Röhrich, zit. in: Max Lüthi, *Das Volksmärchen als Dichtung. Ästhetik und Anthropologie*, Düsseldorf/Köln: Diederichs, 1975, S. 128. Vgl. auch: Paul-W. Wührl, *Das deutsche Kunstmärchen*, Heidelberg: Quelle & Meyer, 1984, S. 25.

der Gattungen (z. B. von Märchen und Sage, aber auch von verschiedenen Märchenmotiven in einem Märchen), besonders bei der Verarbeitung von Volksmärchen- und Sagenmotiven.

Es handelt sich um ätiologische Erzählungen, die sich teils an der Form des Märchens, teils an der der Sage anlehnen. Die Autorin bezeichnet sie als »Märchen«, und daraus ist der Wahrheitsanspruch dieser »Märchen« ableitbar. Da es sich um »Märchen«, vermeintlich »nur« um ein Phantasieprodukt, handelt, wird kein reeller Anspruch auf Wirklichkeitsbeziehung des Erzählten gestellt, mit der Ausnahme der konkreten Grundlage, die mit den erklärten Orten geschaffen wird.[35] Dennoch gibt es viele Bezüge zur Realität in den *Pelesch-Märchen* – so wie das in allen Märchen der Fall ist – und so können sie nicht als bloßes Phantasiespiel gesehen werden. Es handelt sich keineswegs um eine Ausflucht aus der Alltagswelt in eine imaginäre Wunderwelt, denn Missverhältnisse der Alltagswelt, wie das Scheitern im Streben des Menschen nach Höherem, werden sehr oft problematisiert.

Die Realitätsbezüge, insbesondere in der Darstellung rumänischen Dorflebens (Tänze, Trachten und Bräuche), wirken überzeugend, so dass der Eindruck entstehen kann, die Geschichten seien dem rumänischen Volk abgelauscht worden. Die Individualisierung der Helden, die Betonung ihrer Gedanken- und Gefühlswelt wie auch die stimmungsvolle Naturbeschreibung und ausmalende Schilderung des Gesellschaftslebens aber sind dem Volksmärchen fremd.[36]

Manche der *Pelesch-Märchen* behandeln ein einziges Wundergeschehen und stehen der Sage näher als dem Märchen. Auch ist die Darstellung des Menschen und des Alltags in diesen Fällen realitätsbezogen. So reicht in *Piatra Arsa/Verbrannter Stein* ein einziges Wundergeschehen aus, und das Verhalten der Heldin ist gestört: Wenn die erste der ausgesprochenen Drohungen Wirklichkeit geworden ist, wird die zweite in naher Zukunft wahr werden. Auch in *Die Jipi* wird ein einziges Wundergeschehen erwähnt. Nichts Übernatürliches oder Wunderbares geschieht im Laufe der realitätsbezogenen Handlung, bis es zur sagenhaften Verwandlung am Ende der Geschichte

---

[35] Zur Wirklichkeitsbeziehung des ätiologischen Märchens, vgl. Lutz Röhrich: *Märchen und Wirklichkeit*, Wiesbaden: Steiner, 1964, S. 28.

[36] Vgl. Max Lüthi: *Das europäische Volksmärchen. Form und Wesen*, München: Francke, 1978, S. 13f., 28.

kommt. Dieses Finale wirkt auf den ersten Blick unvorbereitet und überraschend. Doch bei genauerer Betrachtung lässt sich der Schluss folgendermaßen erklären: Das einmal Vorgenommene kann nicht mehr zurückgenommen und verändert werden. In den beiden oben genannten Erzählungen (*Piatra Arsa/Verbrannter Stein* und *Die Jipi*) ist es selbstverständlich, dass die Gestalten plötzlich Übernatürliches bewirken können. Nicht das Wundergeschehen selbst steht im Mittelpunkt, sondern das, was es ausgelöst hat (Wünsche und Drohungen) und seine Folgen.

Eine wesentliche Ähnlichkeit der *Pelesch-Märchen* zum Volksmärchen ist in folgenden Aspekten festzustellen: in dem gradlinigen, einsträngigen Handlungsaufbau, in den benutzten Formeln (Anfangs- und Schlusswendungen), teilweise in der Darstellung der Schönheit, in der Vorliebe zum Extremen (bezüglich der Schönheit der Helden und Heldinnen, ihrer Fähigkeiten sowie der Leistungen, die die Helden erbringen sollen) und in der selbstverständlichen Beziehung der Helden zum Übernatürlichen. Die Verdeutlichung der Gefühle und Gedanken der Helden, die sie zu Handlungen treiben, die Betonung eines Charakterzugs als zentralen Aspekt der Handlung und somit auch als voraussetzendes Merkmal zum Auslösen des Konflikts (z. B. Stolz, Übermut, Unzufriedenheit, Abkapselung durch Arbeit) gehen über die Flächenhaftigkeit[37] des Volksmärchens hinaus. Die Selbstverständlichkeit in der Beziehung zum Übernatürlichen, Magischen (z. B. in *Furnica/Die Ameise*, *Die Hexenburg*) gleicht dem Märchenstil. In dem Scheitern des Menschen in Beziehung zum Numinosen oder im Kampf gegen ihn ist eine Annäherung zu der Sage zu erkennen[38], obwohl die Angst und das Grauen vor dem Übernatürlichen, Dämonischen hier nicht vorkommen.

Die Anfangs- und Schlussformeln der *Pelesch-Märchen* haben, ähnlich wie im Volksmärchen, die Funktion, zum Erzählten Distanz zu schaffen, den Eintritt in eine andere Welt zu markieren.[39] Da es sich in den *Pelesch-Märchen* um mehr oder weniger erfundene Ätiologien (also nicht um überlieferte Volkssagen) handelt, dienen die Anfangsformeln auch dazu, den Eindruck

---

[37] Vgl. Max Lüthi: *Das europäische Volksmärchen*, 1978, S. 13.

[38] Zur Beziehung zwischen Mensch und dem Wunderbaren/Numinosen in Märchen und Sage, vgl. Lutz Röhrich: *Märchen und Wirklichkeit*, 1964, S. 23f.

[39] Zu den Formeln im Volksmärchen, vgl. Max Lüthi: *Das Volksmärchen als Dichtung*, 1975, S. 57-67; Lutz Röhrich: *Märchen und Wirklichkeit*, 1964, S. 14.

des »Überlieferten« zu simulieren. Durch Lokalisierung wird in die Erzählung etwas Konkretes, Reales miteinbezogen, durch die zum Erzählten Abstand schaffende Formel der Eintritt in eine imaginäre Sphäre betont. Der ätiologische Schluss ist eine unterhaltende Ätiologie (im Sinne von nicht geglaubt beziehungsweise ohne religiösem Gehalt)[40], aber dennoch nicht bloß dekorativ (nur äußerlich dem Märchengeschehen angehängt), sondern in direktem Verhältnis zum Inhalt der Erzählung stehend.

Allgemein enthält der Anfang der *Pelesch-Märchen* eine expositionsartige Naturbeschreibung, der die Motivierung zu einer ätiologischen Erklärung folgt (z.B. *Die Jipi*, *Der Caraiman*, *Die Grotte der Jalomitza*, *Das Hirschtal*, *Die Hexenburg* und *Der Ceahlau*). Die darauffolgende Geschichte enthält eine für das Volksmärchen typische Anfangsformel[41]. Ähnliche Anfangsformeln treten auch in den *Pelesch-Märchen* in zahlreichen Variationen auf: »es war einmal...«, »man sagt...«, »einst war...« oder »von diesen erzählt man sich...«. In manchen Fällen ist die Länge der Formel auffallend:

> »Vor langen, langen Zeiten, als die Wölfe die Herde hüteten und Adler und Tauben bei einander nisteten [...]« (*Die Hexenburg*)[42].

> »Vorururalten Zeiten, als der Himmel viel näher bei der Erde war und mehr Wasser als Land [...]« (*Der Caraiman*)[43].

Andernorts wird auf die Naturbeschreibung verzichtet, und das Märchen fängt mit der Eingangsformel »Es war einmal« an (z. B. *Vârful cu Dor/Der Sehnsuchtsgipfel* und *Furnica/Die Ameise*). In einem Fall werden sowohl Naturbeschreibung als auch Eingangsformel ausgelassen und der Anfang des Märchens (*Piatra Arsa/Verbrannter Stein*) enthält eine Aussage über den Charakter der Heldin – »Stolz war die schöne Pauna, sehr stolz.«[44] – der eine Beschreibung der Schönheit der Heldin folgt.

Der Märchenschluss enthält die ätiologische Schlussfolgerung: lediglich die Orte des Märchengeschehens sind dem Märchengeschehen zeitüberdauernd und die einzige konkrete Grundlage für das Erzählte. Es gibt Volksmärchen

---

[40] Vgl. Lutz Röhrich: *Märchen und Wirklichkeit*, 1964, S. 35.

[41] Vgl. Max Lüthi: *Das Volksmärchen als Dichtung*, 1975 (Kapitel: Formeln, S. 57-67).

[42] Carmen Sylva: *Pelesch-Märchen*, 1883, S. 157.

[43] Ebd., S. 79.

[44] Ebd., S. 47.

mit schlechtem Ausgang, wenn auch relativ selten, da der Glaubens- und Wirklichkeitscharakter auf der Ebene des Volksmärchens meist aufgelöst beziehungsweise entwirklicht ist. Ein tragisches Ende ist in der Regel in Naturvölkererzählungen und Sagen anzutreffen, wobei hier die moralisierende, belehrende Tendenz den schlechten Ausgang ermöglicht, ja sogar herausfordert.[45] Auch in den *Pelesch-Märchen* hat die moralisierende Tendenz Einfluss auf den Ausgang der Märchen. Ironische Wendungen volksmärchenhafter Schlussformeln zielen gegen das allgemein glückliche Ende der Zaubermärchen, teilweise auch gegen eine Erlösungsmöglichkeit allgemein. In *Furnica/Die Ameise* ist das Weinen der Heldin im Ameisenberg »noch« zu hören, aber der Königssohn »kreist schon lange nicht mehr um den Berg«[46]. Auch der Zauberer Caraiman »schlummert noch heute«[47], trotzdem bleibt die Möglichkeit der Wiederherstellung seiner Kinderwelt noch bestehen – ein optimistischer Schluss, der aber als Moral des Märchens dem Inhalt widerspricht (die Kinder sind die Auslöser der Zerstörung).

Ein einziges Märchen beinhaltet ein glückliches Ende: *Omul/Der Mann*, doch ist am Schluss nur noch die reale Landschaft zeitüberdauernd:

> »Sie hatten viele schöne Kinder, deren Kinder schon nicht mehr leben; der Berg aber heißt noch heute Omul, der Mann.«[48]

Einen größeren Wahrheitsanspruch stellt das Märchen *Vârful cu Dor/Der Sehnsuchtsgipfel* durch das Auftreten der Autorin als Zeugin hinterbliebener Spuren des Helden:

> »Sie begruben ihn, wo sie ihn gefunden und nannten den Berg Sehnsuchtsgipfel, virf cu dor; ich war schon oft oben und habe sein Grab gesehen und die Schafe weiden noch immer dort.«[49]

Es ist hier ein wesentlicher Unterschied zu den Schlussformeln der Volksmärchen, in denen der Erzähler selbst zu Wort kommt, zu erkennen. Dort schafft die doppelbödige Ironie Distanz zum Märchengeschehen und ermög-

[45] Zum schlechten Ausgang im Märchen, vgl. Lutz Röhrich: *Märchen und Wirklichkeit*, 1961, S. 40f.

[46] Vgl. Carmen Sylva: *Pelesch-Märchen*, 1883, S. 43.

[47] Ebd., S. 88.

[48] Ebd., S. 133.

[49] Ebd., S. 26.

licht den Rücktritt in die reale Welt.[50] In Carmen Sylvas Märchen *Vârful cu Dor/Der Sehnsuchtsgipfel* wird durch die reale Lokalisierung des Hirtengrabes gleichzeitig eine reale frühere Existenz des Märchenhelden vermittelt.

Der Moral wird in den *Pelesch-Märchen* viel Raum gewährt. Es werden entweder eine extreme Lebenseinstellung (z. B. Verzicht auf Menschenkontakt der Arbeit zuliebe, in *Furnica/Die Ameise*), menschliche Schwächen (z. B. Überschätzung eigener Kräfte, in *Die Grotte der Jalomitza*), übermäßiger Stolz (*Piatra Arsa/Verbrannter Stein*), Gier nach Kostbarkeiten (*Die Hexenburg*), Unzufriedenheit (*Omul/Der Mann*) oder Tabus (z. B. Desertieren, Verkrüppelung, in *Piatra Arsa/Verbrannter Stein*) verarbeitet.

Die Funktion des Wunders besteht häufig darin, die Betonung eines menschlichen Charakterzugs und dessen Folgen zu veranschaulichen. In diesem Fall haben das nemesis'sche Wunderbare und der schlechte Ausgang des Märchens die Funktion eines warnenden Beispiels für die Leser. Das Didaktische und Lehrhafte sind in den *Pelesch-Märchen* von großer Bedeutung: Der Mensch steht im Mittelpunkt, aber nicht als bloße Figur, als Handlungsträger, wie im Volksmärchen, sondern als Verkörperung eines bestimmten Charakterzugs, dessen Übermaß den Helden ins Verderben stößt.

Die Helden der *Pelesch-Märchen* sind nicht bloß Figuren wie im Volksmärchen[51], sie werden individualisiert durch Benennung (ausnahmslos rumänische Namen), durch ausführliche Beschreibung ihrer äußeren Erscheinung und durch die Verdeutlichung ihrer Gefühlswelt. Dem Zwiespalt zwischen Schein und Sein im Volksmärchen[52] wird nur bedingt gefolgt: Die realitätsnahe Darstellung des Menschenbildes nähert sich der Sage. Die Verdeutlichung ihrer Gedanken und Gefühle einerseits und die Betonung ihrer guten Eigenschaften und Schwächen andererseits unterscheiden die Helden der *Pelesch-Märchen* vom Volksmärchenhelden. Trotzdem sind hier die Helden wie im Volksmärchen die Zentralfiguren der Handlung, sie werden als isoliert und hilfebedürftig dargestellt, aber im Gegensatz zum Volksmärchenhelden sind sie auf sich selbst angewiesen und erhalten keine Hilfe

---

[50] Vgl. Max Lüthi: *Das Volksmärchen als Dichtung*, 1975, S. 63f.

[51] Vgl. Max Lüthi: *Das Volksmärchen als Dichtung und Aussage*. In: *Wege der Märchenforschung* (hrsg. von Felix Karlinger), Darmstadt: Wissenschaftliche Buchgesellschaft, 1973, S. 298.

[52] Vgl. Max Lüthi: *Das Volksmärchen als Dichtung*, 1975, S. 150f.

übernatürlicher Gestalten oder dankbarer Tiere.[53] Während der Volksmärchenheld scheinbar schwach und wenig erfolgreich ist[54], sind die Helden der *Pelesch-Märchen* nur scheinbar stark und selbstbewusst. Daher folgt auch der realitätsnähere Ausgang der *Pelesch-Märchen*, in denen vorwiegend ein Scheitern des Menschen gezeigt wird. Die Helden selber lernen nichts aus ihren Fehlern, obwohl das Wissen um ihr Scheitern sie zur Verzweiflung bringt (z. B. *Furnica/Die Ameise*). Nur in *Omul/Der Mann* wird der Held in seiner Entwicklung dargestellt, deshalb auch das glückliche Ende des Märchens.

Die Gestalten der *Pelesch-Märchen* gehören verschiedenen Gesellschaftsschichten an: Dorfbewohner, Hirten, Klausner, Adlige und Könige. Die Zugehörigkeit zu einer sozialen Schicht wird nicht zugunsten einer höheren aufgegeben, sondern beibehalten beziehungsweise wiederhergestellt (z. B. in *Omul/Der Mann*). Den Helden und vor allem den Heldinnen wird eine äußerliche Schönheit zugeschrieben. Die Beschreibung der Schönheit der Helden – sowohl der weiblichen wie der männlichen – folgt bis zu einem gewissen Grad dem Muster des Volksmärchens[55], vor allem, was das Extreme der Schönheit anbelangt (so die Heldinnen in *Vârful cu Dor/Der Sehnsuchtsgipfel* und *Furnica/Die Ameise* und die Zwillingsbrüder in *Die Jipi*). Die Heldinnen sind »schön«, »schlank« und haben »goldene« Haare. Die extreme weibliche oder männliche Schönheit wird durch Vergleiche mit Elementen der Natur und des Kosmos ausgedrückt. Die Heldin aus *Furnica/Die Ameise* »hatte Haare wie Gold und Augen wie der Himmel und Wangen wie Nelken und Lippen wie Kirschen und so biegsam war ihr Leib, wie Schilf«[56]. Die Zwillingsbrüder aus *Die Jipi*, die einander »wie zwei Haselnüsse in einer Schale«[57] ähneln, sind »schön wie Morgen und Abend, so schlank wie Lanzen, so rasch wie Pfeile und so stark wie junge Bären«.[58] Auch Vergleiche

---

53 Die Ameisen in dem Märchen *Furnica/Die Ameise* drohen der Heldin von Anfang an mit einer furchtbaren Rache, wenn diese ihre Ansprüche missachtet. (Vgl. Carmen Sylva: *Pelesch-Märchen*, 1883, S. 32).

54 Vgl. Max Lüthi: *Das Volksmärchen als Dichtung*, 1975, S. 150.

55 Zur Darstellung der Schönheit der Heldinnen und Helden im Volksmärchen, Vgl. Max Lüthi: *Das Volksmärchen als Dichtung*, 1975, S. 11-24 (Kapitel: Schönheit und Schönheitsschock, Figuren).

56 Carmen Sylva: *Pelesch-Märchen*, 1883, S. 29.

57 Ebd., S. 63.

58 Ebd., S. 59.

aus der rumänischen Volksballade »Mioriţa« (Das Lämmchen) werden aufgenommen[59]. So erinnert die Darstellung des Helden aus *Vârful cu Dor/Der Sehnsuchtsgipfel*, ein Hirte, der Darstellung des Hirten in der rumänischen Ballade.[60] Der Held des Märchens *Vârful cu Dor/Der Sehnsuchtsgipfel* hat wie in der »Mioriţa« brombeerschwarze Augen, eine schlanke Gestalt, schwarze Haare und ist ein Hirte, wie es auch die ausführliche Beschreibung der Kleidung verdeutlicht:

> »Etwas abseits, auf seinen langen Stab gelehnt, stand ein schöner Hirte, und sah mit seinen brombeerschwarzen Augen der Hora [ein Volkstanz] zu. Seine Gestalt war schlank, wie eine junge Tanne; sein Haar fiel unter der weißen Lammfellmütze in schwarzen Locken auf seine Schultern. Sein Hemd war grau, von einem breiten Ledergurt um die Hüfte gehalten, an den Füßen hatte er Sandalen.«[61]

Ebenso wie im Volksmärchen wird die Wirkung der Schönheit – besonders der Heldin – durch einen »Schönheitsschock« (Lüthi) verdeutlicht.[62] Die männlichen Gestalten werden durch die extreme Schönheit der Frauengestalten geblendet, so zum Beispiel in *Furnica/Die Ameise*:

---

[59] Carmen Sylvas Übersetzung der Ballade »Mioriţa« wurde in dem Band *Rumänische Dichtungen* 1881 veröffentlicht. (Vgl. Bibliographie: Verzeichnis der veröffentlichten Werke Carmen Sylvas, Übersetzungsarbeiten, S. 173ff.).

[60]

»[...] Cine mi-au vazut	*»[...] sagt mir, wer sah ihn ziehn,*
Mândru ciobanel	*ihn, meinen Schäferheld,*
Tras printr-un inel?	*schlank, durch den Ring gestrählt?*
Feţişoara lui,	*Sein liebes Angesicht*
Spuma laptelui;	*ist wie der Milchschaum licht;*
Musteţioara lui,	*sein lieber Bart ist weich,*
Spicul grâului	*Ähren des Weizens gleich;*
Perişorul lui,	*den Rabenfedern gar*
Peana corbului;	*gleich glänzt sein liebes Haar;*
Ochişorii lui,	*der lieben Augen Glanz*
Mura câmpului!«	*gleich reifen Brombeer'n ganz!«*

»Mioriţa". In: *Balade populare româneşti*, Bucureşti: I. Creangă, 1984, [Biblioteca pentru toţi, 79], S. 15. Deutsche Übersetzung: »Das Lämmchen« (Mioriţa). In: *Doina, Doina... Eine Anthologie rumänischer Literatur aus Vergangenheit und Gegenwart*, (hrsg. von Kurt Schebesch), Leer (Ostfriesland): Rautenberg, 1969, S. 34.

[61] Carmen Sylva: *Pelesch-Märchen*, 1883, S. 12.

[62] Zum »Schönheitsschock«, der Wirkung der Schönheit als Zauber im europäischen Volksmärchen, vgl. Max Lüthi: *Das Volksmärchen als Dichtung*, 1975, S. 14.

»Der schöne Jüngling hielt geblendet die Hand über die Augen und betrachtete die Lichtgestalt im schimmernden Gewande.«[63]

In *Omul/Der Mann* wird der Held, Emanuel, von der Schönheit Radas zweimal stark beeindruckt: Das erste Mal, als diese noch ein Mädchen ist, und ein zweites Mal, als sie eine junge Frau ist. Die Verzauberung Emanuels durch Radas außerordentliche Schönheit wird beim zweiten Mal sogar doppelt betont: durch sein Geblendetsein und durch seine Sprachlosigkeit:

»Geblendet schaute Emanuel die wundervolle Maid, die ihn mit dunkler Augen Glut betrachtete und dann die seidenen Wimpern wie einen Vorhang auf die erröteten Wangen senkte. Er konnte gar nicht sprechen, vor staunender Bewunderung.«[64]

In anderen Märchen werden die allgemeinen Bilder, die eine abstrakte Schönheit zum Ausdruck bringen, zugunsten einer Individualisierung der Schönheit erweitert. Vor allem die weibliche Schönheit interessiert und wird ausführlich beschrieben, während die äußere Beschreibung der meisten männlichen Helden mit der Eigenschaft »schön« bereits beendet wird. In *Omul/Der Mann* interessiert überhaupt keine äußere Beschreibung des Helden, nur ein Charaktermerkmal wird besonders betont:

»[...] ein Jüngling, der vor Tatendurst brannte. Nichts schien ihm zu groß, nichts zu kühn, nichts zu gut, dass es für ihn unerreichbar wäre. Er liebte sein Land wie eine Braut, er gab den Armen, wo er nur konnte, er diente den Frauen, den Armen wie Reichen, er beschützte die Schwachen – aber alles dieses war ihm zu wenig, viel zu wenig, um sein brennendes Herz zu beruhigen.«[65]

Die Darstellung der Frauengestalten zeichnet sich durch eine detailliertere Beschreibung der äußeren Gestalt aus, ausgedrückt durch eine Fülle von schmückenden Beiwörtern und Diminutiven. Vor allem wird aber versucht, in den Besonderheiten verschiedenster Frauentypen (im Sinne einer äußeren Typologie) jeweils eine extreme Schönheit zu vermitteln. Auch die Farbpalette vergrößert sich und die unterschiedliche Form der Haare wird verdeutlicht. Bewundert werden nicht mehr nur goldene Haare, sondern auch »braune

---

[63] Carmen Sylva: *Pelesch-Märchen*, 1883, S. 35.

[64] Ebd., S. 122.

[65] Ebd., S. 103f.

Locken«[66], »rabenschwarze Haare«[67], »schwarze Zöpfe«[68], »wellige, rötliche Haare«[69] und »rote Löckchen«[70].

Ein Gegenstück zur Schönheit, im Sinne von »hässlich«, findet sich kaum, mit Ausnahme der Märchen *Die Hexenburg* und *Der Ceahlau*. Auch die äußerliche Kontrastierung der Helden mit den übernatürlichen Gestalten ist relativ selten. Die Hexe in *Die Hexenburg* kann nur indirekt und relativ als »hässlich« verstanden werden, wenn sie als »runzelig wie eine alte Eiche«[71] beschrieben wird, wobei das Wort »hässlich« in einem völlig anderen Kontext auftritt: in Bezug auf Gold.[72] Die äußere Darstellung der Feinde in *Der Ceahlau* hingegen zielt auf Kontrastierung, aber nicht zu dem einheimischen rumänischen Volk, das nicht beschrieben wird, sondern zu einem angeblich verbündeten Volk der Rumänen, das »von heller Haut, blauäugig und hochgewachsen, mit langem, gelbem Haar«[73] war. Die einbrechenden Feinde (Tataren) werden »Drachen« und »Schwärme von grausamen Heuschrekken« genannt[74]. Ihr Aussehen und ihr Auftreten werden mit einem Schwarm vernichtender Heuschrecken verglichen:

> »Die Feinde, die zum Dnjester heranrückten, waren gar nicht wie Menschen, sondern wie wilde Thiere. Sie waren klein und krumm und hatten flache Gesichter, so gelb wie Citronen, und ihre Augen waren so klein, dass man sie gar nicht sah. Sie waren mit ihren Pferden zusammengewachsen und jagten dahin, wie die Heuschrecken mit dem Ostwind. Wo sie hinkamen, da war Alles im Umsehen verzehrt und blieb Nichts zurück, als der nackte Boden.«[75]

Ansonsten kommen äußere ästhetische Polaritäten wenig vor. Der Konflikt entspringt nicht aus einer äußeren Kontrastierung »schön« – »hässlich«, »gut« – »böse« oder »gerecht« – »ungerecht«, sondern aus einer Kontrastierung auf der Handlungsebene (Held – Gegner) oder aber der Polarität in der Innenwelt, in der Gefühls- und Gedankensphäre der Helden. Die Charakter-

---

66 Ebd., S. 62.
67 Ebd., S. 111.
68 Ebd., S. 47.
69 Ebd., S. 92.
70 Ebd., S. 93.
71 Ebd., S. 158.
72 Ebd., S. 165.
73 Ebd., S. 182.
74 Ebd., S. 182.
75 Ebd., S. 181.

züge werden betont und die äußere Beschreibung dient dem Unterstreichen eines Charakterzugs. So führt in *Die Grotte der Jalomitza* der Zwiespalt der Heldin zwischen Abwehr und Wunsch nach Auseinandersetzung mit dem Zauberer zu einer Überschätzung der eigenen Kräfte. Das Ende des Märchens zeigt nur eine relative Erlösung der Heldin: Die Verwandlung in Menschengestalt kann nicht wiederhergestellt werden, und somit ist Jalomitza als Quelle ewig an die Zaubergrotte gebunden, aus der sie gleichzeitig ewig davonfließt.

Die individuell gezeichneten Helden der *Pelesch-Märchen* sind keine Idealtypen wie im Volksmärchen, trotz der hervorgehobenen extremen Schönheit. Ihre guten und schlechten Eigenschaften machen sie zu Durchschnittsmenschen und hierin liegt eine Annäherung an die Sage[76]. Nicht selten werden die Helden durch ihre Gefühle zu Handlungen getrieben. So wird in den *Pelesch-Märchen* der Versuch einer Typenbildung deutlich, wobei das Extreme einer Eigenschaft interessiert: der zu stolze Mensch (Pauna in *Piatra Arsa/Verbrannter Stein*), der extrem fleißige Mensch (Viorica in *Furnica/Die Ameise*) und der unzufriedene, übermütige Mensch (Emanuel in *Omul/Der Mann*). Dieses wiederum trennt die *Pelesch-Märchen* von dem Stil der Sage, in dem keine menschlichen Typen dargestellt werden.[77]

Die Namen der Helden genauso wie die der übernatürlichen Gestalten sind nicht willkürlich gewählt: Sie betonen entweder eine Charaktereigenschaft oder ein äußerliches Merkmal. Sie sind lautlich an andere Wörter gebunden und werden dadurch zueinander in Beziehung gesetzt. So erinnert der Name »Păuna« in »Piatra Arsa/Verbranter Stein« an »păun« (rumänisch für Pfau) und bringt den Charakter der Heldin (»Stolz war die schöne Pauna, sehr stolz.«[78]) in Bezug zu einem Vogel, dem Pfau als Sinnbild für Schönheit und Stolz. In *Furnica/Die Ameise* hat der Name der Heldin, Viorica (rumänisch für »Veilchen«), eine diminutive Endform »-ica«, genauso wie »furn*ica*« (rumänisch für »Ameise«), und betont eine weitere Angleichung der Heldin an die Ameisen, mit denen sie durch ihren Fleiß schon in Beziehung gesetzt wurde. In dem Märchen *Die Jipi* hat die Heldin den (Neck-)Namen Urlanda, wie der

76 Zum Menschenbild in der Sage, vgl. Lutz Röhrich: *Märchen und Wirklichkeit*, 1964, S. 25.

77 Vgl. ebd., S. 25.

78 Carmen Sylva: *Pelesch-Märchen*, 1883, S. 47.

Wasserfall Urlătoarea aus dem Bucegi-Gebirge.[79] Als Erklärung für diesen merkwürdigen Namen dient eine Begebenheit aus der frühen Kindheit der Heldin. Als Kleinkind soll die Heldin sehr viel geschrien haben, so dass sie statt Rolanda ›Urlânda‹ (rumänisch: Schreiende) genannt wurde. Der Name des Helden aus *Omul/Der Mann* ist Emanuel (hebräisch für: »mit uns ist Gott«[80]), der Bergname »Mann« ist lautlich in seinem Namen E*man*uel enthalten, genauso wie in den Decknamen, die er sich im Dienst bei den Menschen gibt: »*Man*oil« und »*Man*ea«. Ob der Name Rada aus dem Märchen *Omul/Der Mann* mit dem Namen Radha aus der indischen Mythologie[81] in Beziehung gestellt werden kann, ist nicht nachzuweisen, aber einer Überlegung wert, obwohl Rada auch ein rumänischer Mädchennamen war.[82] Zu beachten ist die mystische Dimension des Märchens, die vor allem durch Aspekte wie Telepathie, Meditation und geistige Verbindung mit Verstorbenen veranschaulicht wird. Auffällig ist in der Kernaussage des Märchens – die Botschaft lautet selbstlos und unpersönlich zu handeln – der Bezug zur hinduistischen Religion, insbesondere der Offenbarung Krishnas, zu erkennen. Krishnas Lehre gibt dem Menschen die Hoffnung auf Befreiung vor den karmischen Folgen seiner (auch unmoralischen) Taten, wenn er »auf die Früchte seiner Taten verzichtet«[83], wenn er unpersönlich, frei von Leidenschaften handelt.[84] In der Sekundärliteratur gibt es Belege für Carmen Sylvas Auseinandersetzung mit der indischen Philosophie[85]. Es ist nicht ausgeschlossen, dass die Autorin schon 1882 über Kenntnisse über die indische

79 Cascada Urlatoarea: Wasserfall »Die Schreiende« (im Rumänischen ist das Hauptwort »cascadă« [Wasserfall] feminin); »urlânda« heißt rumänisch »die Schreiende«.

80 Vgl. Lutz Mackensen: *Das große Buch der Vornamen*, Wiesbaden: VMA-Verlag, 1990, S. 102.

81 Radha, in der indischen Mythologie, die Geliebte Krishnas, in der Literatur Sinnbild der mystischen Liebe.

82 Der Mädchenname Rada ist in Rumänien kaum noch gebräuchlich, die männliche Form dieses Namens, Radu, ist hingegen häufig.

83 Mircea Eliade: *Geschichte der religiösen Ideen*, Freiburg/Br.: Herder, 1993, S. 209.

84 Vgl. Ebd., S. 209.

85 Laut Eugen Wolbe beschäftigte sich Carmen Sylva Ende der 80er Jahre des 19. Jahrhunderts mit der indischen Philosophie. Allgemeines Interesse für Philosophie wie für Mystisches war jedoch schon in der wiedischen Fürstenfamilie präsent. (Vgl. Eugen Wolbe: *Carmen Sylva*, 1933, S. 21, 135).

Mythologie und den Hinduismus verfügte, die sie in *Omul/Der Mann* verarbeitet haben könnte.

Die Darstellung des Übernatürlichen in den *Pelesch-Märchen* ist meistens märchenhaft, und nur selten begegnen die Helden dem Numinosen, Übernatürlichen von Anfang an mit Grauen oder Angst. Nicht die Begegnung mit dem Numinosen führt zum Tod oder Verderben des Menschen, anders also, als es sich in Sagen oft verhält.[86] Der Held scheitert in der Beziehung zum oder im Kampf gegen das Übernatürliche (z. B. in *Furnica/Die Ameise* oder *Die Hexenburg*).

Ähnlich wie bei den menschlichen Helden ist im Falle der übernatürlichen Gestalten teilweise auch eine Individualisierungs- beziehungsweise Charakterisierungstendenz in der Darstellung erkennbar. Vor allem in *Die Hexenburg* werden der Hexe und ihrer Tochter menschliche Züge verliehen und ihr Verhalten begründet. In anderen Märchen sind die übernatürlichen Gestalten bloß Figuren mit funktionalem Charakter (als Gegner der Märchenhelden): So wird der Zauberer Bucur nicht beschrieben (mit Ausnahme seiner Verwandlungsformen, z. B. als »schöner Jüngling«), und sein Verhalten oder seine Handlungsmotivation werden nicht erklärt. Im Gegensatz dazu werden die Beweggründe zum Schöpfungsakt des Zauberers aus *Der Caraiman* verdeutlicht.

Die übernatürlichen Gestalten in den *Pelesch-Märchen* tragen auch einen individuellen Namen, wie die menschlichen Helden. So heißt der Zauberer aus *Die Grotte der Jalomitza* Bucur (was im Rumänischen »Freude« oder »sich freuen« bedeutet), doch wird die Bedeutung des Namens im Märchen nicht näher erläutert. In *Die Hexenburg* dagegen wird der Name der Hexe, Baba Coaja (Mutter Rinde), erklärt: Sie sei »so hart wie Brotkruste, und so runzelig wie eine alte Eiche«.[87] Ihre Tochter Alba (rumänisch »die Weiße«), verdankt ihren Namen der Tatsache, dass sie »weiß wie der Schnee«[88] ist. Die beiden letzten Namen dienen der ätiologischen Erklärung von geologischen beziehungsweise botanischen Elementen. Unter dem Erosionsgebilde »Babele« (Die Greisinnen) aus dem Bucegi-Gebirge werden Ruinen der Hexenburg vorgestellt, und auf der Todesstelle Albas wächst das Edelweiß (im rumäni-

[86] Vgl: Lutz Röhrich: *Märchen und Sage*. In: *Märchen und Wirklichkeit*, 1964, S. 9-27.

[87] Carmen Sylva: *Pelesch-Märchen*, 1883, S. 158.

[88] Ebd., S. 158.

schen »floarea reginei«, d. h. »Blume der Königin«).[89] In der Darstellung der Gefühle und der Lebenseinstellung Albas sind autobiographische Aspekte der Schriftstellerin wiederzufinden. Die Selbstidentifizierung Carmen Sylvas mit Alba wird durch die Verwandlung Albas in das Edelweiß (der »Blume der Königin«) zum Ausdruck gebracht.[90]

Die allegorischen Gestalten in *Das Hirschtal* tragen Namen wie Briar (Andeutung auf Boreas, den Nordwind[91]), Vijelia (der Sturmwind), Viscol (Orkan) und Zephir (warmer, milder Westwind), während der schöpferische Zauberer in *Der Caraiman* den Namen des Berges Caraiman trägt. Bezüge zu Schöpfungsmythen beziehungsweise zur antiken Mythologie und Sagenwelt sind hier erkennbar, obwohl die Zusammensetzung und Behandlung verschiedener mythologischer Motive originell ist. Die Gestalten des Märchens *Das Hirschtal* sind Personifikationen der Winde. Die Riesengestalt der Untertanen des Königs Briar (der Nordwind), deren Fortbewegung auf geflügelten Hirschen und nicht zuletzt die Proben, denen sich ein Thronfolger der Riesen unterziehen muss, deuten die Geschwindigkeit oder die Kraft des Windes an. Der auf einer Wolke Harfe spielende Viscol (Orkan) ist ein Abbild des Apollon aus der griechischen Mythologie.[92] Die Darstellung der Vijelia (Sturmwind)

---

89 Die rumänische Bezeichnung »floarea reginei« (»Blume der Königin«) ist auf Carmen Sylva zurückzuführen, da sie das Edelweiß als »die Blume der Königin« bezeichnete (In: Carmen Sylva: *Rheintochters Donaufahrt*, 1905, S. 28). Nach 1947, dem Sturz der monarchistischen Regierung in Rumänien, wurde das Edelweiß zu »floare de colţ« (»Eckblume«) umbenannt. Der ehemalige Name »floarea reginei« (»Blume der Königin«) wird seit 1990 in Veröffentlichungen wieder verwendet. (Vgl. *Muntii Carpati*, Sibiu: Thausib, 1994, S. 131).

90 Weiß war auch die Lieblingsfarbe der Königin Elisabeth. In der Absicht, einen persönlichen Stil zu entwickeln, trug Carmen Sylva mit Vorliebe ein langes, weißes Gewand, das sie »Carmen Sylva-Kleid« nannte. (Zur Bezeichnung »Carmen Sylva-Kleid«, vgl. Mite Kremnitz: *Carmen Sylva*, 1903, S. 252; Carmen Sylva als »weiße Erscheinung« vgl. Maria von Rumänien: *Traum und Leben einer Königin*, Leipzig: List, 1935, S. 180f.).

91 Zu Boreas, vgl. Jacob Grimm: *Deutsche Mythologie*, Frankfurt/ Main: Ullstein, 1981, Bd. I, S. 525.

92 Vgl. John Pinsent: *Griechische Mythologie*, 1969, S. 32; Richter/Ulrich: *Lexikon der Kunstmotive,* 1993, S. 31.

erinnert an die Walküren aus der germanischen Mythologie. Von denen heißt es auch, sie »reiten durch die Luft«[93].

Die Schöpfungsgeschichte des Zauberers Caraiman basiert auf der Genesis aus dem Alten Testament[94]. Die Folgen der Erschaffung des Menschen im alttestamentarischen Schöpfungsmythos sind in *Der Caraiman* nicht ohne Ironie auf die Kinderwelt des schöpferischen Zauberers übertragen. Manche der Kinder des Caraiman sind unvernünftig und unfolgsam, und sie können dieselbe Bosheit und Zerstörungslust entwickeln wie Erwachsene.

In *Vârful cu Dor/Der Sehnsuchtsgipfel* fragt der Held nach dem Namen der dämonischen Erscheinung (einer riesigen Frauengestalt aus Stein) auf dem Berg: »Wer bist Du, wenn Du nicht die Welwa bist?«[95] Die Erscheinung jedoch nennt sich selbst »die Sehnsucht«[96]. Der Name Welwa hat im Rumänischen keine Bedeutung; wahrscheinlich ist aber ein Bezug zu »Wölwa«, der Seherin aus der »Edda« [97], die auch in einem Hügel wohnt[98], beabsichtigt.

In der Sekundärliteratur werden die *Pelesch-Märchen* immer wieder mit rumänischen Volkssagen oder Volksmärchen in Verbindung gebracht. Wieviel ist auf das Schema und die Darstellungsweise des Volksmärchens beziehungweise der Volkssage zurückzuführen, und worin liegen die eigene Bearbeitung und die künstlerische Originalität der Autorin?

Obwohl die Quelle für manche Märchen zwar angedeutet und ein gewisser Wahrheitsgehalt der Aition erwartet wird (z. B. in *Vârful cu Dor/Der Sehnsuchtsgipfel*[99]) und obwohl einzelne Motive in rumänischen Sagen zu finden sind, wie die Erschaffung eines Berges durch Menschenhand (in *Der Ceahlau*) oder die Verwandlung von Lebewesen in Stein (in *Die Grotte der Jalomitza*, *Die Jipi*, *Das Hirschtal*), sind die *Pelesch-Märchen* weder bloße

---

[93] Jacob Grimm: *Deutsche Mythologie*, 1981, Bd. III, Frankfurt/Main/Berlin/Wien: Ullstein, S. 120.

[94] Vgl. Das erste Buch Moses (Genesis). In: *Die Bibel* nach der Übersetzung Martin Luthers, Berlin/Altenburg: Evangelische Haupt-Bibelgesellschaft, 1986, S. 3-59.

[95] Carmen Sylva: *Pelesch-Märchen*, 1883, S. 24.

[96] Ebd., S. 24.

[97] Vgl. *Die Edda*, übertragen von Felix Genzmer, 1933, S. 13f., (*Der Seherin Gesicht*, S. 33-41 und *Balders Träume*, S. 42-44).

[98] Vgl. ebd., S. 42 (*Balders Träume*).

[99] Vgl. Carmen Sylva, *Pelesch-Märchen*, 1883, S. 26.

Nacherzählungen noch Nachahmungen rumänischer Volksmärchen und Volkssagen. Sie sind eigene literarische Schöpfungen der Schriftstellerin. Zwar orientiert sich die Autorin am Muster des Volksmärchens und bedient sich seiner formalistischen Merkmale (insbesondere Formeln), um den Eindruck des Überlieferten entstehen zu lassen, aber die übernommenen Motive aus rumänischen Volksmärchen und Sagen werden in neuen Kontexten verwendet und originell bearbeitet. Die formalen und inhaltlichen Ähnlichkeiten mit dem Volksmärchen (relativ kurze, einfache Handlung, Anfangs- und Schlussformeln, das Extrem der Schönheit der Heldinnen) beziehungsweise mit der Sage (Lokalisierung, Aition, schlechter Ausgang als warnendes Beispiel) geben eine Erklärung für die Tendenz in der Sekundärliteratur, die *Pelesch-Märchen* als Nacherzählungen rumänischer Volksmärchen oder Sagen zu klassifizieren.

Der Vergleich mit rumänischen Volksmärchen und Volkssagen ist demnach von Interesse, um die Bearbeitungsweise übernommener Motive zu untersuchen. Die weitere Analyse der *Pelesch-Märchen* soll aber nicht nur darauf beschränkt bleiben, sondern hauptsächlich der Frage nach dem literarischen Wert dieser Kunstmärchen nachgehen. Aus diesem Grund wird die Betrachtung der *Pelesch-Märchen* nicht vom Volksmärchen ausgehen und das literarische Werk daran messen, sondern die Analyse wird vom Kunstwerk ausgehen und den Grad der originellen Verwendung übernommener Motive und Stoffe aus der rumänischen Volksliteratur feststellen.

3.3. Die Kunstmärchen Pelesch-Märchen und Pelesch im Dienst

Aus dem bisher Erwähnten folgt, dass in den *Pelesch-Märchen*, werden sie als Kunstmärchen betrachtet, das Volksmärchen als Orientierungsmuster beibehalten wurde. Verfremdung und Abwendung vom Volksmärchen werden besonders in der Konzentration auf den Charakter der jeweiligen Helden deutlich, in der realistischeren Darstellung des Menschen und seines Schicksals.

Kennzeichnend für zahlreiche frühere Kunstmärchen – z. B. »Tausend und eine Nacht« (vermutlich 8. Jahrhundert), Straparolas »Ergötzliche Nächte« (1550 und 1553), Basiles »Pentamerone« (1634), Wielands »Das Hexameron von Rosenhain« (1802-1804) – ist der zyklische Aufbau und daran

gebunden das instrumentale Erzählen.[100] Die Funktion der Rahmenhandlung in den oben genannten Werken ist es, einen Erzählzusammenhang zwischen den einzelnen, relativ selbständigen Erzählungen zu bilden. Gleichzeitig wird durch die Rahmenhandlung versucht, das Fehlen einer mündlichen Kommunikationsmöglichkeit zwischen Schriftsteller und Leser durch Simulierung einer mündlichen Erzählsituation (Gespräch zwischen den Gestalten aus der Rahmenhandlung) auszugleichen, womit auch die Motivation zum Erzählen weiterer Geschichten oder Märchen aufrecht erhalten wird.
Den Rahmen der *Pelesch-Märchen* bilden das erste und das letzte Märchen: *Der Pelesch* und *Valea Rea/Das Böse Tal*, wie die folgende Übersicht über die verschiedenen Auflagen des Werkes (1883 und 1886) zeigt:

1. und 2. Auflage (1883):	3. Auflage (1886):
Motto: An die Kinder	Motto: An die Kinder
Der Pelesch	*Der Pelesch*
Vârful cu Dor	Vârful cu Dor
Furnica	Furnica
Piatra Arsa	Piatra Arsa
Die Jipi	Die Jipi
Der Caraiman	Der Caraiman
Die Grotte der Jalomitza	Die Grotte der Jalomitza
Omul	Omul
Das Hirschtal (Valea Cerbului)	Das Hirschtal (Valea Cerbului)
Die Hexenburg (Cetatea Babei)	Die Hexenburg (Cetatea Babei)
Der Ceahlau (Tschachlau)	Der Hundegipfel
Valea Rea	Der Ceahlau (Tschachlau)
	Valea Rea

Das Motiv zum Erzählen der Märchen wird im Anfangsmärchen *Der Pelesch* erläutert: der Geschichten erzählende Waldbach, dem die Autorin zuhört. Zugleich hat dieses Rahmenmärchen die Funktion, eine mündliche Erzählweise zu simulieren, beziehungsweise fiktiv einen »leibhaftigen« Zugang zum Wundergeschehen zu ermöglichen. Der Unterschied zu den oben genannten Kunstmärchenbänden ist jedoch der, dass in den *Pelesch-Märchen* die Ich-Erzählerin (die Autorin) und der personifizierte Waldbach Pelesch als Ge-

[100] Zum »zyklisch-instrumentalen Erzählen«, vgl. Volker Klotz: *Das europäische Kunstmärchen*, München: Deutscher Taschenbuchverlag, 1987, S. 24f.

sprächspartner dargestellt werden, wobei diese Gesprächssituation von der Ich-Erzählerin in indirekter Rede wiedergegeben wird. Die Autorin stellt sich somit als Vermittlerin zwischen dem Pelesch und den Lesern vor. In der Einleitung der einzelnen Märchen (Darstellung der Landschaft beziehungsweise Frage nach der Bedeutung eines Ortsnamens) wird der Pelesch nicht mehr erwähnt. Es wird auch keine Überleitung von einem Märchen zum anderen hergestellt, daher sind die einzelnen Märchen inhaltlich nicht durch eine bestimmte Reihenfolge aneinander gebunden. Diese Tatsache ermöglichte auch das unproblematische Einfügen eines weiteren Märchens in die dritte Auflage der *Pelesch-Märchen* (1886), *Der Hundegipfel*. Im Schlussteil der Rahmenkonstruktion (*Valea Rea/Das Böse Tal*) tritt nur der »erzählende« Pelesch erneut auf, wobei die Autorin in den ersten zwei Auflagen (1883) gar nicht mehr erwähnt wird. Der zweite Teil des Rahmens (*Valea Rea/Das Böse Tal*) kann in den ersten zwei Auflagen (1883) auch als selbständige Erzählung gelten. *Valea Rea/Das Böse Tal* beinhaltet einen Monolog des personifizierten Pelesch, der hier seine Klagen ausspricht: Da er durch den Fluss Prahova von seiner Geliebten, dem Waldbach Rea, getrennt ist, kann er nur den Menschen seine Geschichten erzählen; doch von den Menschen fühlt sich Pelesch missverstanden.[101] Mit der Ausnahme, dass in diesem letzten Märchen der Pelesch als »erzählender« Waldbach dargestellt wird, gibt es zum ersten Teil des Rahmenbaus, *Der Pelesch*, sonst keine inhaltliche Verbindung. Demnach kleidet der zweite Teil des Rahmens zwar die anderen Märchen ein, er übernimmt aber nicht wie der erste Teil die primäre Funktion, eine Wechselwirkung zwischen Erzähler (»Pelesch«) oder Vermittler (Carmen Sylva) und Lesern herzustellen. Die dritte Auflage der *Pelesch-Märchen* (1886) enthält, wie schon erwähnt, ein weiteres Märchen, *Der Hundegipfel*, ebenfalls wurde der Inhalt des letzten Märchens, *Valea Rea/Das Böse Tal*, erweitert. Die inhaltlichen Einfügungen in *Valea Rea/Das Böse Tal* sind ein Versuch, den zyklischen Charakter des Rahmenaufbaus zu erweitern. Hier wird Carmen Sylva als Vermittlerin zwischen der Quelle der Märchen (Pelesch) und den Lesern (die Kinder) wieder erwähnt[102], und somit wird der zweite Rahmenteil in Beziehung zum ersten Teil (*Der Pelesch*) gebracht. Zugleich ist vom Bau des Schlosses Pelesch die Rede, genauso wird über das Aufzeichnen der Märchen durch Carmen Sylva im Forsthaus (oberhalb des

[101] Vgl. Carmen Sylva: *Pelesch-Märchen*, 1883, S. 198.
[102] Vgl. Carmen Sylva: *Pelesch-Märchen*, 1886, S. 244.

jetzigen Schlosses) berichtet und das fertiggebaute und mit schönen Möbeln und Kunstwerken ausgeschmückte Schloss Pelesch wird hier beschrieben. Somit gewinnt der Name des Waldbachs eindeutig historischen Symbolgehalt, indem er auf das Schloss übertragen wird. Andererseits wird das Schloss, das durch die Bewunderung seiner Besucher als »Feenschloss! Zaubermärchen! Märchen!«[103] bezeichnet wird, der Realität wieder entzogen und in die Sphäre des Märchens transportiert. Das Thema des späteren Märchens *Pelesch im Dienst*, das stärker autobiographisch geprägt ist, wird in der erweiterten Fassung von *Valea Rea/Das Böse Tal* vorweggenommen.

Die Handlung des Märchens *Pelesch im Dienst* folgt bis zu einem gewissen Punkt dem Grundschema des Zaubermärchens: Mangel und (aufgebrachte Leistungen zur) Behebung des Mangels[104]. Eine Änderung tritt hier jedoch kurz vor der Behebung des Mangels (Kinderwunsch der Königin) auf, womit das Grundschema des Volksmärchens verlassen wird. Die Einbettung autobiographischer Ereignisse in die Märchenhandlung zersprengt die strengen formalen Grenzen des Zaubermärchens. Die Einfachheit und Klarheit der Struktur des Volksmärchens[105] wird in *Pelesch im Dienst* aufgegeben, zugunsten der ausführlichen Wiedergabe der Autobiographie der Königin. Dadurch wird auch der Handlungsablauf komplizierter und die Funktion der handelnden Person ist nicht von »exakten Strukturmerkmalen« (Propp) [106] abhängig, wie es im Zaubermärchen der Fall ist, sondern von der autobiographischen Prägung der Handlung, die im Zentrum des Märchens steht.[107] Deshalb wird auch die Einbeziehung von Episoden aus der Vergangenheit möglich, genauso wie ein Märchen im Märchen (z. B. die Erzählung der Brennesseln[108]). Das magische Reich wird vor allem mittels des Pananimismus (der Beseelung der Natur) verdeutlicht, durch Vertreter aus der Sagen- und Märchenwelt (Fee, Berggeist und Bergmännchen), durch allegorische

---

103 Ebd., S. 243.

104 Vgl. Vladimir Propp: *Morphologie des Märchens*, Frankfurt/Main: Suhrkamp, 1975, (Suhrkamp Tachenbuch Wissenschaft, Bd. 31), S. 28, S. 107.

105 Vgl. Max Lüthi: *Das Volksmärchen als Dichtung*, 1975, S. 53-93 (Kapitel: Stil und Komposition).

106 Vladimir Propp: *Morphologie des Märchens*, 1975, S. 28.

107 Zur eigenen Form des Kunstmärchens, das von der ›Erfüllung des eigenen subjektiven Stilwillens‹ geprägt ist, vgl. Brigitte Ewe: *Das Kunstmärchen in der Jugendliteratur des 20. Jahrhunderts*, Dissertation München, 1965, S. 120.

108 Vgl. Carmen Sylva: *Pelesch im Dienst*, 1888, S. 22-24.

Figuren (das Lied, die Sehnsucht), wie durch symbolträchtige Tiere und Dinge (Schlange, Krokodil, Sphinx und Leier). Das Wunderbare nimmt in selbstverständlicher Weise und je nach Funktion seiner Vertreter an den Sorgen, Wünschen und an dem Handeln der Heldin teil, wobei die Grenzen zwischen »gut« und »böse«, »Helfer« und »Hinderer«, »märchenhaft« und »dämonisch« (vor allem in der Darstellung der Bewährungsproben der Heldin) oft ineinander fließen. Naturbeschreibungen beziehungsweise retardierende landschaftliche Stimmungsbilder wirken hier nicht »unmärchenhaft« (im Sinn des Volksmärchens)[109], sondern sie tragen entweder zur Betonung der Gefühlswelt der Heldin bei oder vermitteln Lokalkolorit (Umgebung des Schlosses). Der Heldin des Märchens wird die Erfüllung ihres Kinderwunsches versprochen, wenn sie bereit ist, einen »mühseligen Weg« ohne Furcht zu gehen. Doch die anfangs angestrebte Erfüllung des Wunsches kommt durch eine »unmärchenhafte« Realitätseinsicht der Heldin nach dem Überwinden der Prüfungen nicht wie erwartet »märchenhaft-wunderbar« zustande, denn die Heldin lehnt ihre Wunscherfüllung ab. Da sie aber noch ins Leben gehört, soll ihr das Wünschen wieder gelehrt werden. Und so wird der Heldin ihre Dichtergabe bewusst gemacht, um, nach dem Verlust des einzigen Kindes, einen neuen Lebensinhalt zu gewinnen.

In beiden Werken – *Pelesch-Märchen* und *Pelesch im Dienst* – stellt sich die Autorin als Königin dar, sowohl als Königin einer märchenhaften Landschaft, wie auch als Märchen erzählende Königin. Die Begriffe »Königin« und »Königreich« tauchen in Bezug auf die erzählende Person in beiden Werken auf. Wüsste man nicht, wer sich hinter dem Pseudonym Carmen Sylva versteckt, würde man den Gebrauch dieser Begriffe auf die Tatsache, dass sie beliebte Märchenmotive sind, zurückführen. Kennt man aber die soziale Position der Schriftstellerin, könnte man den Eindruck haben, sie nutzt diese reale Begebenheit auch in den Märchen aus. Ob eine dieser Überlegungen gelten kann, oder ob ein anderer Grund für die Offenbarung der eigenen sozialen Position durch die Autorin besteht, soll anhand der beiden Werke hier näher untersucht werden.

In *Pelesch im Dienst* ist die Ich-Erzählerin unschwer als die Autorin selbst zu erkennen. Obwohl sie sich nicht von Anfang an als Königin vorstellt, wird ihre

---

109 Zur Naturschilderung beziehungsweise Detailschilderung im Kunstmärchen, vgl. Brigitte Ewe: *Das Kunstmärchen in der Jugendliteratur des 20. Jahrhunderts*, 1965; S. 120f.

soziale Position im Laufe der Handlung deutlich gemacht. Das dichterische Talent der Autorin wird durch die Allegorie des Liedes widergespiegelt, während ihre öffentliche Schreibtätigkeit erst gegen Ende des Märchens Erwähnung findet und sowohl als ein »Ersatzglück« für die Kinderlosigkeit wie als ein Mittel, das Wünschen neu zu erlernen, betrachtet wird. Es handelt sich hier demnach um ein Märchen, in dem sowohl allgemein-menschliche als auch soziale Probleme einer real existierenden Königin (Tod des Kindes, Kinderwunsch, Sicherung der Thronfolgerschaft) aus eigener Sicht zum Ausdruck gebracht werden. Die soziale Position wird, wie schon erwähnt, nicht von Anfang an betont, auch gewinnt sie nirgends im Märchen eine weitere Bedeutung für die Handlung.
Im Falle der *Pelesch-Märchen* deuten der Obertitel *Aus Carmen Sylvas Königreich* und das Eingangsgedicht in der deutschen Ausgabe »An die Kinder« auf den ersten Blick auf ein reales Land hin. Doch ist dieses »Königreich« bei näherer Betrachtung weder ein realer geographisch-begrenzter Ort noch ein rein fiktives Märchenreich. »Carmen Sylvas Königreich« befindet sich, so wie es in der dritten Strophe heißt,

»In ganzer Welt, im hohen Wald,
Wo nur ein fröhlich' Lied erschallt,
Wo sich die Nebel ballen,
Wo Wassertröpfchen fallen,
Da schwebt im flüsternden Gezweig,
Mein Königreich.«[110]

Zu beachten ist, dass der Ausdruck »Mein Königreich«, der den Schlussvers jeder Strophe bildet, im Gedicht durch die Schriftänderung zusätzlich betont wird. Es handelt sich nicht explizit um das Königreich Rumänien[111], sondern um ein eigenes, imaginäres Reich der Dichterin, ein Reich, in dem beseelte Natur und schöpferische Phantasie in harmonischem Verhältnis zueinander stehen. Und dieses Reich existiert »in der ganzen Welt«, denn überall gibt es

110 Carmen Sylva: *Aus Carmen Sylva's Königreich*, Bd. I: *Pelesch-Märchen*, Leipzig Friedrich, 1883, S. IV.

111 Die frühen Werke Carmen Sylvas enthalten keine Bemerkung bezüglich der wirklichen Person, die sich hinter dem Pseudonym »Carmen Sylva« verbirgt, sowie auch keine Angaben zum Herkunftsort der Schriftstellerin.

etwas zu erzählen. Deshalb ist dieses »Königreich« auch überall dort, wo Märchen erzählt werden:

»Wo Märchens ganze Farbengluth
In reinen, tiefen Augen ruht,
Von Wahrheit übergossen,
Von Liebesglanz umflossen,
Dort ist, in Frühlingsdüften weich,
Mein Königreich.«[112]

Trotzdem fällt zweimal die Betonung auf den Wald als Ort ihres Königreichs, in der ersten und dritten Strophe:

»Wo Urwald hohe Felsen krönt [...]
Da liegt, dem schönsten Garten gleich,
Mein Königreich.

In ganzer Welt, im hohen Wald, [...]
Da schwebt im flüsternden Gezweig
Mein Königreich.«[113]

Wieder wird die Bedeutung des Pseudonyms miteinbezogen: Carmen Sylva – Waldgesang. Das Wortspiel »Königreich« – »bin ich reich« bleibt in der gleichen ideellen Bedeutungssphäre: Um die Natur als etwas Wunderbares zu sehen, bedarf es inneren menschlichen Reichtums, eines selbstlosen Wahrnehmungsvermögens und auf diese Weise kann jeder an diesem Reichtum Carmen Sylvas teilnehmen:

»Aus jedem neuen Pflanzenschaft,
In jeden Strahles Himmelskraft,
Beim Formen und Gestalten,
Beim Werden und Entfalten,
Da wächst – Ihr Kinder bin ich reich! –
Mein Königreich.«[114]

Auch in dem Märchen *Pelesch im Dienst* tritt eine wunderbare, beseelte Natur auf. Die Handlung spielt sich nicht an einem Königshof ab, obwohl die

---

[112] Carmen Sylva: *Pelesch-Märchen*, 1883, S. III.
[113] Ebd., S. IIIf.
[114] Ebd., S. IV.

Hauptheldin eine Königin ist, sondern hauptsächlich im Wald. In der Naturbeschreibung am Anfang des *Pelesch im Dienst* ist die Beziehung sowohl zu dem Gedicht *An die Kinder* wie zu dem Rahmenmärchen *Der Pelesch* erkennbar:

> »Im Urwald, wo die Tannen übereinander gestürzt sind und sich mit Moos und Farnen, Storchschnabel und Vergißmeinnicht bedeckt haben, da saß ich auf einem Stein und sah in den Pelesch. Und der Pelesch tanzte daher, so wild und so ungestüm, so schaumig und frisch, wie das Bergkind, das er ist.«[115]

Auch in den *Pelesch-Märchen* ist die Vorraussetzung zum Märchenerzählen dadurch gegeben, dass die Autorin am Ufer des Waldbaches sitzt und seinem Rauschen zuhört, so in *Der Pelesch*:

> »Ich habe viele, viele Stunden bei ihm gesessen [...] und wunderbares Singen und Flüstern habe ich oft gehört. Das will ich Euch nun Alles erzählen.«[116]

Schlussendlich lässt sich über den Gebrauch der Begriffe »Königin« und »Königreich« sagen, dass diese nicht auf ihre Bedeutung im sozialen Bereich beschränkt bleiben, sondern es wird auf eine höhere Bedeutung der Begriffe gezielt. So handelt es sich nicht bloß um »ein Königreich«, sondern um ein »wunderbares Reich« oder »Märchenreich«, die Königin ist auch nicht einfach »eine Königin«, sondern die eines »Wunderreiches« beziehungsweise eine »Märchenkönigin«. Das Wunderbare der Natur ist doppeldeutig: erstens »wunderbar« im Sinne von malerisch, aber noch der Realität zugehörend, zweitens als beseelte Natur, mit menschlichen Zügen versehen, durch die Phantasie belebt.

Die Märchen, die Carmen Sylva erzählt, entspringen diesem wunderbaren Naturreich: Die Autorin bezieht die reale Landschaft ein, schildert aber hauptsächlich eine imaginäre, personifizierte Natur. So werden die Märchen auf den »erzählenden« Waldbach Pelesch zurückgeführt, und die Autorin schreibt sie sich nicht selbst zu. In dem Märchen *Der Pelesch*, das zugleich eine Einführung zu den *Pelesch-Märchen* darstellt, tritt die Königin als Vermittlerin zwischen dem »erzählenden Waldbach« Pelesch und den Adressaten der Märchen (die Kinder) auf. Gleichzeitig wird auch die Distanz

[115] Ebd., S. 3.
[116] Ebd., S. 6.

zu den »Märchen des Pelesch« geschaffen, indem die Volksmärchenformel benutzt wird, so dass der Eindruck entsteht, die Märchen seien überliefert:

> »Nun sollt ihr hören, was war, wie's niemals war, und wenn es nicht gewesen wäre, so würde es der Pelesch nicht erzählen.«[117]

Die Geschichten des personifizierten Waldbachs sollen die Leser verwundern und diese zugleich zu einem Besuch des »erzählenden« Pelesch verleiten.[118] Somit versucht die Autorin, die lesenden Kinder nicht bloß für ihre *Pelesch-Märchen* zu begeistern, sondern fordert sie indirekt auf, sich ihrer eigenen Phantasie zu überlassen und für weitere »Märchen des Pelesch« offen zu sein:

> »Da ich aber keine Flügel habe, so kann ich die Geschichten nicht weit forttragen, sondern will sie Euch Kindern erzählen, damit Ihr auch dem Pelesch einen Besuch macht. Vielleicht erzählt er Euch noch mehr als mir, und demjenigen, das noch nie einen bösen Gedanken gehabt hat, werden ganz gewiß die Nixen sich zeigen.«[119]

Wie aber versucht Carmen Sylva, den »Zauber« ihres realen wie imaginären Königreichs für Kinder anschaulich zu machen? Auf welche Art wird das »Märchenreich« in den *Pelesch-Märchen* und in *Pelesch im Dienst* zum Ausdruck gebracht, welche Funktion hat das Wunderbare in der Beziehung zum Menschen wie in der Märchenhandlung? Welche Motive aus den rumänischen Sagen und Volksmärchen halten die Beziehung der Märchen zur geographischen Landschaft aufrecht, und wie erscheinen sie in der eigenen Interpretation der Autorin? Die weitere Analyse der *Pelesch-Märchen* Carmen Sylvas wird sich mit der Beantwortung dieser Fragen befassen. Eine Einteilung der Märchen nach dem Zentralaspekt des Wunderbaren (seiner Darstellung und Funktion)[120] kann nicht vom Menschenbild im Märchen getrennt werden. Beide stehen dadurch in direkter Beziehung zueinander, dass eine Charakterisierung der Helden in den Mittelpunkt der Aufmerksamkeit rückt. Das Wunderbare wird von den Helden entweder selbstverständlich aufgenommen, oder es verursacht, als eine zweite Seinsdimension, durch Auftreten oder Entschwinden, eine Veränderung ihres Verhaltens (Angst,

---

117 Ebd., S. 7.

118 Vgl. ebd., S. 5f.

119 Ebd., S. 6f.

120 Zum zentralen Aspekt des Wunderbaren im Kunstmärchen, vgl. Paul-W. Wührl: *Das deutsche Kunstmärchen*, 1984, S. 11, 22f.

Grauen, Gewissensbisse). In beiden Fällen ist letztlich von einer Auseinandersetzung des Menschen mit dem Wunderbaren, Übernatürlichen die Rede, sei es in direkter Beziehung zu übernatürlichen Kräften oder indirekt, als Folge einer Auseinandersetzung mit der Wirklichkeit.

Im ersten Fall wird der Mensch in seinem Verhältnis beziehungsweise seiner Auseinandersetzung zum Wunderbaren, Übernatürlichen dargestellt (so in *Furnica/Die Ameise*, *Die Grotte der Jalomitza* und *Vârful cu Dor/Der Sehnsuchtsgipfel*). Die Individualisierung der übernatürlichen Gestalten aus *Die Hexenburg* ermöglicht sogar die Auseinandersetzung des vermenschlichten »Wunderbaren« mit der Menschenwelt, so in *Die Hexenburg*.

Im zweiten Fall spiegelt das Wunder eine Auseinandersetzung des Menschen mit der Wirklichkeit auf psychologischer Ebene wider. Das Wunder ist hier entweder ein Einzelfall (so in *Piatra Arsa/Verbrannter Stein* und *Die Jipi*) oder auf der telepathischen Ebene so lange präsent, wie die »Bildübertragung« durch böse Gedanken und Taten nicht gestört wird.

Die besondere Situation der Autobiographie im Märchen (*Pelesch im Dienst*) wird gesondert behandelt, so auch die Märchen, in denen die Beziehung zum Mythos, zur antiken Mythologie beziehungsweise zur historischen Sage vorkommt (*Der Caraiman*, *Das Hirschtal*, *Der Hundegipfel* und *Der Ceahlau*).

4. Auseinandersetzung mit dem Wunderbaren

4.1. Das ›wunderbare Angebot‹ und das Ende im ›wunderlichen Gefängnis‹ (Furnica/Die Ameise); Das Wunderbare als unentrinnbares Fatum (Die Grotte der Jalomitza); Tod des Märchenprinzen und Selbstzerstörung der Zauberwelt (Die Hexenburg/Cetatea Babei); Hochzeit mit der Sehnsucht (Vârful cu Dor/Der Sehnsuchtsgipfel).

In einer Reihe von Märchen (*Vârful cu Dor/Der Sehnsuchtsgipfel*, *Furnica/Die Ameise* und *Die Grotte der Jalomitza*) werden die Helden in ihrer Auseinandersetzung mit dem magischen Reich dargestellt. Die Gestalten des magischen Reichs (z. B. Zauberer, Hexe, Fee, Bergmännlein, personifizierte Ameisen und Himmelskörper) sind Jenseitige, sie gehören einer anderen Welt an. Sie sind also nicht in der Wirklichkeit des Menschen, in seinem Dorf, seinem Alltag anzutreffen. Ihr Lebensraum ist die Erde oder der Berg und eine Begegnung mit dem Menschen setzt eine Wanderung voraus: Entweder kommen die Jenseitigen zu dem Märchenhelden und fordern ihn auf, ihnen in die andere Welt zu folgen (so in *Furnica/Die Ameise* und *Die Grotte der Jalomitza*), oder der Held geht aus eigener Initiative diesen Weg ins andere Reich (so in *Vârful cu Dor/Der Sehnsuchtsgipfel* und *Die Hexenburg*). Das Auftreten des Jenseitigen verwundert die Helden nicht, und sie erwarten sogar sein Erscheinen – so in *Die Grotte der Jalomitza*, *Vârful cu Dor/Der Sehnsuchtsgipfel* und *Die Hexenburg.*

Die menschliche Perspektive wird in *Die Hexenburg* aufgegeben: Die Auseinandersetzung mit der anderen Welt wird aus der Sicht des – »vermenschlichten« – Wunderbaren dargestellt. Das jeweils Jenseitige wird hier aus beiden Blickwinkeln bestaunt: Alba, die Tochter der Hexe, ist genauso verwundert über das Erscheinen eines reitenden Menschen wie dieser reitende Königssohn über die Begegnung mit der schönen, überaus geschmückten Frau auf dem Berg.

Weder aus dem Kampf mit dem übernatürlichen Gegner noch aus der anfangs harmonischen Beziehung zum magischen Reich gehen die Helden der

Märchen siegreich oder zumindest unbeschwert hervor. Diese Märchen enden alle tragisch mit dem Tod des Helden, seiner Isolierung oder seiner Verwandlung.

Der tragische Schluss und die Moral des Märchens deuten zurück auf die Darstellungsweise der Helden. Die Betonung gewisser menschlicher Eigenschaften sowohl in Bezug auf die äußere Erscheinung als auch der Gefühls- und Gedankenebene der Helden ist von Relevanz für die Funktion des Wunderbaren in den Märchen.

Im Folgenden sollen die oben genannten Überlegungen anhand von Textbeispielen veranschaulicht werden. Weil die Märchen, die hier behandelt werden, in ihrem Handlungsaufbau ähnlich sind, wird die Untersuchung nach den Handlungsmomenten strukturiert sein (und zwar: Ausgangssituation, Begegnung der Helden mit dem Jenseitigen, Beziehung und Konflikt mit dem Jenseitigen, Ausgang und Moral der Märchen).

4.2. Ausgangssituation der Handlung

Die Ausgangssituation der Handlung der oben genannten Märchen ist – mit Ausnahme des Märchens *Die Hexenburg* – die dörfliche Umgebung, also die Menschenwelt. Die Aufmerksamkeit auf die Beschäftigungen der Menschen, ihre Bräuche und Trachten sowie die Schilderung der Landschaft dient zur Lokalisierung der Handlung im rumänischen Raum. Vor allem in *Vârful cu Dor/Der Sehnsuchtsgipfel* ist das an der Stelle zu erkennen, an der das Tanzen im Dorf besonders ausführlich und malerisch wiedergegeben wird:

> »Es war einmal eine Hora[1] in Sinaia[2], wie sie noch nie gewesen war; denn es war ein großer Feiertag und im Kloster[3] hatten die Mönche Essen ausgeteilt, ganze Kübel voll und Alle hatten sich satt gegessen. Von weither waren die Leute ge-

---

1 Ein rumänischer variantenreicher Volkstanz im 2/4 -Takt, im geschlossenen Kreis getanzt. (Vgl. *Taschenlexikon Rumänien*, Leipzig: Bibliographisches Institut, 1985, S. 109).

2 Ein Dorf im Peleschtal, das sich erst zur Jahrhundertwende, nach dem Bau des Schlosses Pelesch in unmittelbarer Nähe, zu einem mondänen Kurort entwickelte. Vgl. dazu auch Nicolae Iorga: *România cum era până la 1918*, Bucureşti: Ed. Minerva, 1972, S. 266-271).

3 Das Kloster Sinaia im Peleschtal.

kommen, von Isvor und Poeana Zapului[4], von Comarnic und Predeal[5] und von über den Bergen.
Die Sonne schien so warm in's Thal hinein, dass die Mädchen die Tücher vom Kopf nahmen und die Burschen die blumenbedeckten Hüte zurückschoben, weil ihnen warm wurde beim Tanzen.
Die Frauen standen auf dem Rasen umher und säugten ihre Kinder; ihre Schleier schimmerten weithin, so zart und weiß wie Blüthen.
Das war ein Stampfen und Jauchzen von den fröhlichen Tänzern: die Mädchen schienen zu schweben, als berührten ihre zierlichen Füße den Boden nicht, die unter dem engen Rock herausguckten. Ihre Hemden waren reich und bunt gestickt und glitzerten von Gold, sowie die Münzen am Halse. Unaufhörlich wogte der Tanz, zum rastlosen Spiel der Lautari[6], wie der Puls in den Adern, wie die Wellen, in großen und kleinen Kreisen.«[7]

Die äußere Darstellung der Helden folgt in den hier erwähnten Märchen dem Muster des Volksmärchens.[8] Besonders die Frauengestalten kennzeichnen sich durch eine extreme Schönheit, die durch Vergleiche mit Naturelementen (z. B. »schlank wie eine junge Tanne«[9]; »schöner als Enzian und Alpenrose, zarter als Edelweiß«[10]; »Augen wie der Himmel«, biegsamer Körper »wie Schilf«[11]; »weiß wie der Schnee«[12]), mit Mineralien (»Haare wie Gold«[13] oder »wie die Goldfäden«[14]) oder mit kostbaren Stoffen (z. B. »Haut wie Sammet und braune Augen wie Sammet«[15]) gezogen werden. Im Vergleich dazu ist die äußere Darstellung männlicher Gestalten weniger detailliert. Der Held oder die männliche Nebenfigur ist einfach nur »schön« oder »ein schmucker Bursche«. Auch andere Eigenschaften der Märchengestalten, charakterlicher oder materieller Natur, interessieren, so zum Beispiel der außerordentliche Fleiß der Heldin Viorica in *Furnica/Die Ameise* oder der Reichtum der männ-

---

4 »Zu Deutsch: ›Gemsmatte‹.« (Fußnote in Carmen Sylva: *Pelesch-Märchen*, 1883, S. 11).

5 Bzw. Izvor, Poiana Ţapului, Comarnic und Predeal sind Ortschaften in der Nähe von Sinaia.

6 Zu Deutsch: Spielmänner.

7 Carmen Sylva: *Pelesch-Märchen*, 1883, S. 11f.

8 Vgl. Kapitel 3.2.

9 Carmen Sylva: *Pelesch-Märchen*, 1883, S. 12.

10 Ebd., S. 12.

11 Ebd., S. 29.

12 Ebd., S. 158.

13 Ebd., S. 29.

14 Ebd., S. 158.

15 Ebd., S. 158.

lichen Nebenfigur Coman in *Die Grotte der Jalomitza*. Eine Ausnahmeerscheinung in dieser Gruppe von Märchen ist die Darstellung der Heldin in *Die Grotte der Jalomitza*, weil hier eine abstrakte Schönheit zugunsten der Individualisierung der Gestalt aufgegeben wird. Vor allem aber ist in der Betonung einiger äußerer Züge auch der Versuch der Veranschaulichung einiger Charakterzüge (Kühnheit und Trotz) der Heldin zu erkennen:

> »Sie war aller Menschen Freude und Augenweide, mit ihren rothen Wangen, frischen, kühlen Lippen, welligen röthlichen Haaren und großen, blauen Augen. Die Nase war fein, die Nasenflügel durchsichtig, nur das Spitzchen guckte ein ganz klein wenig vorwitzig nach Oben, mit einem Grübchen oberhalb desselben. Das Hälschen kam schneeweiß aus dem reichgestickten Hemde heraus und üppig kräuselten sich auf Stirn, Schläfen und Nacken die rothen Löckchen, die sich aus den Zöpfen hervorstahlen und jedem Kamme mutwillig trotzten.«[16]

4.3. Begegnung mit dem Jenseitigen

In dem Verhalten der Märchenhelden deutet die Betonung einer Sorge, eines Wunsches oder eines Charakterzugs der Helden schon auf die Konfliktauslösung beziehungsweise auf den Grund des Aufbruchs der Helden in die andere Welt hin.

So ist der Hirte Ionel aus *Vârful cu Dor/Der Sehnsuchtsgipfel* um die Treue der von ihm geliebten Frau, Irina, besorgt, da er mit den Schafen aus dem Gebirge in den Süden ziehen muss und erst im Frühling zurückkehren kann. Er übersieht die Launen Irinas – die ihm deutlich zeigen, dass sie seine Gefühle nicht erwidert – und entschließt sich, den von ihr verlangten Liebesbeweis (den Winter auf dem Berg zu verbringen) zu erbringen. Weder die Ratschläge des alten Hirten oder der anderen Dorfbewohner noch die spöttische Aufforderung Irinas, das Opfer nicht zu vollziehen, ändern den einmal gefassten Entschluss des Hirten:

> »›Laß das Mädchen fahren‹, sagte er [der alte Hirte] rauh; ›sie brechen Dir's Herz und lachen hernach; weißt Du nicht, daß der Hirte sterben muß, der seine Schafe verläßt?‹ [...]
> Ionel aber hörte auf Niemand; sondern mit bleichen Wangen und zusammengepreßten Lippen wandte er sich dem Berge zu. An Irina schritt er vorbei und winkte nur mit der Hand.

[16] Ebd., S. 92f.

›Thu's nicht!‹ rief sie ihm nach und lachte mit den andern Mädchen. Der Pelesch rauschte: ›Thu's nicht! Thu's nicht!‹ Aber Ionel hörte ihn nicht und stieg empor [...].«[17]

Die fleißige Viorica aus *Furnica/Die Ameise* sorgt zwar hingebungsvoll für ihre Mutter, will aber nicht heiraten, aus der Überzeugung heraus, ein Mann wäre nur eine Last:

»[...] sie wollte vom Heiraten Nichts wissen, dazu habe sie keine Zeit, sagte sie, sie müsse für ihre Mutter sorgen. Die Mutter zog darob die Stirne kraus, und meinte, ein tüchtiger Schwiegersohn würde eine vermehrte Stütze sein; dann betrübte sich das Töchterchen und frug, ob sie denn gar Nichts mehr leiste, dass die Mutter durchaus einen Mann in's Haus haben wollte. ›Die Männer machen uns ja nur noch mehr Mühe!‹ meinte sie, ›wir müssen dann auch noch für sie spinnen, weben und sticken und können mit der Feldarbeit nicht fertig werden!‹.«[18]

Nach dem Tod ihrer Mutter aber ist Viorica einsam und findet keinen Sinn mehr in der Arbeit:

»Zum ersten Mal lagen ihre Hände im Schooße; für wen sollte sie noch arbeiten? sie hatte ja Niemand mehr.«[19]

In *Die Grotte der Jalomitza* wird das bedrohliche Jenseitige gleich am Anfang genannt: Es ist der Zauberer Bucur, der in einer »Grotte ohne Ende«[20] haust und schöne Mädchen entführt:

»Einst war die Grotte von einem furchtbaren Zauberer bewohnt, von dem es hieß, daß er schöne Mädchen entführe, vom Felde, aus dem Aelternhause, vom Traualtar. Sie folgten ihm alle, ohne Widerstreben, aber gesehen wurden sie nie wieder. Mancher kühne Jüngling hatte versprochen, sie zu befreien, war auch beherzt hineingeschritten, hatte sogar den Zauberer gerufen: Bucur! Bucur! aber weder Bucur noch eine der Jungfrauen war zu sehen gewesen.«[21]

Die Märchenheldin Jalomitza ist der festen Überzeugung, den Zauberer Bucur überwinden zu können. Sie ist in Gedanken so stark mit Bucur beschäftigt, dass sie der Zuneigung eines Dorfburschen, Coman, keine Beachtung schenkt, obwohl dieser »ein schmucker Bursche war und reich«.[22]

[17] Ebd., S. 14f.
[18] Ebd., S. 30.
[19] Ebd., S. 31.
[20] Ebd., S. 91.
[21] Ebd., S. 91f.
[22] Ebd., S. 93.

Im Gegensatz zu vielen anderen Mädchen aus dem Dorf ist Jalomitza von den Reichtümern Comans nicht beeindruckt. Der Zauberer stellt für Jalomitza eine größere Herausforderung dar:

> »Viele Mädchen schauten Coman nach, nur Jalomitza nicht. Sie dachte an den Zauberer Bucur und wie sie ihn bekämpfen wolle und alle die armen Mädchen rächen, die in seine Schlinge gegangen.«[23]

In *Die Hexenburg* liegt die Perspektive der Handlung vorwiegend beim Übernatürlichen: die Menschenwelt wird aus der Sicht der alten Hexe und ihrer Tochter Alba erlebt und beurteilt. Am Anfang wird aber auch die dörfliche Bevölkerung am Fuße des Berges erwähnt:

> »Die Leute blickten scheu hinauf und flüsterten ›Sie [die Hexe auf dem Berg] spinnt wieder!‹«[24]

Die alte Hexe – wegen ihrer Härte und ihres faltigen Gesichts »Baba Coaja« (Mutter Rinde) genannt – spinnt aus dem Gold, das ihr die Bergmännlein in Massen aus der Erde schöpfen, den Brautschleier (»Goldfaden«) für die Bräute in der Menschenwelt. In der Darstellung der Erpressungsmanöver der Hexe auf ihre Untertanen erinnert das Bild des Bergmännleins, dessen Bart zwischen Stamm und Rinde eines Baumes eingeklemmt wird, an das Märchen »Schneeweißchen und Rosenrot« (KHM, 162)[25]:

> »[...] wehe dem Bergmännlein, das das gehörige Maß [an Gold] nicht gebracht; das wurde zwischen Stamm und Rinde eines mächtigen Baumes geschoben und geklemmt, bis es das letzte Körnchen Goldes hergegeben, oder es wurde ihm nur der Bart eingeklemmt und da konnte es zappeln und Ach und Weh schreien, – die Alte machte taube Ohren.«[26]

Beim Spinnen spricht die alte Hexe »böse Sprüche und Zauber aus«[27], was aber ihrer Tochter Alba (»der Weißen«[28]) missfällt. Die Tochter ist in das, was

---

[23] Ebd., S. 93.

[24] Ebd., S. 157.

[25] In: *Kinder und Hausmärchen gesammelt durch die Brüder Grimm*, Frankfurt/Main/Leipzig: Insel, 1992, S. 91. Im Folgenden werden für die Märchen dieses Bandes die Kürzel KHM zusammen mit der dort verwendeten Märchennummer genannt. Hier: KHM, 162.

[26] Carmen Sylva: *Pelesch-Märchen*, 1883, S. 158.

[27] Ebd., S. 159.

[28] Ebd., S. 158.

ihre Mutter tut, nicht eingeweiht: Sie kann sich den Menschenhass der Hexe nicht erklären, da sie nicht einmal weiß, wie Menschen aussehen; auch findet sie keinen Grund für ihr Eingesperrtsein und wünscht sich nichts sehnsüchtiger als die Freiheit. Ihre Mutter aber raubt ihr jede Möglichkeit, sie zu verlassen, indem sie Albas eigenen Goldfaden zu den anderen wirft, damit diese ihn nicht finden und nicht eher heiraten kann. Die Hexe wird dennoch nicht konsequent negativ dargestellt, sondern es werden die Beweggründe ihres Verhaltens erläutert. Ihre Mutterängste um Alba haben einen trifftigen Grund, wenn auch die Maßnahmen, die sie zum Schutz ihrer Tochter ergreift, Alba eher unglücklich machen:

> »Die Alte war im Herzen froh, dass sie einen Vorwand hatte, ihre Tochter bei sich zu behalten, da ihr prophezeit war, Alba werde sehr unglücklich werden und früh sterben. Das einzige Wesen auf der Welt, das sie lieb hatte, war ihr holdes Kind; wie sehr sie sich aber bemühte, Alba Freude zu machen, mit schönen Kleidern und allerhand hübschen Sächelchen, – sie brachte doch keine Farbe in ihre Wangen und kein Lächeln in ihren Augen; denn das Einzige, wonach sich das Mägdlein sehnte war die Freiheit und die ward ihr nicht zu Theil.«[29]

Die Menschenwelt ist in den hier genannten Märchen von der Welt des Wunderbaren oder Dämonischen getrennt. Das Wunderbare oder Dämonische hat hier seinen Lebensraum in den Bergen, in Höhlen oder unter der Erde. Die Gestalten des magischen Reiches sind entweder Einzelgänger (z. B. der Zauberer Bucur aus *Die Grotte der Jalomitza*), sie leben in streng organisierten Gemeinschaften (z. B. die Ameisen in *Furnica/Die Ameise*, die Bergmännlein in *Vârful cu Dor/Der Sehnsuchtsgipfel* und *Die Hexenburg*), sie leiten eine Gemeinschaft (z. B. die Hexe in *Die Hexenburg*) oder treten in einer Dreiergruppe auf (z. B. die Bergnymphen in *Vârful cu Dor/Der Sehnsuchtsgipfel*). Der Mensch gehört auch einer Gemeinschaft an, entweder der eines Dorfes, das sich am Fuße des Berges befindet (so in *Furnica/Die Ameise* und *Die Grotte der Jalomitza*), oder er gehört einer Hirtengruppe an, die während der Winterzeit den Weideplatz auf dem Berg verlässt (*Vârful cu Dor/Der Sehnsuchtsgipfel*).

Die Voraussetzung zu einer Begegnung dieser zwei Welten ist die Wanderung zu dem jeweils Anderen. Somit findet die Begegnung der Helden mit dem Jenseitigen – sei es mit dem Wunderbaren oder Dämonischen (*Vârful*

[29] Ebd., S. 159f.

cu Dor/Der Sehnsuchtsgipfel, *Furnica/Die Ameise* und *Die Grotte der Jalomitza*) beziehungsweise, aus der Perspektive des magischen Reichs, mit dem Menschlichen (*Die Hexenburg*) – teils in der Menschenwelt und teils in der magischen Anderswelt statt.

In *Vârful cu Dor/Der Sehsuchtsgipfel* bleibt der Hirte Ionel allein auf dem Berg zurück, um den Liebesbeweis für Irina zu vollbringen. Das Gefühl der Sehnsucht, das dem Helden in der Einsamkeit bevorstehen wird, findet auf der Realitätsebene der Handlung Erwähnung. Schon beim Abschied von den anderen Hirten weiß der Held um die Gefahren seines Handelns und spricht sogar über seinen möglichen Tod:

»›Und wenn ich nicht mehr komme‹, schloß er, ›so sagt, die Sehnsucht habe mich zur Hochzeit geladen.‹«[30]

Das Bewusstsein um seine Einsamkeit in der Einöde auf der Bergspitze löst sogleich das Sehnen nach Menschen in ihm aus:

»Er streckte sich in's kurze Gras und seufzte so tief, als spränge ihm die Brust, bis er vor lauter Sehnen und Herzeleid einschlief.«[31]

Die Schwellenüberschreitung zum magischen Andersreich geschieht hier durch den Schlaf. Nach dem Erwachen befindet sich der Held bereits inmitten der »anderen Welt«. Verdeutlicht wird dies durch die Vernebelung der Landschaft, wobei die Wolken den Helden erst zu umzingeln und dann allmählich an Gestalt zu gewinnen scheinen. Das am Anfang Undefinierbare nimmt scharfe Konturen an und wird zur erlebten Wirklichkeit für den Helden:

»Als er erwachte, wogten die Wolken um sein Haupt und kamen immer näher, zuerst in raschem Zuge, dann in plötzlicher Ruhe und als dichter Nebel umlagerten sie ihn, so dass er nicht einen Schritt weit sehen konnte.
Auf einmal schienen sie Form zu gewinnen und sich bei den Händen haltend, umschwebten ihn wunderschöne Frauengestalten in schneeweißen, glänzenden Gewändern. Er rieb sich die Augen, weil er noch zu träumen glaubte, da vernahm er ihren Gesang; der klang so weich wie aus weiter Ferne und nun streckten sie Lilienarme nach ihm aus: ›Du schöner Jüngling! sei mein! sei mein! komm' mit mir!‹ so rief es von allen Seiten.«[32]

---

[30] Ebd., S. 16.
[31] Ebd., S. 16.
[32] Ebd., S. 16f.

In *Furnica/Die Ameise* dringt das Übernatürliche – in Verkörperung der personifizierten Ameisen, die der menschlichen Sprache mächtig sind – in die Alltagswelt der Heldin Viorica ein. Die Größenrelation Ameise – Mensch ist hier noch wirklichkeitsgemäß, und die Heldin betrachtet das Geschehen ohne jede Verwunderung:

> »Eines Tages saß sie auf ihrer Thürschwelle und blickte traurig vor sich hin; da sah sie etwas Langes, Schwarzes sich auf der Erde zu ihr hin bewegen, und siehe da, es waren Ameisen in endlosem Zuge. Von wo sie kamen, das konnte man nicht entdecken, so weit reichte die wandernde Schaar. Nun aber machten sie einen großen Bogen rings um Viorica herum. Einige von ihnen traten vor und sprachen [...].«[33]

Das Sprechen der Ameisen verwundert Viorica nicht und sie willigt dem Vorschlag, die Menschenwelt für immer zu verlassen und Königin der Ameisen zu werden, ohne Bedenken ein, mit dem einzigen Wunsch, das Grab ihrer verstorbenen Mutter besuchen zu dürfen.
In *Die Grotte der Jalomitza* dringt der Zauberer Bucur in Gestalt eines jungen Hirten in die dörfliche Umgebung ein und verführt Jalomitza mit seinem berauschenden Flötenspiel und seinen zudringlichen Blicken:

> »An einem wunderschönen Sonntagnachmittag, da die erhitzten Tänzer einen Augenblick stille standen, erklang in ihrer Nähe ein so liebliches Flötenspiel, dass der ganzen jungen Schar das Herz schwoll vor Entzücken. Sie wandten sich neugierig; da stand ein schöner junger Hirte an einem Baum gelehnt, die Füße übereinander gekreuzt, so ruhig, als hätte er immer da gestanden, und doch hatte ihn Niemand kommen sehen und war er Niemandem bekannt. Er spielte fort und fort, als sei er ganz allein auf der Welt; nur einmal hob er die Augen und sah Jalomitza an, die nahe an ihn herangetreten war und den himmlischen Melodien mit geöffneten Lippen und bebenden Nasenflügeln lauschte. Nach einer Weile sah er sie wieder an, und dann zum dritten Mal.«[34]

Den eifersüchtigen Coman weiß der Zauberer harmlos zu machen, indem er ihm seine Zauberflöte in die Hand drückt und somit zum unaufhörlichen Spielen zwingt:

> »›Hier ist meine Flöte, spiele Du!‹ rief der Hirte jetzt und reichte Coman die Flöte. Ohne zu wissen, was er that, ergriff Coman dieselbe, begann zu spielen und spiel-

[33] Ebd., S. 31.
[34] Ebd., S. 93f.

te so schön, wie noch nie in seinem Leben; aber zu seinem Entsetzen merkte er bald, dass er nicht mehr aufhören konnte.«[35]

Erst mit dem Heranbrechen der Nacht und dem Ende des Festes, nachdem Jalomitza und der noch immer auf der Flöte spielende Coman allein geblieben sind, erscheint der Zauberer erneut in der Gestalt eines Vogels. Die beiden folgen dem Vogel widerstandslos, wobei sie sich gleichzeitig von der Menschenwelt entfernen. Erneut wird der Übergang zum magischen Reich wie das Erwachen aus einem Traum dargestellt:

»Da graute der Morgen und Jalomitza griff erschrocken nach ihrem Haupte: ›Wo bin ich denn? ich bin ja weit von zu Hause fort und die Gegend ist fremd. Coman! wo sind wir denn! mir graut es! Der Vogel war Bucur!‹«[36]

Erst im magischen Reich ist es selbstverständlich, dass die Heldin plötzlich die wunderbare Fähigkeit der eigenen Verwandlung besitzt, die sie auf der Flucht vor dem Zauberer mehrmals anwendet.

In *Die Hexenburg* sind die beiden Welten zwar voneinander getrennt, doch steht die Heldin Alba zwischen den Welten. Sie ist weder in das Wissen der Hexe, ihrer Mutter, eingeweiht, noch kann sie die Menschenwelt verstehen und sich dort einleben. Den Menschenhass der Hexe kann sie genauso wenig nachvollziehen, wie später die Gier der Menschen nach Kostbarkeiten. Die erste Erfahrung mit der Menschenwelt bleibt in Albas Erinnerung etwas Undefinierbares, obwohl sie die Erscheinung »wunderschön« fand:

»›Aber neulich kam ein wunderschönes Thier unsern Berg herauf und darauf saß Einer, der war viel schöner als alle Bergmännlein; er hatte schwarze Locken und gar keinen Bart und einen Purpurmantel – war das kein Mensch?‹«[37]

Auch im weiteren Verlauf der Handlung bleibt Alba zwischen diesen Welten, sie wundert sich nur über die Merkwürdigkeiten beider Welten, ohne sie sich erklären zu können. Somit setzt sie sich sowohl mit dem magischen Reich als auch mit der Menschenwelt auseinander.

---

35 Ebd., S. 95.

36 Ebd., S. 96.

37 Ebd., S. 161.

4.4. Konflikt mit dem Jenseitigen

Die Auseinandersetzung mit dem Jenseitigen hat in allen diesen Märchen einen tragischen Ausgang. Im Konflikt mit den übernatürlichen Kräften werden die Helden, auch wenn sie magische Kräfte besitzen (so in *Die Grotte der Jalomitza*), letztlich besiegt, und müssen ihre Machtlosigkeit gegenüber dem Jenseitigen erkennen.

In *Vârful cu Dor/Der Sehnsuchtsgipfel* gleicht die Erfahrung des Wunderbaren durch den Helden mehreren Traumvisionen. Die drei Visionen, die der Held erlebt, steigern sich bis zur vierten und letzten Vision, der Verkörperung der Sehnsucht. Die dämonischen Erscheinungen versuchen Ionel zu verführen, anfangs mit verlockenden Versprechungen (die drei verführerischen Frauengestalten und der gewaltige Stern, der den Mond entthront), dann, indem sie die Gesichtszüge Irinas aufnehmen (die Frauengestalt im Reich der Bergmännlein). Der Held widersteht allen Versuchungen der Erdgeister, worauf die Visionen verschwinden, und Ionel entweder unter Schneemassen begraben oder dem tobenden Sturm auf der Bergspitze ausgeliefert wird. Die wechselnde Perspektive von der Realitätsebene zur Ebene des magischen Reiches spiegelt sich in seiner Wahrnehmung der klimatorischen Veränderungen wider. In der Wirklichkeit handelt es sich um »Wolken«, »Wind«, »Schnee« und »Sturm«. Auf der Ebene des magischen Reiches nehmen die Wolken Gestalt an, der schneebedeckte Berg wird zum herrlichen Palast, die kosmischen Elemente (Mond und Sterne) werden lebendig und der Schnee entpuppt sich als ein Haufen Edelsteine, der die Bergmännlein aus dem Berginneren zur Oberfläche lockt. Ein Beispiel gibt das folgende Zitat wieder:

> »Da ward ein Rauschen, ein Brausen und dann ein furchtbares Getöse; die Sterne rauschten gen Himmel, in endlosem, feierlichem Zuge, der Palast stürzte zusammen und begrub Ionel und der Mond sah bleich und traurig auf die Schneemassen herab.
>
> Die Bergmännlein aber, die das furchtbare Getöse über ihren Häuptern gehört, krochen mühsam aus dem Berggeschooße empor, um zu sehen, ob ihrer Behausung nicht Gefahr drohe. Da entdeckten sie den ungeheuern Schutt von lauter Edelsteinen, aus dem der Palast bestanden hatte.«[38]

[38] Ebd., S. 20f.

In der Einöde des Berges ist Ionel sowohl furchtbaren Stürmen ausgesetzt, als auch von seinen Halluzinationen – hier durch dämonische Erscheinungen versinnbildlicht – gequält. Das Übermaß an seelischen und körperlichen Schmerzen bewirkt letztlich, dass seine Liebe zu Irina sich in Hass verwandelt:

> »Da ward es ihm, als drücke ihn der Sturm zu Boden, als reiße und rüttle er an seinem Herzen, als stürbe er vor Schmerzen. Noch fester klammerte er sich an den Felsen, der unter dem Andrang zu wanken schien.
> Und in dem Brausen und Tosen um ihn her vernahm er Rufen, Locken, Drohen, bald wie von mehreren Stimmen, bald von einer; dann waren es Posaunenstöße, die sein Hirn erschütterten und plötzlich verkehrte sich seine Liebe zu Irina in bitteren, brennenden Haß, da sie ihn mit lachendem Munde in den Tod geschickt.«[39]

Erst jetzt nimmt auch die Sehnsucht des Helden Gestalt an und die letzte Vison Ionels ist gleichzeitig die Vorahnung seines nahenden Todes. Die Abschiedsworte Ionels an die anderen Hirten verwirklichen sich jetzt erst recht durch die »Hochzeit« mit der Sehnsucht, in anderen Worten durch sein Sterben aus Sehnsucht. Der Ausdruck »Hochzeit mit der Sehnsucht« erinnert, so wie auch die Darstellung des Aussehens des Hirten in diesem Märchen[40], an die rumänische Volksballade »Mioriţa« (Das Lämmchen)[41], in der der Tod als »Hochzeit mit der Himmelsbraut«[42] umschrieben wird.

---

[39] Ebd., S. 24.

[40] Vgl. Kapitel 3.2., S. 37f.

[41] Vgl. *Balade populare romaneşti*, 1984, S. 14. Deutsche Übersetzung: »Das Lämmchen«. In: *Doina, Doina...*, 1969, S. 33f.

[42] Rumänisch: »a lumii mireasă«. Anmerkung: In der deutschen Übersetzung weiter unten ist der rumänische Ausdruck »Braut der Welt« mit »Himmelsbraut« übersetzt worden. Vgl.:

»Să le spui curat	*»Sag ihnen frei:*
Că m-am însurat	*dass ich vermählet sei*
C-o mîndra crăiasă	*mit einer Fürstin traut,*
A lumii mireasă;	*mit einer Himmelsbraut:*
Că la nunta mea	*Als es die Hochzeit gab,*
A cazut o stea.«	*fiel hell ein Stern herab.«*

Das Motiv der Hochzeit als Metapher für den Tod kommt auch in Grimms »Kinder- und Hausmärchen« vor, und zwar in der Kinderlegende Nr. 9, »Die himmlische Hochzeit«. Hier ist aber der Held des Legendenmärchens, ein Junge, bloß Gast bei der »himmlischen Hochzeit« und nicht, wie in Carmen Sylvas Märchen oder in der Volksballade »Mioriţa«, selbst der »Bräutigam des Todes«. Lutz Röhrich bezeichnet das Motiv der »himmlischen Hochzeit« als ein »ganz spezifisches Legendenwunder« (In: Lutz

Der Frühlingsanfang und das Erwachen der Natur können den sterbenden Helden nicht mehr zum Leben ermutigen, aber das Nahen seiner Schafherde erfreut ihn noch ein letztes Mal. Seine letzte Lebensregung gleicht dem plötzlichen Aufflackern einer Kerze, bevor sie endlich erlischt:

> »Ionel horchte nicht. Es war, als versammle sich alles Lebende um ihn, ihn zu wecken – umsonst; er starrte nur hinab, nach der Donau, als wäre er von Stein. Da, plötzlich kam Leben in seine Züge, die Augen leuchteten, ein schwaches Roth färbte seine Züge, und mit ausgebreiteten Armen und vorgestrecktem Halse lauschte er nahendem Hundegebell und Glockenklingen. Jetzt sah er seine Herde ganz deutlich schimmern, er setzte das Alphorn an die Lippen, den Willkomm zu blasen; dann aber griff er nach dem Herzen und mit dem Ausruf: ›Ich sterbe!‹ sank er entseelt zu Boden.«[43]

In *Furnica/Die Ameise* wundert sich die Heldin nicht über das Außergewöhnliche im Verhalten der Ameisen (ihre Fähigkeit, mit Menschen zu sprechen, und ihren Wunsch, die fleißige Viorica zur Ameisenkönigin zu machen), sie ist vielmehr über deren natürliche Fähigkeiten (die Geschicklichkeit und Geschwindigkeit beim Bauen ihres Ameisenbaus) erstaunt:

> »Da sah Viorica, wieviel geschickter die Ameisen waren als sie selber, nie wäre sie im Stande gewesen, in solcher Schnelligkeit einen solchen Bau auszuführen.«[44]

Der anfänglich realitätsgetreue Größenmaßstab zwischen Mensch und Ameise wird mit dem Übergang in das Königreich der Ameisen – auf der Ebene des magischen Reiches – aufgehoben. Der Übergang zu dieser neuen »Wirklichkeit« wird im Märchen nicht angezeigt. Er findet unmerklich statt, und erst die neue Sichtweise der Heldin – die aber von dieser selbst nicht problematisiert wird – gibt den Eindruck einer Größenänderung. Der Größenunterschied zwischen Viorica und den Ameisen scheint hier plötzlich reduziert worden zu sein. Die natürlichen Baufähigkeiten der Ameisen leisten hier Übernatürliches: »einen Palast«, der sich »immer höher erhob«[45] bis er

---

Röhrich, *Märchen und Wirklichkeit*, 1964, S. 37). In Carmen Sylvas Märchen ist aber dieses Motiv nicht legendenhaft, sondern hat sagenhaften Charakter (die Begegnung mit der Verkörperung der Sehnsucht wirkt dämonisch auf den Helden und bringt ihm den Tod).

43 Carmen Sylva: *Pelesch-Märchen*, 1883, S. 25f.

44 Ebd., S. 32.

45 Ebd., S. 33.

»bereits einem mäßigen Berge gleichkam«[46]. Trotz dieser irrealen Größe fällt alles, was die Ameisen im Innern ihres Schlosses vollbringen, in den Bereich der Filigranarbeit. Somit findet Viorica ihre königliche Kammer »so wunderbar schön, wie sie noch nie im Traum etwas gesehen«[47]:

> »Der Boden der Kammer war von Edelweiß, ein dicker, weicher Teppich, in dem Viorica's Zehen verschwanden [...]. Die Wände waren von Nelken, Maiglöckchen und Vergißmeinnicht kunstvoll durchwoben und die Blumen wurden beständig erneuert, so dass ihre Frische und ihr Wohlgeruch wahrhaftig berauschend waren. Die Decke der Kammer war von Lilienblättern, wie ein Zelt gespannt; das Ruhebett hatten die fleißigen Ameislein in vieler Wochen Arbeit geschichtet; das war von Blüthenstaub, das zarteste, was sie hatten finden können [...].«[48]

Nicht nur der Ameisenbau ist überdimensional, auch die Ameisen selbst wirken im Vergleich zu Viorica in der ursprünglichen Realität körperlich größer. Zwar wird das Ameisenvolk noch immer als »kleines Reich« bezeichnet, aber das panische Hereinströmen der Ameisen in die königliche Kammer während des Angriffs des Menschen spiegelt Dynamik wider und vermitttelt den Eindruck von lautem Geräusch:

> »[...] in einem Augenblicke war das ganze kleine Reich allarmiert und zur Königin kamen sie athemlos hereingestürzt [...]«[49]

Ein deutlicher Wechsel zwischen der Ebene der Wirklichkeit und der zweiten Dimension – der Ebene des magischen Reiches – findet durch das Auftauchen des Königssohnes mit seinem Gefolge nicht statt, nur die Größe der Ameisen wirkt im Vergleich zu der der Menschen an manchen Stellen der Realität entsprechend. Die Gefährdung des Ameisenbaus durch die Menschen hat eine realitätsnahe Dimension, denn von dem Königssohn heißt es hier, dass er »beschäftigt war, mit Schwertern und Lanzen im Ameisenberge zu wühlen«[50]. Beim Erscheinen Vioricas auf der Plattform des Ameisenberges scheint die Blickrichtung des Königssohnes auf einen Punkt in beträchtlicher Höhe fixiert zu sein, doch fällt hier kein Größenunterschied zwischen Viorica und den anderen Menschen auf:

---

46 Ebd., S. 34.
47 Ebd., S. 33.
48 Ebd., S. 33.
49 Ebd., S. 35.
50 Ebd., S. 35.

»Bei ihrem Erscheinen hielten Alle inne, der schöne Jüngling hielt geblendet die Hand über die Augen und betrachtete die Lichtgestalt im schimmernden Gewande.«[51]

Beim Verschwinden Vioricas wirkt die Größe der Ameisen sowohl im Vergleich zu ihr selbst wie zum Königssohn wieder realitätsnäher: »Schaaren von Ameisen«[52] küssen Vioricas Füße, während der Königssohn »nur Ameisen und immer noch Ameisen in unendlichen Schaaren«[53] sieht, die er:

»hätte [...] zertreten mögen vor Zorn und Ungeduld, denn seine Fragen schienen sie nicht zu verstehen oder nicht zu hören und rannten ganz frech, im Gefühl ihrer Sicherheit, vor seinen Füßen vorbei.«[54]

Mit dem ersten Wiedersehen eines Menschen – des Königssohns, der anfangs mit seinen Begleitern den Ameisenberg zu zerstören gedroht hatte, der sich aber beim Anblick der Ameisenkönigin Viorica in sie verliebte – erwacht in Viorica die Sehnsucht nach der Menschenwelt. Die seelische Unruhe der Heldin, ausgelöst durch dieses Erlebnis, wird besonders anschaulich wiedergegeben, als werde es aus dem Blickwinkel eines Psychologen beschrieben:

»Sonst war sie immer augenblicklich in tiefen Schlaf gesunken; heute aber warf sie sich unruhig hin und her, wickelte ihr Haar um die Fingerspitzen, setzte sich auf und legte sich wieder nieder und dabei ward ihr so heiß, so heiß. Sie hatte noch nie gefunden, dass in ihrem Reiche zu wenig Luft sei und wäre nun gern hinaus geeilt, fürchtete aber, man möchte sie hören [...].«[55]

Das Überschreiten des Verbots der Ameisen (nicht mit Menschen zu verkehren) bringt Viorica die Rache ihrer Untertanen ein. Die Ameisen versperren alle Ausgänge des Baus, ohne auf Vioricas Verzweiflung zu achten. Die Aussichtslosigkeit von Vioricas Situation wird durch die dramatische Schilderung ihrer Verzweiflung anschaulich gemacht:

»Viorica neigte das Haupt und Thränen strömten aus ihren Augen. Sie flehte die Ameisen an, ihr die Freiheit wiederzugeben; die kleinen Gestrengen schwiegen aber still und mit einem Male sah sie sich ganz allein im düsteren Raum. O wie weinte und jammerte Viorica und raufte ihr schönes Haar; dann begann sie, sich

---

51 Ebd., S. 35.
52 Ebd., S. 35.
53 Ebd., S. 36.
54 Ebd., S. 37.
55 Ebd., S. 37f.

mit den zarten Fingern einen Weg zu bahnen; aber was sie wegscharrte, füllte sich fast ebensoschnell wieder, so dass sie sich endlich verzweifelt auf die Erde warf.«[56]

Die Auseinandersetzung der Heldin mit dem Wunderbaren in *Die Grotte der Jalomitza* ist ein Wettlauf mit dem Dämon, eine magische Flucht vor ihm. Mit dem Übergang in die Welt des Zauberers erhält die Heldin Jalomitza auf einmal die Kunst der Selbstverwandlung, die durch den Ausspruch eines Wunsches – ausgedrückt durch die Konjunktivwendung »wäre ich...« – ausgelöst wird:

»›Ach!‹ rief sie, ›wäre ich doch ein Vogel und könnte entfliehen! Ich erkenne den Schrecklichen!‹
Kaum hatte sie das gesagt, da flog sie als Taube davon, weit, weit in den thauigen Morgen hinein.«[57]

Der Verwandlungswettstreit zwischen Jalomitza und dem Zauberer Bucur ist ein dynamischer Ablauf von Bildern. Vereinfacht kann man die Verwandlungen der beiden Gestalten in elf Folgen gegenüberstellen: Taube/Falke, Vergißmeinnicht/Schmetterling, Forelle/Netz, Eidechse/Schlange, Nonne/Heiligenbild, Wolke/Wind, goldenes Sandkorn/goldsuchender Bauer, Reh/Adler, Tautropfen/Sonnenstrahl, Gemse/Jäger und zuletzt Bach/Felsen. Beeindruckend sind vor allem das Verwandlungpaar Nonne/Heiligenbild und die Dynamik der Bilder, die nicht von einer Wunschäußerung Jalomitzas eingeleitet werden:

»›Wäre ich lieber eine Nonne geworden! Im Kloster wäre ich geborgen gewesen!‹ dachte sie. In dem Augenblick wölbte sich eine hohe Kirchenkuppel über ihrem Haupte, die Lichter brannten und mächtiger Gesang erscholl aus den Kehlen von vielen hundert Nonnen. Jalomitza kniete als Nonne vor einem Heiligenbilde; noch klopfte ihr das Herz vor Angst und schon freute sie sich, im Heiligthume geborgen zu sein. Dankbar hob sie die Augen zum Bilde über ihr. Doch siehe, aus demselben starrten Bucur's Augen sie an und hielten sie so gebannt, dass sie nicht von hinnen konnte, selbst als die Kirche leer wurde. Es ward Nacht; da begannen die Augen zu leuchten und Jalomitza's Thränen flossen unaufhaltsam auf die Steine, auf denen sie kniete. [...]
Da sank sie zur Erde und fiel, als goldenes Sandkörnchen, in den Riul Doamnei[58], Bucur aber ward ein Bauer, der mit bloßen Füßen den Fluß durchwanderte, nach

56 Ebd., S. 42.
57 Ebd., S. 96f.

Gold zu suchen und fischte das Körnchen aus der Tiefe. Das entglitt eilig seinen Fingern und ward zum Reh, das in's Waldesdickicht entfloh. Bevor es aber den schützenden Waldrand erreichte, ward Bucur zum Adler, schoß aus der Höhe auf sie nieder und trug sie in den Fängen dem Bucegi zu, in seinem Horst. Kaum ließ er sie los, so fiel sie als Thautropfen auf einen Enzian. Er aber ward zum Sonnenstrahl und schoß auf sie nieder, sie aufzusaugen; da jagte sie als Gemse, ohne es zu wissen, gerade seiner Höhle zu. Er eilte ihr lachend als Jäger nach und murmelte: ›Nun habe ich Dich!‹«[59]

Trotz animalischer, pflanzlicher oder dinglicher Gestaltnahme behält Jalomitza ihre menschlichen Fähigkeiten, sie kann ebenso denken wie sprechen. Somit ist auch die Kommunikation mit einem Menschen (hier Coman) noch möglich, um mit dessen Hilfe die Zauberkraft Bucurs zu brechen:

»Eben erreichte Coman die Höhle, erkannte seine Jalomitza an ihrer Stimme wie sie ›Coman, Coman‹ rief und schleuderte mit letzter Kraft seine Flöte gegen den Felsen, den er als Bucur grinsen sah. Da brach der Zauber entzwei. Bucur konnte so wenig seine Gestalt mehr verändern, als Jalomitza und so rennt sie heute noch über seine erstarrten Arme dahin. Coman aber baute ein Kirchlein vor die Höhle, ward Klausner und betrachtete seine süße Geliebte bis an sein selig Ende.«[60]

Der Ausgang des Märchens ist nur zum Teil als Erlösung zu betrachten. Jalomitza bleibt als Bach für immer an den in Felsengestalt erstarrten Zauberer gebunden, obwohl sie ihm davonfließt.

Alba, die Heldin des Märchens *Die Hexenburg*, verlässt heimlich ihre Mutter, die alte Hexe, mit dem Königssohn. Es ist kein bewusstes Verlassen, auch keine eigentliche Flucht mit dem Königssohn, deshalb erfolgt auch keine Verfolgung der beiden durch die Hexe. Alba, die »holde Unschuld«[61], ist kindlich und naiv. Ihr Staunen über die Menschenwelt und ihre Fragen auf dem Weg zum Königsschloss nehmen kein Ende:

»›Sind das alles Menschen?‹ fragte sie, als sie im Schritt durch die Straßen ritten.
›Und die kleinen Häuser bläst der Wind nicht um?‹
›Nein!‹ lachte Porfirie [der Königssohn]. ›Hier weht der Wind nicht so, wie dort oben.‹
›Hier meine Leute‹, rief er, ›hier bringe ich Euch Eure Königin! Sie ist eine Wunderblume und ich habe sie mir vom Felsen gepflückt.‹

---

58 »*Fluss der Fürstin*: Das Gold, was man darin findet, gehörte ehemals der Fürstin.« (Fußnote, ebd., S. 98).

59 Ebd., S. 98f.

60 Ebd., S. 100.

61 Ebd., S. 165.

›Aber ich bin keine Königin!‹ sagte Alba erschrocken.
›Ich, ich bin der König und da Du mein Weib wirst, so wirst Du Königin!‹
›Dein Weib? aber ich sollte ja keinen Mann haben, sagte meine Mutter.‹
›Das hat sie nur so gesagt, weil sie wußte, dass Keiner Dich haben sollte, außer mir!‹
›Bist Du denn gar nicht böse?‹
›Nein, ich bin nicht böse.‹
›Also bist Du kein Mensch?‹
›Doch, das bin ich.‹«[62]

Albas Abneigung gegenüber Gold verstehen die Menschen am Königshof nicht, und sie wenden Gewalt an, um Alba für die Hochzeit zu schmücken. Vor allem vor dem Goldfaden, den die Hexe unter Verwünschungen gesponnen hat, hat Alba Angst, weil durch ihn das Unglück beschworen wird:

»Sie entfloh durch das ganze Schloß, wie ein gescheuchtes Reh, sie warf sich auf die Erde, unter die Decken, die die Diwans schmückten, sie bat und flehte mit herabströmenden Thränen, man möge sie verschonen. Die Königin solle ihr von ihrem schönen Seidengespinnst auf die Haare legen, nur das schreckliche Gold nicht.
Während sie aber knieend bat und jammerte, gab die Königin einen Wink; zwei Mädchen banden ihr die Hände, während die Dritte den goldenen Schleier befestigte. Alle erwarteten einen Ausbruch von Zorn und Verzweiflung. Aber Alba ward ganz still. Bleich wie der Tod neigte sie das Haupt unter der Last: ›Du bist viel härter als meine Mutter!‹ sagte sie; ›Die wollte mich keinem Manne geben, damit ich nicht unglücklich würde, Du aber rufst selber das Leid auf mich herab!‹«[63]

Die Gier der Menschen am Hof nach den Schätzen Albas veranlasst den Königssohn, wieder zur Hexenburg zu reiten und die Hexe zu bekämpfen. Den Königssohn reizt allerdings vielmehr die Auseinandersetzung mit der Hexe als die Gewinnung ihrer Schätze. Es kommt aber nicht zu einem Kampf mit der Hexe, da diese den Königssohn und seine Gefolgschaft mit Edelsteinen, die sich in der Luft in Schneemassen verwandeln, überschüttet. Die Auseinandersetzung der Menschenwelt mit der magischen Welt nimmt ein tragisches Ende. Aber auch das Erleben der Menschenwelt durch einen Vertreter des magischen Reichs (Alba) führt zu einem tragischen Ende der Zauberwelt. Der Verlust des Geliebten bringt Alba den Tod, so wie der Verlust der Tochter die Hexe zur Selbstzerstörung treibt:

62 Ebd., S. 166f.
63 Ebd., S. 170f.

»Mit einem furchtbaren Schrei stürzte Alba auf die Schneefläche und begann mit ihren Händen sie wegzuscharren. Aber umsonst. Zu schwer lag die Decke, die den Geliebten verhüllte, zu fest war sie gefroren! Mit dem Ausruf: ›O, Mutter! Mutter! was hast Du mir gethan!‹ fiel Alba todt neben Eis und Schnee hin. Baba Coaja stieß einen so furchtbaren Fluch aus, dass der Berg wankte, ihre Burg zusammenstürzte und sie, sammt ihrem Golde, unter ihren Trümmern begrub.«[64]

Dem Tod Albas – im Märchen die Verkörperung der Unschuld – wird eine ätiologische Folge gegeben: die Entstehung des Edelweiß:

»An der Stelle aber, wo die schöne Alba ihr Leben ausgehaucht, keimte eine weiße Blume in weißem Sammetkleide auf, die man seitdem Alba Regina zu Deutsch Edelweiß genannt hat. Sie blüht nur dicht beim ewigen Schnee, der den Geliebten bedeckt, so weiß und rein, wie sie selbst war.«[65]

Der Möglichkeit einer Verwandlung des Schnees zurück in Edelsteine wird eine neue Verkörperung der Unschuld vorausgesetzt:

»Vielleicht verwandelt sich der Schnee einstmals wieder in Edelsteine, wenn ihn eine unschuldsvolle Jungfrau betritt.«[66]

Am Ende des Märchens wird das Wissen der Menschen über die Existenz des Goldfadens Albas erwähnt, obwohl dieses aus der Märchenhandlung nicht abzuleiten ist. Alba hatte am Königshof weder über die bösen Zaubersprüche der spinnenden Hexe noch von ihrem Goldfaden, in dem sie Gutes hineingesponnen hatte, erzählt.[67] Der Epilog der Autorin am Ende des Märchens über den Goldfaden erinnert an die Parabel von den drei Ringen aus Lessings »Nathan der Weise«[68]:

»Das Stück Goldfaden, das Alba gesponnen, sucht man noch immer und jede Braut hofft, sie habe es erhascht; darum fürchtet sich keine vor den Goldfäden, die so gefährlich sind, sondern glaubt, ihr sei das Glück beschert.«[69]

Da es nur einen glückbringenden Goldfaden gibt (denjenigen, den Alba gesponnen hat), kann es sich folglich nur um eine einzige Braut handeln, die ihn

64 Ebd., S. 174.
65 Ebd., S. 174.
66 Ebd., S. 174f.
67 Ebd., S. 169.
68 Vgl. Gotthold Ephraim Lessing: *Nathan der Weise*, Stuttgart: Reclam, 1983, 3. Aufzug, 7. Autritt (Verse 1910-2054).
69 Carmen Sylva: *Pelesch-Märchen*, 1883, S. 175.

erhalten und glücklich werden kann. Aber so wie es in Lessings Ringparabel unmöglich ist, aus den drei gleichen Ringen den einzig echten herauszufinden, ist es hier unmöglich, den Goldfaden Albas von anderen Goldfäden zu unterscheiden. Hier (wie dort) glaubt jede der Betroffenen, allein das einzig richtige Los gezogen zu haben. Im Gegensatz zur lessingschen Parabel aber wird in Carmen Sylvas Märchen die Risikobereitschaft des Menschen hervorgehoben: Im Rausch seiner Wünsche (hier die guten Hoffnungen der Bräute) übersieht der Mensch bewusst die extreme Gefährlichkeit seines Vorhabens (hier das Tragen des Goldfadens) und ist von der Richtigkeit seiner Wahl (hier Albas Goldfaden, also das Glück, gefunden zu haben) überzeugt.

4.5. Ausgang und Moral

Die hier untersuchten Märchen haben alle einen tragischen Ausgang. Durch die Begegnung mit dem Übernatürlichen beziehungsweise den Eintritt in die magische Welt ist ein Zurückkehren der Helden in die eigene, ursprüngliche Welt (die Menschenwelt oder in *Die Hexenburg* die magische Welt) nicht mehr möglich. Entweder werden die Märchenhelden von den Zauberwesen an ihrer Rückkehr aus dem magischen Reich gehindert (so in *Furnica/Die Ameise*), ihnen fehlt die Kraft dazu (so in *Vârful cu Dor/Der Sehnsuchtsgipfel* und *Die Grotte der Jalomitza*), oder aber ihre Reintegration in die ursprüngliche Welt ist durch das Erlebnis im Jenseitigen unmöglich geworden (so in *Die Hexenburg*).
Das Märchen *Vârful cu Dor/Der Sehnsuchtsgipfel* basiert auf einer wahren Begebenheit.[70] Ungefähr Mitte des 19. Jahrhunderts soll es tatsächlich einen Hirten gegeben haben, der – zwar nicht aus Liebe zu einer Frau, sondern wegen einer Wette um zwanzig Schafe mit einem anderen Hirten – auf dem Berg überwinterte. Er soll im Frühling, kurz vor dem Eintreffen der Schafherden, »vor Sehnsucht«[71] gestorben und an demselben Ort von den Hirten begraben worden sein. Diese Begebenheit, die durch das Volk überliefert wurde, ist von Carmen Sylva aufgenommen und erweitert worden. Die Ausgangssituation ist hier aber die unerwiderte Liebe des Hirten zu einer jungen

[70] Vgl. *Vârful-cu-Dor* in: Ovid Densuşianu: *Tradiţii şi legende populare*, Bucureşti: Alcaly, o. J., S. 33f.
[71] Vgl. ebd., S. 34.

Frau. Die Hoffnung des Hirten, dass nach der Erbringung des geforderten Liebesbeweises seine Liebe erwidert wird, motiviert ihn zum Überwintern auf dem Berg. In seiner (blinden) Liebe übersieht aber der Hirte, dass die Frau ihn mit launischen Forderungen nur von sich fernhalten will. Auch als diese ihn später auslacht und ihm deutlich zu erkennen gibt, dass sie den vorher geforderten Liebesbeweis gar nicht ernst nimmt, ändert der Hirte den einmal gefassten Entschluss, auf den Berg zu gehen, nicht. Erst in der Einöde des Berges und im Angesicht der Gefahren, denen er sich ausgesetzt hat, schlägt seine Liebe in Hass um – doch er verallgemeinert seine Erfahrung mit Irina und projiziert seinen Hass auf alle Frauen. Die Schuld für das tragische Ende des Hirten ist nicht allein der launischen Frau zuzuschreiben, sondern auch dem Hirten selbst. Der Held hat alle Ratschläge und Warnungen anderer abgewiesen, um seinen Traum nicht aufgeben zu müssen. So gesehen fordert der Held selbst sein Schicksal heraus. Die dramatischen Erlebnisse des Hirten auf dem Berg und vor allem sein Widerstand vor den Verlockungen der dämonischen Erscheinungen haben das Ziel, die Sympathie des Lesers für den Hirten zu erhöhen und somit die Schuld des Hirten aufzuheben. Nach all den Kämpfen des Helden um sein Überleben scheint ein glücklicher Ausgang verdient zu sein. Dennoch wird der Ausgang der realen Begebenheit miteinbezogen und dieselbe Ätiologie beibehalten. Die Hoffnung auf Liebe, die einen Menschen zu extremen Opfern veranlasst, die aber zu seinem Tod aus Sehnsucht führt, ist ein tragisches Motiv. Das eigentliche Scheitern des Hirten ist aber nicht erst in seinem Tod, sondern in der schwindenden Standfestigkeit seiner Liebe zu Irina zu sehen. Erst das Erkalten seiner Gefühle Irina gegenüber führt zum Verlieren der Hoffnung und dem Schwinden seiner Lebenskraft. Das, was er anfangs von Irina erwartete – die Beständigkeit ihrer Liebesgefühle, trotz einer langen Trennung voneinander[72] – kann er selbst nicht erbringen. Eine anfänglich große Liebe und die Bereitschaft zu extremen Liebesopfern sind also keine Garantie für ein beständiges und erfülltes Liebesgefühl.

[72] Der Hirte verlangt von Irina ein Treueversprechen: »›*Es ist Zeit, ich muß mit meinen Schafen zu Thal, hinunter in's Baragan, vielleicht in die Dobrutscha und bis zum Frühjahr sehe ich Dich nicht mehr. Sage mir ein gutes Wort, dass mein Herz nicht zittern muß, wenn ich denke, dass Du die andern Burschen ansiehst!*‹«(Carmen Sylva: *Pelesch-Märchen*, 1883, S. 13).

In *Furnica/Die Ameise* hat der Königssohn, eine Nebenfigur, keine Erlösungsfunktion. Er ist Auslöser des Konflikts. Erst nach seinem Auftauchen leidet die Heldin unter der Sehnsucht nach ihrer ursprünglichen Welt und besonders nach der Gemeinschaft mit Menschen. Wieder in der Menschenwelt angekommen, erkennt die Heldin, dass alles völlig verändert ist und sie schon seit Jahren weg gewesen sein muss. Die Entfremdung der Heldin von der Menschenwelt wird von dieser zu spät eingesehen, und ein Zurückkehren verhindern die personifizierten Ameisen. Der schon am Anfang des Märchens betonte Arbeitswahn der Heldin schlägt am Ende auf die Heldin selbst zurück: Erst mit Bewusstwerden der eigenen Vereinsamung wird der Heldin klar, wie wertvoll menschliche Nähe ist und dass Arbeit allein nicht glücklich macht. Das Eingesperrtsein im Ameisenbau wird zu einem Sinnbild für die Verkapselung des Menschen durch seinen Arbeitswahn: Er wird dadurch von anderen Menschen getrennt und vereinsamt.

Auch die relative Erlösung im Märchen *Die Grotte der Jalomitza* ist letztlich tragisch, weil die Heldin ihre menschliche Gestalt nicht mehr zurückgewinnen kann. Einzig Coman, die Nebenfigur Märchen, scheint sein Glück gefunden zu haben, denn er kann den Bach – die verwandelte Jalomitza – bis an sein Lebensende betrachten. Der ätiologische Schluss, der Bau der Kirche vor der Höhle, hat gleichzeitig auch einen ironischen Inhalt. Ein in seiner Liebe enttäuschter Mann (Coman erlebt kein weltliches Glück mit Jalomitza) wird Klausner, trägt aber die Erinnerung an seine geliebte Frau »bis an sein selig Ende«[73] mit sich. Hier ist das Klausnerdasein Comans nicht mit Gottesanbetung, sondern mit der Betrachtung der Geliebten gefüllt. Sexuelle Bezüge sind im Verlauf der Märchenhandlung oft anzutreffen. In dem Wunsch der Heldin nach Auseinandersetzung mit dem mysteriösen Zauberer, dem junge Frauen ohne Widerstand folgen, könnte der Zwiespalt zwischen Sich-Verlieben-Wollen und dem Sich-Verlieben-Widerstehen ausgedrückt sein. Der Zauberer erinnert an den rumänischen Mythos vom »Sburător« beziehungsweise »zburător« (dem »Fliegenden«), einen Unhold, »ein dämonischer Eros« (Călinescu) [74], der junge Frauen verhext und bei ihnen seelische Schmerzen und sexuelles Verlangen bewirkt. Das Lockmittel des

[73] Ebd., S. 100.

[74] Zum Mythos des »Sburator«, vgl. Georg Călinescu: *Istoria literaturii române*, 1988, S. 60.

Zauberers ist die Musik, eine berauschende aber auch verderbliche Musik[75]. Die magische Flucht, bei der Jalomitza und der Zauberer in ihren Selbstverwandlungen miteinander wetteifern, steht sinnbildlich für die körperliche Annäherung zwischen den beiden Gestalten.[76] In der Flöte des Zauberers – die zugleich als ein phallisches Symbol deutbar wäre – ist die ganze Zauberkraft desselben enthalten. Somit steht ein Teil vertretend für das Ganze[77], und mit der Zerstörung der Flöte wird auch der Zauberer besiegt. Aber trotz des Sieges über den Zauberer wird die Heldin nicht gänzlich vom Zauberer befreit. Sie bleibt für immer an ihn gebunden, obwohl sie ihm (als Bach) davonläuft. Eine Moral des Märchens ist demnach, dass der Versuch, erotische Empfindungen zu besiegen, sich als ein Spiel mit dem Feuer entpuppt, wenn im Unterbewusstsein das Erleben der Erotik erwünscht und die Gefahr damit zu einem Reizmittel wird. Ernüchterung erlebt die Heldin erst in dem Augenblick des Erkennens ihrer Machtlosigkeit gegenüber dem Zauberer. Der Ausgang des Märchens, in dem die Erlösung der Heldin nur relativ ist, wirkt demnach wie eine Warnung vor Übermut, der Überschätzung eigener Fähigkeiten, entsprungen aus Unehrlichkeit sich selbst gegenüber (etwas zu bekämpfen, sich dennoch aber – auf irrealer Ebene – das Gegenteil zu wünschen).

In *Die Hexenburg* ermöglicht die Beurteilung der Menschenwelt aus der Perspektive Albas – hier als die Verkörperung der Unschuld dargestellt – die Problematisierung ihrer negativen Aspekte. Der Naivität und Ehrlichkeit der Heldin wird die Unehrlichkeit der Menschen allgemein gegenübergestellt, ihrer Abneigung gegen Gold und ihrer Geringschätzung kostbarer Steine, die Gier der Untertanen am Königshof nach Schätzen, Albas Bitten um Verzicht auf den Goldfaden, die Verständnislosigkeit und Härte der Königin (ihrer zukünftigen Schwiegermutter). Andererseits wird (in dem Verhältnis Albas zu ihrer Mutter) die Frage nach der richtigen Erziehung beziehungsweise dem

---

75 Zur Musik als »verderbliches Lockmittel der magischen Gestalten«, vgl. Hedwig von Beit: *Symbolik des Märchens*, Bern: Francke, 1986, S. 179.

76 Diese Art von Selbstverwandlungen während der magischen Flucht, bei der die Gestalten miteinander wetteifern, nennt Lutz Röhrich »keine magischen Realitäten mehr, sondern Bilder, die ihren erotische Kern nicht allzu schamhaft verbergen«. (Vgl. Lutz Röhrich: *Märchen und Wirklichkeit*, 1964, S. 45).

77 Zum »Pars-pro-toto« im Märchen, vgl. Lutz Röhrich: *Märchen und Wirklichkeit*, 1964, S. 65f.

falschen Beschützen eines Kindes durch die Mutter – oder die Eltern allgemein – problematisiert. Das Verhalten der Hexe ist nicht unbegründet und ihre Liebe zur Tochter wird ausdrücklich erwähnt. Trotzdem ermöglicht ihr falscher Schutz Albas die Erfüllung der Prophezeihung erst. Die Härte der Mutter bewirkt schon vor der Erfüllung der Prophezeiung, dass Alba unglücklich ist und sich nach der Freiheit sehnt. Aber die Abschirmung Albas vor der Menschenwelt und der Verzicht der Hexe auf jegliche Aufklärung machen Alba letzten Endes unfähig, eventuelle Gefahren zu erkennen. Somit ist ihre Wanderung in die andere Welt (die Menschenwelt) von Anfang an zum Scheitern verurteilt. Der Tod der »Unschuld« (Alba) – mit dem gleichzeitig die Entstehung des Edelweiß gedeutet wird – bewirkt die Selbstzerstörung der Zauberwelt. Dass die extreme Gefährlichkeit der Goldfäden durch die Bräute unbeachtet bleibt, steht sinnbildlich für die Risikobereitschaft des Menschen allgemein, dessen Handeln von seinem Wunschdenken geleitet wird.

Schlussfolgernd ist festzustellen, dass die Auseinandersetzung der Märchenhelden mit dem Wunderbaren zugleich eine Auseinandersetzung der Helden mit sich selbst, mit den eigenen Wünschen und Schwächen ist. Die Helden stehen im Mittelpunkt des Geschehens, wobei ihre Wünsche und Schwächen durch das Erscheinen wunderbarer beziehungsweise dämonischer Gestalten verkörpert werden. Nur in *Die Hexenburg* wird die Heldin – als Verkörperung der Unschuld – dem ihr Andersartigen sowohl in der magischen wie in der menschlichen Welt gegenübergestellt.

5. Auseinandersetzung mit der Wirklichkeit

Im Gegensatz zu den Märchen, die im vorangehenden Kapitel besprochen wurden, ist die Aufmerksamkeit in den folgenden *Pelesch-Märchen – Piatra Arsa/Verbrannter Stein*, *Die Jipi* und *Omul/Der Mann* – vielmehr auf die realistische Dimension des Erzählten gerichtet: die Realitätsnähe in der Darstellung der Ereignisse wie auch die tiefgründige Analyse des Verhaltens der Gestalten. Die Helden sind hier keine »von Wundern getragene handelnde Figuren«[1] (Lüthi), auch beschränkt sich ihre Darstellung nicht auf ihre Auseinandersetzung mit dem Außerordentlichen, sondern sie setzen sich mit der Realität auseinander beziehungweise mit ihren Erfahrungen auf der realen Ebene (z. B. Krieg, Not, Leid, Angst vor Verlust). Wie aber wird diese »Wirklichkeit« in den *Pelesch-Märchen* dargestellt, und welche Funktion und Bedeutung erhält das Wunderbare beziehungsweise Außerordentliche dabei?

In der Darstellung des Aussehens der Märchenhelden ist die Liebe zum Detail, zur Individualisierung beziehungsweise zur Betonung einiger Wesenszüge der Helden auffällig. In einem einzigen Fall (*Die Jipi*) ist die Schönheit der Protagonisten, hier der Zwillingsbrüder Andrei und Mirea, von volksmärchenhafter Abstraktheit (im Sinne von nicht beschrieben, sondern durch Vergleiche ausgedrückt)[2], während ihre besonderen körperlichen Eigenschaften (athletisch und flink) für spezifisch männliche Herausforderungen (Kampf oder Jagd) ausgebildet sind:

> »Sie waren beide so schön wie Morgen und Abend, so schlank wie Lanzen, so rasch wie Pfleile und so stark wie junge Bären.«[3]

Ansonsten hat die Darstellung der Helden gleichzeitig die Funktion, wesentliche Charaktermerkmale des Helden, die für die Märchenhandlung bedeutsam sind, zu verschärfen. Nicht nur äußere Merkmale interessieren, sondern

---

[1] In Bezug auf Volksmärchenhelden. In: Max Lüthi, *Märchen*, Stuttgart: Metzler, 1990, S. 11.

[2] Zur Darstellung der Schönheit der Helden im Volksmärchen, vgl. Max Lüthi: *Das Volksmärchen als Dichtung*, 1975, S. 13.

[3] Carmen Sylva: *Pelesch-Märchen*, 1883, S. 59.

auch das Verhalten der Helden wird näher betrachtet. In *Piatra Arsa/Verbrannter Stein* ist es der Stolz der Heldin Pauna, der besonders hevorgehoben wird. Sowohl in ihrem Aussehen als auch in ihrer Art, sich zu bewegen, und in ihrem Verhalten anderen Menschen gegenüber wird dieser Charakterzug dargestellt:

> »Stolz war die schöne Pauna, sehr stolz. Sie hatte nicht umsonst so große, dunkle Augen, mit schwarzen Brauen, die eine scharfe Ecke bildeten, und eine Adlernase. Ihr Mund war eher groß, aber schön geschnitten und wenn sie sprach oder lachte, sah man die beiden Zahnreihen leuchten. Ihre schwarzen Zöpfe lagen wie eine Krone über der Stirn und die Leute nannten sie scherzweise Pui de Imparat (Kaisers Junges), wenn sie mit ihren breiten Schultern und großen Schritten dahinging und den Kopf hielt, als trüge sie etwas. Sie war aber doch nicht zu stolz, den Kopf zu drehen, wenn Tannas vorbeiging und ihn anzuhören, wenn er bei der Hora [einem Volkstanz] mit ihr sprach. Wenn man sie aber mit ihm neckte, schoß ihr das Roth in die Wangen und eine scharfe Antwort strafte den Übermüthigen.«[4]

In *Die Jipi* soll die äußere Erscheinung der Heldin Rolanda[5] Selbständigkeit und Freiheitswillen vermitteln. Die Heldin wird im Mädchenalter bei einer Jagdszene beschrieben, als sie in ihrer kindlichen Kühnheit einen Bären zu erlegen beabsichtigt. Die Überraschung der Zwillingsbrüder, Andrei und Mirea, darüber, dass der junge Jäger ein Mädchen ist, unterstreicht von Anfang an das Außergewöhnliche an Rolanda:

> »[...] aus dem Gebüsch trat ein wunderschönes Mägdlein hervor, in kurzem Gewande, mit Sandalen und einer weißen Pelzmütze, unter welcher sich wild und üppig die braunen Locken hervorstahlen. Sie hatte grüne Augen mit goldenem Kern und braune, kühn geschwungene Brauen. Von den Schultern hing ihr ein Mantel von schneeweißem, seidigem Ziegenhaar, in der Hand hielt sie ein ebensolches breites Messer wie Andrei mit dem sie festen Fußes den Bär erwartet hatte. ›Wie schade!‹ rief sie wieder, ›nun habe ich ihn nicht erlegt!‹ und Thränen traten ihr in den Augen.«

Ausdrücke wie »Löwenmähne«, »wild«, »Wirbelwind« und »Wildfang« in Bezug auf Rolandas Verhalten oder Aussehen betonen im Verlauf der Handlung immer wieder die Selbständigkeit und Unbezwingbarkeit des Mädchens, die darin gipfeln, dass Rolanda sich sogar gegen das Erwachsenwerden, worin sie den Verlust ihrer Freiheit sieht, aufbäumt:

---

4 Ebd., S. 47f.

5 Zur Bedeutung ihres Namens beziehungsweise ihres Necknamens, Urlanda, siehe Kapitel 3.2.

»Aber ich will keine Frau werden, ich will immer ein Mädchen bleiben und frei, frei, wie ein Vogel.«[6]

Zur Individualisierungstendenz in der Darstellung der Gestalten kommt die Realitätsbezogenheit in der Schilderung der Begebenheiten hinzu. Auffällig sind Bilder, in denen geradezu expressionistische Akzente zu finden sind. So zum Beispiel in der Schilderung des Schlachtfeldes nach einem schweren Kampf in *Piatra Arsa/Verbrannter Stein*:

»In der Abenddämmerung lag das Schlachtfeld gebreitet; tausende von Todten waren umhergestreut, Pferde wälzten sich sterbend oder hinkten mit gesenktem Kopfe umher. Um mächtige Wachfeuer lagerte das Heer und horchte nicht mehr auf das Jammern, das vom Schlachtfeld klang. [...]
Nur einmal taumelte sie [Pauna, die Heldin des Märchens] entsetzt zurück, als sie Weiber eine Leiche plündern sah und die Knochen der Finger krachen hörte, von denen sie die Ringe zogen.«[7]

Besonders deutlich werden auch der Zustand äußerster Armut und körperlicher Behinderung und deren Auswirkungen auf die menschliche Psyche (Vereinsamung, Angst vor Menschen) in *Omul/Der Mann* dargestellt:

»Da lag in einer Kammer, die so klein war, dass kaum ein schmales Bett darin Platz hatte, ein blindes Mädchen, das außerdem die fallende Sucht hatte. Sie war schon mehrmals so unglücklich gefallen, dass sei beide Arme an verschiedenen Stellen gebrochen; die waren schlecht zusammengeheilt, so dass die Arme gar keine menschliche Form hatten. Zuletzt hatte sie ein Bein gebrochen, lag nun ganz zu Bett und strickte; ihre Schwester ging den ganzen Tag fort, in die Arbeit; wenn sie Abends heim kam und fand, die Blinde habe nicht genug gestrickt, so schlug sie sie. [...]
Dann war eine unglückliche Frau mit ein paar kleinen Kindern, deren Mann war im Gefängnis. Emanuel [der Märchenheld] hatte von ihr gehört und auch, dass sie keinen Menschen zu sich hereinlasse.«[8]

So wie in den Märchen, die im vorangehenden Kapitel besprochen wurden, wird auch hier die Aufmerksamkeit des Lesers auf die Gefühlswelt der Helden, auf ihre Wünsche oder inneren Spannungen sowie auf die Äußerung dieser im Verhalten und im Handeln der Helden gelenkt. Mit Ausnahme des Märchens *Omul/Der Mann*, in dem der Held in Entwicklung dargestellt wird, bleiben die Helden in *Piatra Arsa/Verbrannter Stein* und *Die Jipi* in ihrem

6 Carmen Sylva: *Pelesch-Märchen*, 1883, S. 71.
7 Ebd., S. 52f.
8 Ebd., S. 118f.

Grundverhalten konstant. Das Lernen des Helden aus den eigenen Fehlern führt in *Omul/Der Mann* zu einem glücklichen Ausgang des Märchens, während in den anderen zwei *Pelesch-Märchen* Fehlverhalten, hier durch übermäßigen Stolz (so die Heldin Pauna in *Piatra Arsa/Verbrannter Stein*) und dort durch Charakterschwäche (so die Zwillingsbrüder in *Die Jipi*) hervorgerufen wird, das tragische Ende bewirkt. Das Wunderbare ist entweder eine Einzelerscheinung innerhalb der Handlung und tritt in dem Moment der äußersten Spannung der Helden auf (so in *Piatra Arsa/Verbrannter Stein* und *Die Jipi*), oder aber es begleitet den Helden in *Omul/Der Mann* in der Gestalt des Klausners und wirkt stellvertretend für ein (ihm fehlendes) zweites, »höheres« Ich.

5.1. Nicht Wünsche, Drohungen gehen in Erfüllung (Piatra Arsa/Verbrannter Stein)

In *Piatra Arsa/Verbrannter Stein* ist das Wundergeschehen (das Brennen des Berges) zwar ein Zentralaspekt, insofern es eine psychische Veränderung der Heldin Pauna auslöst, interessiert aber im weiteren Verlauf der Handlung wenig. Im Mittelpunkt stehen die Erlebnisse und Gefühle der Helden, weniger das Erfassen- oder Sich-Erklären-Wollen der Wundererscheinung. Die Bezeichnung »Märchen« ist hier zu weit gefasst, wenn sie allein auf das eine Wundergeschehen zurückzuführen ist. Diese Erzählung ist der Sage näher, obwohl sie Akzente auf die Gefühle der Heldin setzt und das Wundergeschehen fast dekorativ erscheint. Dieses »Wunder« ist nicht märchenhaft, da es von der Heldin nicht als »selbstverständlich« oder »wunderbar« aufgenommen wird. Es ist aber auch nicht »sagenhaft«, denn die Heldin wird nicht von diesem Wundergeschehen selbst in Furcht versetzt, sondern sie gerät in Panik, in der schlimmen Vorahnung, dass auch die zweite Drohung (dass sie ihren Verlobten Tannas nur als Krüppel oder sogar tot wiedersehen wird) in Erfüllung gehen wird. Das »Wunder« in *Piatra Arsa/Verbrannter Stein* ist phantastisch und wird als poetisches Mittel zur Auslösung des Konflikts benutzt.[9] Paunas Verärgerung und Beschämtheit über das Desertieren ihres

---

[9] Zum phantastischen Wunder im Kunstmärchen, vgl. Wilhelm Solms: *Einfach phantastisch. Von der Wundererzählung zur Phantastischen Literatur.* In: *Phantastische Welten*, (im Auftrag der Europäischen Märchengesellschaft hrsg. von Thomas Le Blanc und Wilhelm Solms), 1994, S. 17.

Verlobten veranlassen sie dazu, ihre Verlobung mit Tannas aufzulösen. Voreilig und nur auf ihren Stolz blickend, stellt sie das Unwahrscheinliche (das Brennen des Berges) als Bedingung für das bereits Versprochene (die Hochzeit). Dagegen deutet die Drohung Tannas' – der seinerseits enttäuscht darüber ist, dass der Stolz seiner Verlobten größer als die Liebe zu ihm ist – auf etwas durchaus Mögliches, da Tod und Verletzung als Kriegsrisiko wahrscheinlich sind. Mit dem Wahrwerden des nur sinnbildlich Gemeinten, sonst aber für unmöglich Gehaltenen (das Brennen des Berges) wird Pauna und Tannas bewusst, dass das Mögliche (Tod oder Verkrüppelung Tannas') jetzt erst recht passieren wird. Das drohende Unglück ist somit vorprogrammiert, und die Frage ist nur, welche der Möglichkeiten eintreffen wird: Verkrüppelung oder Tod? Trotzdem bleibt Pauna in ihrem Stolz unbeirrbar und schickt Tannas bewusst in die Gefahr. Das Brennen des Berges ist für das Liebespaar nicht erklärbar – und wird hier auch nicht weiter untersucht –, trotzdem ist das »Unerklärliche« für die Hauptgestalten fassbar, da es als eine Folge von Paunas Drohung verstanden werden kann. Damit rückt das Wissen um das kommende Unglück in den Mittelpunkt und dieses Wissen löst die Furcht der Heldin aus.

Für die Dorfbewohner dagegen ist das Brennen des Berges unerklärlich und wird als »Wunder« betrachtet. Zur plötzlichen Unruhe der Menschen im Dorf kommt die Verstörtheit der Haustiere dazu:

> »›O, Schande!‹ rief das junge Mädchen. ›O die Schande, dass ich mich mit Dir verlobt, aber ich sage Dir, eher soll der Bucegi brennen, ehe ich Dein Weib werde!‹
> ›Und ich sage Dir‹, rief Tannas, ›Du sollst mich nicht wiedersehen, bis ich ein Krüppel bin oder todt!‹
> In diesem Augenblicke standen sich die beiden jungen Leute mit so funkelnden Blicken gegenüber, dass ihre Augen im Dunkel leuchteten.
> Da verbreitete sich ein rother Schein in der Höhe und wie sie aufsahen, schien eine Felsenspitze des Bucegi zu glühen. Immer heller ward die Gluth, bis eine rothe Flamme Sterne zu sprühen schien. Die beiden Liebenden standen wie versteinert. Da gingen in den Nachbarshäusern die Fenster auf; die Leute riefen einander zu, es sei Waldbrand, nein, der Berg brenne. Hunde wurden laut. Die Hähne krähten.
> Da fasste Pauna den jungen Mann bei den Schultern und ihn weit von sich stoßend, rief sie: ›Fort von hier, verbirg Dein Gesicht! sonst sterbe ich vor Scham!‹ Dann schlug sie die Thüre zu und löschte ihr Licht. Mit hochklopfendem Herzen sah sie Tannas nach, wie er im Schatten der Häuser davonschlich, sah den Berg

glimmen und dann langsam dunkel werden und gab keine Antwort, als man sie rief, das Wunder zu sehen.«[10]

Das Wundergeschehen bringt die Handlung zu einem dramatischen Höhepunkt, und die Spannung wird erhalten durch die realistische Darstellung des Schlachtfeldes bis hin zu dem Schauerbild der Leichen plündernden Frauen. Auch im konfliktlösenden Moment der Handlung, wenn Pauna den verwundeten Tannas findet, wird das extrem Realistische nicht verharmlost, sondern hervorgehoben:

»[...] lag ein Toter halb entkleidet da, hatte aber mit der Hand, an der ein kleiner Ring schimmerte, etwas, das er um den Hals trug, so fest ergriffen, dass man offenbar darauf verzichtet, ihm die Finger zu öffnen.
Pauna erkannte ihren Ring und mit dem Aufschrei: ›Tanasse!‹ sank sie neben der Leiche hin, deren Gesicht mit Blut überströmt, kaum zu erkennen war. Nach wenigen Augenblicken kam Pauna wieder zu sich und begann, das geliebte Gesicht zu waschen; sie sah, mit herabströmenden Thränen, dass beide Augen, sammt der Nase von einem Hiebe durchschnitten waren, sah aber auch, dass das Blut wieder hervorquoll. Nun war sie sicher, ihr Geliebter sei nicht tot, und eilte, seine Lippen zu benetzten und seine Wunde mit ihrem Tuche zu verbinden.«[11]

Das unterschiedliche Auffassen des Wundergeschehens (das Brennen des Berges) von den Hauptgestalten einerseits und den Dorfbewohnern andererseits wiederholt sich auch bei der Hochzeit Paunas mit Tannas am Ende des Märchens. Während Pauna in ihrem Stolz nur die glückliche Seite ihrer Situation zu sehen zugibt und dieses geradezu ins Extreme führt, sind sowohl Tannas wie die Dorfbewohner die realistischen Gegenpole der Heldin:

»›Hier ist mein Bräutigam! er ist ein Held! seht das Zeichen auf seiner Brust!‹
›Und in seinem Gesicht!‹ fügte Tannas seufzend hinzu.
Noch nie war eine so große Hochzeit gewesen; von fern und nah strömten die Leute herbei, um die schöne Pauna zu bedauern, an der Seite des Blinden. Sie aber lächelte allen zu und sagte: ›Ich bin stolz! ich habe einen Helden zum Mann! und Gottlob, dass ich stark bin, ich kann für uns Beide schaffen!‹«[12]

In *Piatra Arsa/Verbrannter Stein* wird durch den Stolz der Heldin die tabuähnliche Einstellung der Gesellschaft zum Desertieren und zur Verkrüppelung beziehungsweise zur körperlichen Behinderung problematisiert. Eine

[10] Carmen Sylva: Pelesch-Märchen, 1883, S. 50.
[11] Ebd., S. 54.
[12] Ebd., S. 55.

ähnliche Behandlung des Motivs des Desertierens ist besonders in einer rumänischen historischen Sage[13], die vor allem durch die literarische Verarbeitung von Dimitrie Bolintineanu (1819-1872) in der rumänischen Literatur sehr bekannt wurde, zu erkennen: *Muma lui Stefan cel Mare* (Die Mutter Stefans des Großen)[14]. Hier wird der Sagenheld, Fürst Stefan (genannt »der Große«, 15. Jahrhundert), von seiner Mutter – die ihn als Sohn nicht erkennen will, sondern meint, ihr richtiger Sohn würde eher sterben als desertieren – in den Kampf zurückgeschickt, und besiegt letztlich die angreifenden Feinde. Carmen Sylva übersetzte Bolintineanus Version der Sage 1881 ins Deutsche[15], somit sind Bezüge zur historischen Sage – da sich Carmen Sylva ab 1876 mit den alten rumänischen Chroniken und Sagen beschäftigte[16] – und zu Bolintineanus Version der Sage sehr wahrscheinlich. Doch spielen in dem *Pelesch-Märchen* auch persönliche Erlebnisse der Autorin, wie die Kriegsberichte während des Unabhängigkeitskrieges Rumäniens gegen das Osmanische Reich (1877-1878), sowie ihre pazifistische Gesinnung[17] eine bedeutende Rolle. Genauso wie in manchen ihrer Gedichte[18], in denen sie die negativen Folgen des Krieges zum Ausdruck bringt, zeigt auch dieses *Pelesch-Märchen* eine pazifistische Tendenz. Darüber hinaus wird thematisiert, wie die Menschen den Folgen der Kriegspflicht gegenüber eingestellt sind. Begriffe wie »Vaterlandsliebe«, »Pflicht« und »Treue zum Land« werden zwar nicht häufig genannt, doch steht der Stolz der Heldin stellvertretend für diese. Dagegen wird das Thema Verkrüppelung beziehungsweise Behin-

---

[13] Die Sage wurde erstmals von dem Chronist Ion Neculce (17. Jahrhundert) in *O samă de cuvinte* (»Eine Menge Worte«) aufgezeichnet. (Vgl. Ion Neculce: *Letopisețul Țării Moldovei și O samă de cuvinte*, (hrsg. von Iorgu Iordan), București: Editura de Stat pentru Literatură și Artă, 1955, S. 107).

[14] Vgl. Dimitrie Bolintineanu: *Legende istorice*, București: Ion Creangă, 1989, S. 3-4.

[15] Vgl. *Rumänische Dichtungen*. Deutsch von Carmen Sylva. Mit Beiträgen von Mite Kremnitz, Bonn: Strauß, 3. Auflage, 1889, S. 231f. (1. Auflage: 1881).

[16] Vgl. Hildegard E. Schmidt: *Elisabeth, Königin von Rumänien, Prinzessin zu Wied, »Carmen Sylva«. Ihr Beitrag zur rumänischen Musikkultur* [...], 1991, S. 478.

[17] Erst um die Jahrhundertwende bekannte sich Carmen Sylva in der Öffentlichkeit zur Friedensbewegung. Sie stand in brieflichem Kontakt mit Bertha von Suttner, auf deren Initiative auch der Friedensnobelpreis gestiftet wurde (den sie selbst 1905 bekam, für ihren 1889 veröffentlichten Roman *Die Waffen nieder*). Vgl. Brigitte Hamann: *Bertha von Suttner*, 1986, S. 254, 401.

[18] Zum Beispiel: *Ein Kriegsbild* und *Der Krieg*. In: Carmen Sylva, *Meine Ruh'*, Berlin: Duncker, 1901, S. 76f.; 115f.

derung explizit ausgedrückt: Der direkt davon Betroffene (Tannas) bezeichnet sich als »Nichts mehr auf der Welt«[19], und die Hochzeitsgäste »bedauern« die Braut des Behinderten. Der Kriegsorden des Behinderten interessiert die Gesellschaft nicht mehr sonderlich, sobald der Krieg vorbei ist. Der Stolz der Heldin und das Bedauern der Menschen sind hier antithetische Mittel, um die Frage nach Akzeptanz behinderter Menschen zu stellen. Sie verdeutlichen die komplizierte Situation des Behinderten in der Gesellschaft.

5.2. Liebesromanze mit sagenhaftem Ausgang (Die Jipi)

In *Die Jipi* stellt das Wundergeschehen die Lösung des Handlungskonflikts dar. Hier hat das Wunderbare einen sagenhaften Charakter, und die Erzählung ist in der Behandlung des Stoffes den Riesensagen verwandt[20]: Durch die Verwandlung der Protagonisten werden Gebilde in der Natur (die zwei Jipi-Berge, die halb von Moos bedeckt sind, und der Wasserfall »Urlatoarea«) erklärt. Die ausführliche Darstellung der Umstände, die zum Konflikt (die Liebeserklärungen der Zwillingsbrüder an Rolanda) führen, nimmt in der Handlung großen Raum ein. Nicht der Druck auf die Heldin in der Liebesentscheidung und das Lösen des Konflikts stehen im Mittelpunkt der Handlung, sondern der Weg bis zu der Konfliktsituation: Die Veränderung der Gefühle des jungen Mädchens mit dem Erwachsenwerden sowie die Veränderung der Zwillingsbrüder (Andrei und Mirea) durch die Liebe zu demselben Mädchen. Die »wilde« und stets fröhliche Rolanda ändert sich in ein stilles, in sich gekehrtes Mädchen, sobald sie sich in die beiden Zwillingsbrüder gleichzeitig verliebt. Da es ihr nicht möglich ist, die Zwillinge voneinander zu unterscheiden, kann sie sich auch für keinen der Brüder allein entscheiden. Die bisher unzertrennlichen Zwillingsbrüder, die durch ihre Liebe zu demselben Mädchen plötzlich zu Rivalen werden, gehen jetzt getrennte Wege:

> »Es war eine merkwürdige Wandlung in dem Benehmen der Brüder, seit der Stunde, dass Rolanda bei ihnen war. Sie hatten sie als ihre kleine Schwester begrüßt, worauf das junge Mädchen plötzlich schüchtern und befangen ward. Sie gingen viel mehr hinaus, als früher, aber nicht mehr miteinander, sondern auf getrennten Wegen und Rolanda blieb viel bei der Mutter, war zersteut und träumerisch und weinte heimliche Thränen. Wenn sie sich unbemerkt glaubte, sah sie oft von einem Bruder zum andern und wieder zurück, als wolle sie etwas entdecken, das ihr dun-

19 Carmen Sylva: *Pelesch-Märchen*, 1883, S. 54.

20 Zu Riesensagen, vgl. Lutz Röhrich: *Sage*, Stuttgart: Metzler und Poeschel, 1966, S. 31.

kel geblieben. Noch jetzt verwechselte sie die Beiden oft, dann lachte sie aber nicht, sondern blickte ängstlich zur Mutter hinüber.«[21]

Das Liebesbekenntnis der Brüder an Rolanda wird in einem einzigen Satz – fast wie nebenbei – erwähnt, dagegen wird der innere Kampf der Heldin zur Bewältigung ihrer bedrückenden Situation ausführlicher beschrieben:

»Rolanda war in der letzten Zeit in unbeschreiblicher Aufregung; denn an dem nämlichen Tage hatten Mirea und Andrei, ohne voneinander zu wissen, Jeder ihr seine Liebe gestanden und das arme Mädchen erforschte vergebens ihr Herz; sie hatte eben Beide lieb, viel zu lieb, um Einen unglücklich zu machen, konnte sie auch in ihrem Herzen nicht voneinander trennen, so wenig wie mit den Augen. Sie wollte Frau Roxana nichts sagen, um ihr nicht wehe zu thun, und sah, wie die Brüder sich nicht mehr mochten und sogar scharfe Worte wechselten, was sonst nie geschehen.«[22]

Die schlimme Vorahnung der Mutter der Zwillingsbrüder (Frau Roxana), die schon bei der ersten Begegnung mit dem fremden Mädchen Rolanda auftritt, die aber noch unerklärlich erscheint, deutet von Anfang an auf das tragische Ende des Märchens und wird im Handlungsablauf wie ein Leitmotiv benutzt:

»Frau Roxana betrachtete das junge Mädchen mit großer Bangigkeit; sie hätte sie am liebsten wieder so schnell als möglich fortgeschickt [...].« [23]

»Es lag ihr die Sorge auf dem Herzen, sie wußte nicht weshalb und hätte gern die Söhne zu sich zurückgerufen.«[24]

»Wieder zog Frau Roxanas Herz sich ängstlich zusammen und doch hatte sie das wilde Kind unendlich lieb gewonnen.«[25]

»Frau Roxana sah mit Betrübnis, wie eine düstere Wolke über ihrem Hause sich zusammenzog [...].«[26]

»[Frau Roxana] hoffte, durch die mühsame Wallfahrt den Himmel günstig zu machen, dass nicht ein großes Unglück über sie hereinbreche.«[27]

---

21 Carmen Sylva: *Pelesch-Märchen*, 1883, S. 71f.
22 Ebd., S. 72f.
23 Ebd., S. 65.
24 Ebd., S. 68.
25 Ebd., S. 70.
26 Ebd., S. 72.
27 Ebd., S. 72.

Die Liebe zu demselben Mädchen bringt eine Veränderung des Verhältnisses der Zwillingsbrüder zueinander. Trotzdem bleibt die Betonung der Gleichheit der Brüder bestehen. Sie sind sich in ihren Reaktionen immer einander ähnlich, sie tun immer das Gleiche. Ihre Wege verlaufen parallel zueinander: Anfangs halten sie in allem zusammen und teilen alles miteinander, dann verlieben sie sich gleichzeitig in dasselbe Mädchen und sie werden einander feindlich gesinnt. Sie beten beide unabhängig voneinander zu Gott, er möge sie, falls sie Roxana nicht erwählt, zu Stein werden lassen, damit sie den Schmerz nicht mehr erleiden müssten. Und beide erleiden am Ende dieselbe Verwandlung zu Stein. Im Falle Rolandas zeigt ihre »Lösung« des Konflikts, dass sie dasselbe freiheitsliebende und unbezwingbare Mädchen wie zu Anfang des Märchens geblieben ist:

> »Die beiden jungen Leute sahen aus, als gingen sie in den Tod, nur Rolanda trat freudestrahlenden Antlitzes herein. Es war eine Verklärung über sie ausgegossen, die sie überirdisch schön machte; sie erschien einen Kopf größer und sprach mit sanftem Wohlklang. ›Tretet mit mir hinaus, meine Einzigen Theuern; unter Gottes Himmel soll die Entscheidung fallen! [...] Ich habe Euch Beide so lieb, so unendlich lieb, mehr als mich selber, mehr als mein Leben, darum kann ich mich Keinem geben, aber wer mich aus dem Abgrund holt, deß Weib will ich sein!‹«[28]

Das Gottesurteil, dem sich die drei unglücklich Verliebten unterstellen, verwandelt diese in das, wofür sie sinnbildlich stehen: Rolanda (sinnbildlich für Freiheit und Unbezwingbarkeit) in einen Wasserfall und die Brüder (beide gefangen in der eigenen Angst vor dem Schmerz des Nicht-Erwähltseins) in Felsen:

> »Noch ehe Einer die Hand ausgestreckt, flog sie wie ein Vogel über den Felsenrand, in die unermeßliche Tiefe. Aber – o Wunder! – im Stürzen verwandelte sie sich in einen schäumenden Wasserfall, in der Luft zerstäubend, wie ein bräutlicher Schleier. Die beiden Brüder wollten ihr nachstürzen, konnten aber nicht; denn ihre Füße wurden Felsen, ihre Arme Felsen, ihre Herzen Stein und so ragten sie zum Himmel empor.«[29]

Frau Roxana, in ihrer Rolle als Beschützerin der jungen Menschen, nimmt auch nach ihrer Verwandlung (die als Reaktion auf die Versteinerung ihrer Söhne ausgelöst wird) eine schützende Stellung ein:

---

[28] Ebd., S. 74.
[29] Ebd., S. 75.

»Und mit ausgebreiteten Armen fiel sie [Frau Roxana] zur Erde, ihre Kinder umklammernd. Und siehe, wo sie lag, verwandelte sie sich in dichtes, weiches Moos, das sich weiter und weiter ausbreitete und die Felsen zur Hälfte einhüllte.«[30]

Am Schluss des Märchens werden die Zwillingsbrüder als »opferfreudig« bezeichnet:

»So stehen sie noch und werden immer so stehen, die wilde bräutlich weiße Urlatoare, die opferfreudigen Söhne, die Jipi, und deren treue, zärtliche Mutter.«[31]

Doch ist diese Bezeichnung paradox, denn im Verlauf der Handlung werden sie aufgrund der Liebe zu demselben Mädchen entzweit. Auch die Bitte an Gott, die sie unabhängig voneinander stellen, beweist keine Bereitschaft zum Opfer, sondern vielmehr ihre Schwäche, ihre Angst vor dem Schmerz des Abgewiesen-Werdens. Abgesehen von diesem Aspekt wirkt der Ausgang des Märchens nur in Bezug auf die Brüder und deren Mutter tragisch. Die Verwandlung Rolandas entspricht ihrer Darstellung als wildes, freiheitsliebendes Wesen. So gesehen ist es allein Rolanda, die zum Sinnbild der Opferbereitschaft wird: Denn nur aus der Freiheit kann auch die Bereitschaft, etwas zu opfern, entspringen.

5.3. Vom Streben des Menschen (Omul/Der Mann)

In dem Märchen *Omul/Der Mann* sind Eigenarten der Legende mit denen des Märchens verschmolzen: Die Darstellung und Funktion des Wunders tendiert zur Legende, aber manche Motive sowie die Anfangs- und Schlussformeln zeigen eine Orientierung nach dem Muster des Volksmärchens.[32] Das einzig Wunderbare ist hier das Wirken des alten Klausners: er löst die Visonen des Helden aus und steht in einer telepathischen Verbindung zu ihm, die im nächsten Augenblick sogar eine reale körperliche Begegnung der beiden herbeirufen kann. Nicht das Wunder allein steht im Mittelpunkt der Handlung: Hier ist die magische Beziehung zwischen dem Helden Emanuel und dem alten Klausner allein abhängig von den Tugenden Emanuels. Diese direkte Beziehung zwischen Wunder und Tugend wird in diesem *Pelesch-Märchen*

[30] Ebd., S. 75f.

[31] Ebd., S. 76.

[32] Zur Mischformbildung (Legendenmärchen), vgl. Karlinger/ Mykytiuk (Hrsg.): *Legendenmärchen aus Europa*, Köln: Diederichs, 1967, S. 285.

erklärt und bekommt einen Sinn, im Gegensatz zum Wundermotiv der Sage, das unerklärlich und nur teilweise bewältigt dargestellt wird.

Die Konzentration der Handlung auf die Entwicklung des Helden, die mit dem Wunder funktional verbunden ist, richtet sich auf die moralisierende Folgerung. Über diese Nähe des Märchens *Omul/Der Mann* zur Legende[33] hinaus gehen zahlreiche Motive und formale Merkmale auf das Zaubermärchen zurück: die Anfangs- und Schlussformeln; der Held als ein Kaisersohn, dessen Weg über zahlreiche Prüfungen führt; das Motiv des wunderbaren Geschenkes der alten Frau als Dank für die geleistete Hilfe; das glückliche Ende verdeutlicht durch die glückliche Hochzeit und die (Wieder-)Erlangung der Kaiserposition des Helden. *Omul/Der Mann* ist somit eine Mischform zwischen Legende beziehungsweise Erbauungsgeschichte und Märchen.

Im Zentrum des Geschehens steht die charakterliche Entwicklung des Helden. Dabei wird auf eine Beschreibung seines Aussehens gänzlich verzichtet und nur die emotionale Ebene des Helden Emanuel thematisiert. Emanuel ist ein Jüngling, »der vor Thatendurst brannte«[34], der aber trotz seines innigen Wunsches, gut zu sein, in seiner Ichbezogenheit gefangen bleibt. Die verstorbene Mutter ist ihm zwar ein Vorbild der Güte, doch meint er, sein Schmerz sei größer als der aller Menschen. Der alte, in der Einsamkeit des Berges lebende Klausner, der nach dem Tod der Mutter Emanuels (eine wegen ihrer Heilkraft vom Kaiserhof verbannte Kaiserin) die Erzieherrolle übernimmt, stellt den Schmerz des jungen Emanuel von Anfang an in Frage und bringt ihm mittels magischer Visionskunst wirkliches Leiden vor Augen:

> »›O Kind! Kind! Du stehst in deiner ersten Leidensprobe und glaubst, Nichts käme Deinen Schmerzen gleich; Du denkst in dieser Stunde nur an Dich; das hat sie [die Mutter Emanuels] nie gethan!‹
> ›An wen soll ich denken? Ich habe Niemand mehr!‹
> ›An wen?‹
> Der Klausner deutete zu Thal; und plötzlich zogen Bilder vorüber von allen Leiden und Schmerzen, die die Erde birgt, Lahme, Blinde, Krüppel, Arme, Gefangene, Nothleidende, Kranke, weinende Frauen und Kinder. Tag und Nacht dauerte der Zug; dreimal ging die Sonne auf und unter und dreimal der Mond, und noch wan-

---

33 Zur Legende, vgl. Hermann Bausinger: *Formen der »Volkspoesie«*, Berlin: Schmidt, 1980, S. 196f.; Max Lüthi: *Märchen*, 1990, S. 10. Zur didaktischen Funktion der Legende, vgl. Felix Karlinger: *Rumänische Legenden aus der mündlichen Tradition*, Salzburg, 1990, S. 19f.

34 Carmen Sylva: *Pelesch-Märchen*, 1883, S. 103.

delten die bleichen Gestalten vorüber. Emanuel starrte und sprach kein Wort. Da legte der Klausner die Hand auf des Jünglings müde Augen, dass sie zufielen.«[35]

Die Gestalt des alten, asketischen Klausners wirkt stellvertretend für das moralische Gewissen des Helden, der in seiner Egozentrik selbst zu stark verankert ist. Der Klausner ist nicht nur ein Einzelgänger, der »sich für todt ausgegeben und in den Klüften des Bucegi verborgen hatte«[36], er wirkt durch seine mystische Art und seine visionäre und telepathische Kraft schon wie ein Jenseitiger. Seine Funktion im Märchen ist nicht, Emanuel durch Worte zu belehren, sondern er ist der Antrieb für das Handeln des Helden. Das Bild der verstorbenen Mutter dient dabei als magische Verbindung zwischen den beiden, Raum und Zeit überbrückend:

»Jetzt geh und diene, Niemand wird Dich erkennen, und wenn Du mich brauchst, so lege Dich nur mit dem Gedanken an Deine Mutter nieder, sofort wirst Du bei mir sein. Aber hüte Dich, nichts Böses zu thun; in dem Augenblicke wird das Bild deiner Mutter verschwinden, und Du kannst den Weg zu mir nicht mehr finden.«[37]

Der anfangs tatendurstige Jüngling vergisst aber bald seine Aufgabe (dem Guten zu dienen), denn mit den ersten Andeutungen seiner Verliebtheit ist auch sein Wunsch zum Dienen verflogen, und nur die Ermahnung des Klausners bringt ihn wieder zurück auf den richtigen Weg:

»Du hast noch Nichts gethan, mein Knabe, Du verdienst noch keine Ruhe.«[38]

Wieder unter Menschen aber erweist sich Emanuel erneut außergewöhnlich hilfsbereit und tatkräftig und gewinnt das Vertrauen und die Liebe der Menschen. Nur durch seinen ehemaligen Diener, der ihn jedoch nicht wiedererkennt, wird Emanuel für sein Dienen Undank zuteil, worauf er von seinem Dienstplatz flieht. Diese erste schlechte Erfahrung bringt ihn gleich zur Verzweiflung, und er ist versucht aufzugeben:

»›Nun weiß ich, wie Undank thut!‹ stöhnte er und preßte die Faust gegen die Zähne, dass ihm das Blut aus dem Lippen sprang. ›O Mutter! Mutter! ich kann alles ertragen, nur Schande nicht!‹«[39]

---

[35] Ebd., S. 107f.
[36] Ebd., S. 108.
[37] Ebd., S. 108.
[38] Ebd., S. 114.
[39] Ebd., S. 122.

Der Klausner aber stellt ihm weiter neue Aufgaben und erprobt seine Standhaftigkeit. Als ihm das Mädchen Rada – das Emanuel von dem sterbenden Vater Radas anvertraut wurde und stellvertretend für ihn vom Klausner erzogen wird – als zukünftiger Lohn für sein Dienen in der Welt versprochen wird, beneidet er das Mädchen um ihr geistiges Wissen und beklagt sich, keine Zeit zum Lernen zu finden:

»Da wurde Emanuel von Neuem traurig: ›Ich werde täglich unwissender!‹ sagte er, ›ich habe keine Zeit zu lernen, ich werde deiner unwürdig, Rada!‹
›Suche Dir eine andere Arbeit‹, sprach der Klausner, ›und was Du verdienst, verwende um zu lernen.‹
›Und die Armen?‹ fragte Emanuel.
›Es giebt auch andere Arten, wohlzuthun; es giebt auch geistige Almosen.‹«[40]

Trotz der Ermunterung des Klausners vergisst Emanuel bald seine Aufgabe, als er Rada wiedersieht und sich in sie verliebt. Jetzt beklagt er die Strenge des Klausners und fühlt sich als Opfer:

»Emanuel sah mit traurigen Augen in die Ferne. Diesmal war ihm das Herz so schwer. Wie ein Magnet hielt ihn Rada, und die letzten Erfahrungen waren sehr bitter.
Der Klausner schien sein Zögern nicht zu bemerken und trieb kurz und streng zum Abmarsch. Emanuel fand ihn hart geworden und meinte, die ganze Welt sei so verändert!
Viel langsamer als sonst schritt er hinab. Wohl zehnmal blickte er zurück; da stand Rada in der rothen Sonnengluth und winkte ihm und er drückte die Hand auf's Herz, in dem er plötzlich einen Schmerz fühlte, den er noch nie gekannt.
Warum hatte ihn der Klausner in die Nacht hinausgeschickt? Warum durfte er nicht den neuen Tag erwarten? Warum sollte er mühsam das Wissen erwerben, das ihn erst der herrlichen Jungfrau gleich stellen würde? – Der Klausner war ganz unbegreiflich hart. So dachte Emanuel, legte sich unter einen Felsen und schlief ein.«[41]

Als er sich dann aber entschließt, Arzt zu werden und wieder der Menscheit zu dienen, treten seine Tugenden wieder zum Vorschein:

»Der Apotheker lächelte; aber er lächelte nicht lange denn der junge Mensch [Emanuel], der sich diesmal Manea nannte, zeigte eine große Fassungsgabe und einen wahren Riesenfleiß.«[42]

---

40 Ebd., S. 124.
41 Ebd., S. 124.
42 Ebd., S. 125.

Die erste Nachricht über seinen Vater, den Kaiser, dem Emanuel als Knabe entflohen war, versetzt ihn in Selbstmitleid sowie in Ärger und Neid auf seinen gerade geborenen Halbbruder. Obwohl seine Reaktionen nicht zu rechtfertigen sind, denn er hatte sich an seinen Vater nie mehr erinnern wollen, ist er in seiner Eitelkeit verletzt und sein Arbeitseifer gleicht einer Therapie, um seinen Ärger zu verarbeiten. Erneut verlässt er den Pfad des Dienens, was bei der Beschreibung seiner Reaktionen mit Ironie unterstrichen wird:

> »Emanuel lächelte wehmüthig: ›Nach mir fragt Niemand mehr!‹ sagte er und arbeitete die Nacht durch.
> ›Ein guter Arzt ist auch etwas werth; mein Bruder soll nur Kaiser sein!‹«[43]

Diese Feststellung lässt seinen Ehrgeiz aufkommen, und sein Verhalten wird bewusst egoistisch:

> »[...] zum ersten Mal dachte er nicht daran, nur Anderen zu dienen, sondern er wollte selbst etwas sein, aus eigener Kraft.«[44]

Auch dieses Mal ist seine Laufbahn außergewöhnlich erfolgreich: Er wird der berühmteste Arzt im Kaiserreich und rettet sogar seinen kranken Halbbruder vor dem Tod. Im Rausch des Erfolgs ist Emanuel überzeugt, dass er endlich seinen Lohn, Rada, verdient habe. Er wird aber von dem Klausner erneut auf die Probe gestellt. Die Nachricht, dass Rada einen anderen Mann heiraten werde, bringen Groll und Wut Emanuels gegen den Klausner zum Höhepunkt:

> »Emanuel schoß das Blut in die Augen, so dass er Blitze flammen sah: ›Ist das Deine väterliche Sorge?‹ rief er, ›heute wollte ich sie aus Deiner Hand empfangen – o Du hast mich unendlich auf die Probe gestellt! und es war Alles nicht wahr! O, ich könnte wahnsinnig werden!‹
> Er schüttelte den alten Mann und stieß ihn von sich. Der taumelte und schlug sich mit dem Kopf auf eine scharfe Kante, so dass augenblicklich das Blut hervorströmte.«[45]

Nach dem Mord an dem Klausner flieht Emanuel in die Einsamkeit der Berge und lernt erst jetzt, selbstlos zu handeln. Aber auch hier lenkt er bald die

---

[43] Ebd., S. 126.
[44] Ebd., S. 126.
[45] Ebd., S. 129.

Aufmerksamkeit der Menschen auf sich und wird als »Wunderheiler« weit bekannt:

> »Aber nicht lange dauerte es, da wurde er bekannt, weil er es nicht hatte lassen können, den Hirten die kranken Schafe zu heilen. Bald kamen auch Menschen und hielten ihn für wunderthätig. Sie nannten ihn nur: *den Mann*, und sobald Einer krank oder unglücklich war, suchte er den Mann auf.«[46]

Der glückliche Ausgang des Märchens entspricht dem bisherigen außergewöhnlichen weltlichen Erfolg Emanuels: Nach dem Tod seines Halbbruders und seines Vaters wird er zum neuen Kaiser ernannt; genauso wird ihm seine Mordtat an dem Klausner mittels Rada verziehen, der der verstorbene Klausner im Traum erschienen war; darüber hinaus wird Emanuel von der Menschenmenge für seine ehemaligen Wohltaten umjubelt. Mit der Integration des Todes in die Geschichte und der Erwähnung der weiter währenden Reue des Helden wird (trotz seines außergewöhnlichen Erfolgs in der Welt und des »märchenhaft-glücklichen« Ausgangs) die Zugehörigkeit des allzumenschlich dargestellten Heldes in der Realität betont:

> »Rada lebte gut und schön an seiner [Emanuels] Seite und küßte ihm die Falte von der Stirn, wenn er an die schlimmste Stunde seines Lebens dachte. Sie hatten viele schöne Kinder, deren Kinder schon nicht mehr leben; der Berg aber heißt noch heute Omul, der Mann.«[47]

Durch den Klausner werden in diesem Märchen die Standhaftigkeit und die Willensstärke des Helden immer wieder auf die Probe gestellt und dadurch seine Schwächen betont. Was das »gut sein« wirklich ist, wird vom Klausner nicht erklärt, sondern als bekannt vorausgesetzt. Was der Held lernen soll – und zwar selbständig – ist, »gut zu sein«, trotz aller eventuellen negativen Folgen wie Undank, Schande und Verlust. In anderen Worten: Seine »gute« Tat soll nicht von ichbezogenem Denken ausgehen und somit auch von keinen äußeren Reaktionen abhängig sein. Das wiederholte Scheitern des Helden wird von diesem aber nicht als solches erkannt, sondern er glaubt sich vom Klausner betrogen. Erst mit dem Verlust von allem ihm Bedeutenden (Klausner und Rada) wird ihm alles Weltliche – durch seine ehemalige

---

[46] Ebd., S. 130.
[47] Ebd., S. 133.

Ichbezogenheit verdeutlicht – unbedeutend und erst jetzt kann er wirklich selbstlos handeln, also »gut sein«.

Verallgemeinernd für diese drei *Pelesch-Märchen* ist zu bemerken, dass trotz der realistischen Dimension des Erzählten die Erfassung des Wunderbaren, Außergewöhnlichen oder Übernatürlichen durch die Helden nicht im Widerspruch zu ihrem Wirklichkeitsbewusstsein steht. Die Helden setzen sich nicht mit dem Wunderbaren, sondern mit einer Situation aus ihrer Wirklichkeit auseinander: dem Zwiespalt zwischen Pflicht und Neigung (*Piatra Arsa/Verbrannter Stein*), zwischen Opferbereitschaft und Angst vor dem Leid (*Die Jipi*), zwischen Selbstlosigkeit und Egozentrik (*Omul/Der Mann*). Das Wunderbare wirkt dabei nicht unerklärlich, sondern hat für die Hauptgestalten einen Sinn oder zumindest eine erklärbare Ursache: es wird von ihnen als ein drohendes Zeichen (so in *Piatra Arsa/Verbrannter Stein*), als eine Gabe, die von den Tugenden des Helden abhängig ist (so in *Omul/Der Mann*), aufgefasst oder es wird als ein Gottesurteil erlebt (so in *Die Jipi*). In allen Fällen verdeutlicht das Wunderbare die Art, wie sich die Helden in der Wirklichkeit bewähren, wie sie mit schwierigen Situationen fertig werden können.

6. Mythos und Geschichte

Während es in den bisher behandelten *Pelesch-Märchen* vor allem um den Bezug zur rumänischen Sage beziehungsweise zur Volksdichtung (die Ballade »Mioriţa«) ging, soll weiter die Beziehung zum Mythos und zur historischen Sage untersucht werden. Mythische Aspekte sind in den schon behandelten *Pelesch-Märchen* festgestellt worden. Wie schon erwähnt, kann in *Die Grotte der Jalomitza* eine Parallele zu dem Mythos des »Sburător«, der zu den vier wichtigen Mythen in der rumänischen Literatur gezählt wird [1], gezogen werden. In *Vârful cu Dor/Der Sehnsuchtsgipfel* werden Motive der Ballade »Mioriţa« (ein weiterer Grundmythos der rumänischen Literatur) behandelt. Weitere mythische Aspekte beziehungsweise mythologisierende Darstellungen finden sich in *Der Caraiman* und *Das Hirschtal*. In *Der Hundegipfel* werden Motive aus der christlichen Sphäre (Engel, Teufel) herangezogen und zu einem ätiologischen Märchen bearbeitet, das Züge des Schwankmärchens aufweist. Man kann hier nicht mehr von einer mythischen Dimension sprechen, obwohl die Motive der christlichen Mythologie entspringen.

Eine direkte Einbeziehung der Geschichte des rumänischen Volkes in die Märchen – die neben der Berufung auf die rumänische Volksliteratur als ein weiterer programmatischer Aspekt des Werkes intendiert war[2] – ist in einem einzigen *Pelesch-Märchen*, *Der Ceahlau*, zu finden.

Inwiefern die verwendeten mythischen Motive ihren mythischen Charakter beibehalten oder diese märchenhaft, schwankhaft beziehungsweise phantastisch werden, soll im Folgenden verdeutlicht werden.

---

1 Die vier Grundmythen der rumänischen Volksliteratur sind: Traian und Dochia (Gründung des rumänischen Volkes als Symbiose des dakischen und des römischen Volkes), Mioriţa (Stellung des Menschen im Universum, sein Tod als Verschmelzung mit der Natur/dem Kosmos), Meşterul Manole (Schöpfungskraft des Menschen, Opferbereitschaft zugunsten des Kunstwerks) und Sburătorul (die Sexualität). Vgl. Georg Călinescu: *Istoria literaturii române*, 1988, S. 60.

2 Vgl. Paul Lindenberg: *Carol, König von Rumänien*, Bd. 1, 1923, S. 522.

6.1. Die Kinder bekämpfen ihren Schöpfer (Der Caraiman)

Der Caraiman weist, wie bereits erwähnt, eine Parallele zum christlichen Schöpfungsmythos auf.[3] Man kann von einer Schöpfung »in Miniatur« sprechen, denn hier handelt es sich nicht um einen Gott, sondern um einen anthropomorphisierten Berg beziehungsweise einen riesigen Zauberer, nicht um die ganze Erde, sondern um sein Reich in den Karpaten und nicht um Erwachsene, sondern anfangs um Kinder. Das Geschehen wird in eine Vorzeit verlagert und die Beschreibung des Zauberers spiegelt eine Vermenschlichung des Berges wider. Das merkwürdige Aussehen des Berges Caraiman – von dem »es scheint, als hätte sich ein Stück abgelöst und wäre auf halbem Wege hängengeblieben«[4] – verleitet die Autorin zu einem Vergleich des hängenden Bergteils mit einem Dudelsack:

> »Vor ururalten Zeiten, als der Himmel viel näher bei der Erde war und mehr Wasser als Land, da hauste in den Karpathen ein gewaltiger Zauberer. Er war so groß wie der allergrößte Tannenbaum und trug einen Baum mit grünenden Aesten und Zweigen auf dem Kopfe; sein Bart, der viele Ellen maß, war von Moos, wie seine Augenbrauen, sein Gewand war Rinde, seine Stimme rollender Donner und unter dem Arm trug er einen Dudelsack, so groß wie ein Haus.«[5]

Der Zauberer des Märchens verdankt diesem Dudelsack seine schöpferische Kraft:

> »Mit seinem Dudelsack konnte er Alles erreichen, was er wollte: spielte er sanfte Weisen, so sproßte junges Grün rings um ihn her, so weit sein Auge reichte; blies er stärker, so konnte er lebende Wesen machen; wenn er aber furchtbar blies, so entstand ein Sturm, dass die Berge wankten, dass das Meer von den Felsen zurückwich und Land frei wurde.«[6]

Der Entschluss des Zauberers, sein Reich mit Kindern zu bevölkern, findet seine Begründung darin, dass Kinder im Gegensatz zu erwachsenen Menschen »lieb und gut«[7] sind. Die Lebensbedingungen der Kinder in Caraimans Reich sind von paradiesischer Harmonie gekennzeichnet: Die Kinder spielen den ganzen Tag, und nachts haben sie dank der Dudelsackmusik des Zaube-

3 Vgl. Kapitel 3.2.
4 Carmen Sylva: *Pelesch-Märchen*, 1883, S. 79.
5 Ebd., S. 79.
6 Ebd., S. 80.
7 Ebd., S. 80.

rers, die »süßesten Träume«[8]. Der Zauberer sorgt für seine Kinder und beschützt sie gegen jegliche Gefahr. Er schafft genug Schafe, um seine Kinder zu ernähren, und Hunde, die auf das Wohlergehen der Kinder aufpassen. Die Kinder sind somit wunschlos glücklich; sie kennen weder Krankheit noch Tod, aber vor allem noch nicht die Gier nach materiellen Dingen. So wie das erste Menschenpaar, Adam und Eva, die vor dem Sündenfall noch keine Erkenntnisfähigkeit (im Sinne von Unterscheiden zwischen »gut« und »böse«) besaßen[9], sind auch die Kinder des Caraiman in einem unwissenden, naiven Zustand. Die Darstellung von Caraimans »Kinderparadies«, dem sowohl Krankheit wie Tod fremd sind, veranlasst die Autorin gleichzeitig zu einer sozialen Kritik der wirklichen Welt, zur Darstellung des Unterschieds zwischen arm und reich, aber auch der Gier oder des Neids in der Menschenwelt:

> »Die Kinder waren so glücklich, als wären sie im Himmel; sie wünschten sich auch Nichts, da sie noch Nichts gesehen hatten; da gab es noch keine schönen und häßlichen Kleider, noch keine großen Paläste und ärmliche Hütten daneben, so dass die Einen gierig nach der Andern Habe geblickt. Krankheit und Tod gab es auch nicht beim Caraiman; die Wesen, die er machte, kamen alle so gesund zur Welt, wie aus dem Ei geschält, und zu sterben brauchte Keines, da soviel Platz war; All' das Land, von dem der Caraiman das Meer weggefegt, mußte ja bevölkert werden, und für Schafe und Kinder war Raum groß genug, noch in langer Zeit.«[10]

Einen Fehler hat das Erdenparadies Caraimans trotzdem: Die Kinder wachsen heran und ihre negativen Merkmale treten zum Vorschein. Die im obigen Zitat hervorgehobenen negativen sozialen Aspekte der Menschenwelt sind somit auch in Caraimans Kinderwelt anzutreffen. Es bedarf hier also keines Verbots – wie in dem Garten Eden des Alten Testaments[11] – um in dessen Überschreiten die Erklärung für den beginnenden Untergang des paradiesischen Reichs Caraimans zu finden. Der Grund der negativen Veränderungen in der Kinderwelt wird hier in dem Heranwachsen der Kinder zu Erwachsenen gesehen:

> »Doch begannen sie, da sie größer wurden, sich kleine Häuser in die Erde zu graben, und sie mit Moos zu bedecken und dann sagten sie auf einmal: Das ist mein! Sowie aber einer zum ersten Mal gesagt hatte: das ist mein! wollten die Andern

---

8 Ebd., S. 81.

9 Vgl. *Das Alte Testament*: I. Mose 3.

10 Carmen Sylva: *Pelesch-Märchen*, 1883, S. 82.

11 Vgl. *Das Alte Testament*: I. Mose 2, 17.

auch so sagen. Einige bauten sich ebensolche Häuschen; Andere fanden es aber viel bequemer, sich in die fertigen hineinzulegen und wenn dann die Eigenthümer schrien und sich beschwerten, lachten die unartigen kleinen Eroberer. Da begannen die Betrogenen, ihre kleinen Fäuste zu gebrauchen, und so entstand der erste Kampf; Einige liefen hin und beschwerten sich beim Caraiman, wofür dieser einen großen Donner blies, so dass sich alle entsetzlich fürchteten. So lernten sie zum ersten Mal die Furcht kennen [...].«[12]

Die Reaktionen des Zauberers Caraiman auf die Veränderungen in seinem Reich erinnern wiederum an biblische Motive: die Reue Gottes, die Menschen geschaffen zu haben, weil ihre Bosheit auf Erden wuchs[13]; der Gedanke Caraimans, die Kinder ins Meer zu werfen und andere zu erschaffen, erinnert an die Sintflut[14]. Aber im Gegensatz zum biblischen Gott vernichtet Caraiman seine Kinder nicht, sondern versucht mehrere Male und auf verschiedene Weise die Kinder zu versöhnen, beziehungsweise mögliche Gründe für ihre Streitigkeiten aus seinem Reich zu verbannen. Aber alle seine Versuche scheitern, denn die Kinder werden immer böser und listiger in ihren Versuchen, die Güter anderer zu entwenden, so dass sie sogar untereinander zu morden beginnen.

Obwohl es sich hier um eine Kinderwelt handelt, wirkt die Darstellung der Kinder wenig verniedlicht oder geschönt. Wörter wie »klein« und »die Kleinen« sind selten und drücken vielmehr den Größenunterschied beziehungsweise die emotionale Beziehung zwischen dem Zauberer und seinen Geschöpfen aus. Im Laufe ihrer Entwicklung zu erwachsenen Menschen werden sie weiterhin »Kinder« genannt, und erst mit der Bezeichnung »Menschen« bleiben die Wörter »klein« beziehungsweise »die Kleinen« ganz aus. Die anfangs enge Beziehung zwischen Caraiman und seinen Geschöpfen wird immer brüchiger und letztlich versuchen die Menschen sogar ihren Schöpfer zu bekämpfen und seinen Dudelsack – in dem die ganze Schöpfungskraft des Zauberers liegt und der somit zu einem Symbol der Macht des Zauberers wird – zu zerstören:

»Bald waren sie ganz so wie die andern Menschen in den andern Reichen, und der Caraiman ward immer finsterer und griesgrämiger, da Alles, was er hatte zum Guten wenden wolle, schlecht ausfiel.

---

[12] Carmen Sylva: *Pelesch-Märchen*, 1883, S. 83.

[13] Vgl. *Das Alte Testament*: I. Mose 6, 5-7.

[14] Vgl. ebd., I. Mose 6, 7.

Seine Geschöpfe hatten auch gar keine Liebe mehr und kein Vertrauen zu ihm und dachten nicht, dass sie selbst das Unheil verschuldet, sondern meinten, der Caraiman habe ihnen das Unglück gesandt, aus Uebermuth und Zeitvertreib. Den Dudelsack wollten sie gar nicht mehr hören, der sie früher immer erfreut hatte, mit seinem süßen Klang. [...] Die Menschen hatten nur einen Gedanken: wie sie den Dudelsack zur Ruhe brächten, für alle Zeit.«[15]

Durch die Darstellung der wachsenden Bosheit der Menschenkinder werden auch anthropologische Aspekte eingebracht und im Märchen gedeutet. So zum Beispiel wird die Wildheit der Kinder auf den Verzehr von Fleisch und Blut zurückgeführt[16], in anderen Worten wird Aggressivität als Folge des Fleischessens beziehungweise des Trinkens von Blut gedeutet:

»Statt der Milch kam aber Blut [aus den geschlachtenen Schafen], und wie die Kinder das getrunken, wurden sie sehr wild und begehrten immer mehr, töteten viele Schafe, raubten die ihrer Brüder, tranken Blut und aßen Fleisch.«[17]

Aber auch andere Aspekte aus der Entwicklung der Menschheit werden miteinbezogen: zum Beispiel die Anfänge der Jagd beziehungsweise der Domestikation mancher Tiere, wie auch das Einbrechen der Eiszeit und die Folgen für die Tierwelt:

»Die Kinder begannen, mit allen diesen Thieren in Kampf zu treten, wodurch sie selbst sehr groß und stark wurden. Viele Thiere machten sie sich dienstbar, von Andern wurden sie verfolgt und getötet [...].«[18]

»Dann wollten sie [die Menschen] alle die gewaltigen Thiere auf ihn [den Zauberer Caraiman] hetzen, die er geschaffen. Er aber ballte die Luft zusammen, da fiel ein endloser Schnee, der sie ganz einhüllte und bedeckte und zu Eis wurde, so dass nach Tausenden von Jahren die Thiere noch mit Fleisch und Fell im Eise saßen, als es ihresgleichen schon längst nicht mehr auf Erden gab.«[19]

Während die guten Absichten des Zauberers wiederholt keinen Erfolg haben, erreichen es dafür die Menschen, nach ebensovielen Versuchen, in den Dudelsack ihres Schöpfers ein Loch zu stechen. Damit aber verursachen sie den Untergang des Reiches Caraimans und somit ihrer selbst. Die Hoffnung auf eine neue Kinderwelt in dem ätiologischen Schluss des *Pelesch-*

---

[15] Carmen Sylva: *Pelesch-Märchen*, 1883, S. 85f.
[16] Vgl. ebd., S. 85.
[17] Ebd., S. 85.
[18] Ebd., S. 85.
[19] Ebd., S. 87.

Märchens ist paradox, da diese womöglich eine ähnliche Entwicklung wie die Kinderwelt Caraimans haben und letztlich auch den eigenen Untergang verursachen würde:

»Da gingen sie ganz leise hin und bohrten ein kleines Loch in den Dudelsack und siehe da, es entstand ein Sturm, dass man nicht mehr wußte, was Erde, Meer und Himmel war und dass von der ganzen Schöpfung des Caraiman kaum noch etwas übrig blieb. Der Riese aber erwachte gar nicht mehr; er schlummert noch heute, mit dem Dudelsack im Arm, der manchmal zu tönen beginnt, wenn der Sturm sich darin fängt und das Prahovatal hinabfährt. Wenn nur Einer den Dudelsack flicken könnte, so würde die Welt wieder den Kindern gehören.«[20]

Das Märchen *Der Caraiman* wird in dem Stil mythologischer Sagen erzählt, wobei Motive aus dem Alten Testament (Schöpfungsmotiv, negative Entwicklung der Schöpfung, Reue des Schöpfers, Vernichtungsgedanken des Schöpfers u. a.) auf ein Naturphänomen (der Berg Caraiman) übertragen werden und somit in die Deutung der merkwürdigen Gestalt des Berges eine mythische Dimension einbezogen wird.[21]

---

[20] Ebd., S. 88.

[21] In der Sagensammlung *Legende geografice româneşti* (hrsg. von Tony Brill, Bukarest, 1974) ist zu dem Berg Caraiman eine bis aufs Wörtliche gleiche Sagenversion von Carmen Sylvas *Pelesch-Märchen*, *Der Caraiman*, zu lesen. Der erste Abschnitt der Sage aus der Brill-Ausgabe ist mit dem des Pelesch-Märchens identisch. Als Quellenangabe wird der *Illustrierte Kalender der Stadt Sinaia* (*Calendarul ilustrat al orasului Sinaia*, S. 127) von 1905 – also noch zu Lebzeiten Carmen Sylvas (1843-1916) – angegeben. Leider war mir dieser Kalender nicht zugänglich, womit die Überprüfung, ob es sich in dem Kalender tatsächlich um Carmen Sylvas *Pelesch-Märchen* beziehungsweise um eine gekürzte Fassung desselben handelt, hier nicht möglich ist. Dennoch weisen der narrative Stil wie auch der Ablauf der Handlung der Sage in Brills Sagenanthologie auf Carmen Sylvas Märchen hin. Die zweite Möglichkeit – dass die Autorin in ihrem Pelesch-Märchen eine fast wörtliche Version eines schon vorhandenen Sagentextes übernommen hätte – ist meiner Meinung nach unwahrscheinlich, vor allem weil der narrative Stil und die Motivik der im Kalender aufgezeichneten Sage sich von anderen rumänischen Sagen der Volksliteratur (sowie den Mischformen von Sage und Märchen) stark unterscheidet. Merkwürdig ist jedenfalls, dass in der Sagensammlung des Tony Brill überhaupt keine Anmerkung zu Carmen Sylvas *Pelesch-Märchen* gemacht wird (vielleicht war bei Abdruck des Märchens in dem Kalender zu Lebzeiten der Königin ihre Urheberschaft auch ohne zusätzliche Anmerkung bekannt, oder aber die gekürzte Fassung ihres Märchens ist tatsächlich ohne Nennung ihres Namens veröffentlicht worden). Brills Sammlung (die nicht nur Volkssagen, sondern auch literarisch bearbeitete Sagentexte und ätiologische Märchen enthält) erschien in Rumäninen 1974, und falls ihm Carmen Sylvas Version bekannt gewesen sein sollte, war es ihm –

6.2. Eine »merkwürdige Sage«[22] (Das Hirschtal)

Ähnlich wie in *Der Caraiman* wird auch in *Das Hirschtal* eine Naturlandschaft beziehungsweise ihre Benennung ätiologisch gedeutet und mythisch dargestellt. Dieses *Pelesch-Märchen* wird in dem Stil mythologischer Sagen, die von einem Riesenvolk beziehungsweise einem phantastischen Volk handeln, erzählt. Diese Art von Sagen ist in der rumänischen Sagenliteratur weiter verbreitet als zum Beispiel Sagen von Zauberern oder Geistern[23]. Das Geschehen wird in eine Vorzeit verlegt:

> »Zwischen Caraiman und Omul liegt ein weites Thal im Halbkreise da, das Hirschtal (Valea Cerbului) genannt, obgleich es dort schon längst keine Hirsche mehr giebt. Aber etwas Anderers giebt es da; das ist unvergänglich: längst dem Berge und an denselben angelehnt sieht man eine ganze Reihe von Steinriesen, mit erkennbaren Gesichtern und Händen, etwa wie ägyptische Götterbilder. Von diesen erzählt man eine merkwürdige Sage: In diesen Bergen hauste früher ein Volk, das war gewaltig an Kraft, stolz und gefürchtet ringsum; denn was diese Männer unternahmen, das mußte gelingen. Sie lebten unter freiem Himmel, schliefen auf dem Schnee und badeten in den eiskalten Gebirgswassern, von ihrer Geburt an. Sie waren so groß, dass sie mit wenig Schritten die höchsten Berge besteigen konnten und wenn sie einem Baume einen Schlag versetzten, so blieb er krumm für alle Zeit.
> Sie tranken die Milch von geflügelten Hindinnen und ritten auf geflügelten Hirschen, deren Flügel aber nur ihren Lauf auf der Erde beschleunigten; denn in die Lüfte konnten sie sich mit ihrer Last nicht erheben.«[24]

Die Namen der Gestalten sind, wie schon in Kapitel 3.2. erwähnt, Windbezeichnungen: Briar (der Nordwind), Vijelia (Sturmwind), Viscol (Orkan), Zephyr (warmer, milder Westwind). Die Darstellung der Riesengestalten sowie die Proben, denen sich ein Thronfolger des Riesenvolkes unterziehen muss, sind phantastischer Natur und versinnbildlichen Kraft und Geschwindigkeit des Windes. So wird König Briar mit seinem Gefolge zum Beispiel mit einer Gewitterwolke verglichen:

---

wegen der politischen Zensur – wahrscheinlich nicht möglich, den Namen der ehemaligen Königin zu nennen (Vgl. Tony Brill: *Legende geografice româneşti*, Bucureşti: Editura pentru turism, 1974, S. 195).

[22] Carmen Sylva: *Pelesch-Märchen*, 1883, S. 137.

[23] Vgl. Tony Brill: *Legende populare românesti*, Bucureşti: Minerva, 1981, S. 18.

[24] Carmen Sylva: *Pelesch-Märchen*, 1883, S. 137f.

»Es sah so prachtvoll aus, wenn der alte Mann [König Briar] mit wehenden weißen Locken und Bart auf dem Flügelhirsch dahinjagte und seine Mannen hinterdrein, wie eine Gewitterwolke, unter deren Donner die Karpathen zitterten.«[25]

Ein auch in zahlreichen Volksmärchen anzutreffendes Motiv ist hier das Fehlen eines männlichen Thronfolgers und der Entschluss der Königstochter, die männliche Rolle zu übernehmen und die Tapferkeitsproben zu bestehen (AaTh 514)[26]. Die Darstellung Vijelias (des Sturmwindes) erinnert an die Walküren der germanischen Mythologie[27]. Ihre außergewöhnliche Kraft und Gewandtheit werden durch den Vergleich mit Elementen der Natur (Tanne) verdeutlicht:

»[...] eine holdselige Jungfrau, so hoch wie eine Tanne, so kühn wie ein Knabe und so stark, dass sie die wilden Flügelhirsche zu Dreien und Vieren am Halfter führen konnte, ohne nur einen Schritt breit zu weichen, wenn sie sich bäumten und am Zügel rissen.«[28]

An anderer Stelle wirkt der Auftritt Vijelias noch spektakulärer, und auch hier werden die extremen Dimensionen betont. Sie wird mit einem Orkan verglichen, und ihre Gestalt erreicht kosmische Maße, so dass sie die Sonne verdeckt:

»Der König Briar klatschte in die Hände. Da dröhnten die Karpathen von einem Ende zum andern. Und plötzlich erscholl Hufegetrappel und Flügelrauschen und wie ein Orkan brauste es heran.
Die Königstochter stand auf einem Hirsch und hielt deren Zehn an goldenen Ketten in einer Hand, während sie mit der andern eine Peitsche schwang, so lang wie die größte Schlange, so leuchtend wie der feurigste Blitz. Ihre Gestalt schien in den Himmel zu reichen und ihr Haar umflatterte sie wie eine dichte Wolke, die auf Augenblicke die Sonne verbarg. Statt der Sonne strahlten die Sterne in ihrem Gesicht und die Zähne, die ihr lachender Mund sehen ließ beim Jauchzen und Singen.«[29]

---

[25] Carmen Sylva: *Pelesch-Märchen*, 1883, S. 138.

[26] Vgl. Antti Aarne: *The Types of the Folk-Tale. A Classification and Biography*, translated and enlarged by Stith Thompson, Helsinki, 1928, (FFC Nr. 74): Nr. 514 (Geschlechtswechsel/The Shift of Sex). Im Folgenden werden die dort verwendeten Kürzel »AaTh« zusammen mit der Typennummer verwendet.

[27] Von diesen heißt es auch, sie »reiten durch die Luft«. Vgl. Jacob Grimm: *Deutsche Mythologie*, 1981, Bd. III, S. 120.

[28] Carmen Sylva: *Pelesch-Märchen*, 1883, S. 138.

[29] Ebd., S. 139f.

Der auf einer Wolke Harfe spielende Viscol (Orkan) ist einerseits ein Abbild des Apollon aus der griechischen Mythologie[30], andererseits ist seine Harfe aber kein Attribut für die Künste, so wie bei dem griechischen Gott, sondern sie steht für das Pfeifen beziehungsweise das Toben des Sturmwindes.

> »[Da] kam es wie eine riesige Wolke am Himmel daher und aus der Wolke klang ein überirdisches Harfenspiel. Langsam senkte sie sich und es erschien ein lockiger Jüngling, mit einer Harfe, so groß wie ein Baum, die mit goldenen Saiten bespannt war, in allen Farben schimmernd, wie Regenbogen. Bald griff er mit mächtiger Hand hinein, bald blies er nur über die Saiten weg und das gab solches Tönen, dass einem das Herz im Leibe zitterte. Vijelia sah regungslos zu ihm auf und schaute noch immer, als er mit kühnem Sprung die Erde erreichte und mit einem Stoß seiner Hand, die Wolke, die ihn gebracht, in blaue Fernen zurücksandte.«[31]

Im Gegensatz zu den oben genannten Gestalten ist Zephyr (der warme, milde Wind), der Sohn Vijelias mit Orkan, schwach und zart, so dass ihn sein Vater – der einmal von seinen Streifzügen durch die Welt bei seiner Gattin auftaucht – am liebsten sofort »an einem Felsbrocken zerschmettern«[32] will. Vijelia verteidigt ihr zartes Kind gegen Viscol, der auch sie schlecht behandelt und oft allein lässt, doch sie kann die Vorurteile ihres Volkes über die »Schwäche« Zephyrs nicht beseitigen, obwohl sie ihren Sohn mit hartem Training zu stärken versucht. Das Harfenspiel des Zephyrs unterstreicht in gleichem Maße seine Andersartigkeit gegenüber dem Riesenvolk:

> »Den Knaben hatten einige lieb seiner herrlichen Mutter wegen, Andere mochten ihn nicht, da er so unendlich fein und zart war. Nur sein Saitenspiel berauschte Alle und wenn er mit den seidigen, blonden Locken an der Harfe stand, sah er aus, als käme er aus einer andern Welt.«[33]

Die Befürchtung Vijelias, dass ihr Sohn die harten Proben der Königswahl (und zwar: einen Tag ohne Nahrung und Wasser auszuhalten; am zweiten Tag einen Steinhaufen auf dem Berg mit Steinen aus dem Tal machen; am dritten Tag die Steinigung durch die Untertanen ertragen) nicht bestehen werde, so wie sie es zu ihrer Zeit bestanden hatte, bewahrheitet sich. Der

---

30 Vgl. John Pinsent: *Griechische Mythologie*, Wiesbaden: Vollmer, 1969, S. 32; Richter/Ulrich: *Lexikon der Kunstmotive*, München: Orbis, 1993, S. 31.

31 Carmen Sylva: *Pelesch-Märchen*, 1883, S. 148.

32 Ebd., S. 151.

33 Ebd., S. 152.

Tod Zephyrs wird als Übergang der Seele in das schwingende Saiteninstrument beeindruckend ausdrucksvoll wiedergegeben:

> »Er schlug noch einmal die Augen auf: ›Meine Harfe, bringt mir die Harfe!‹ flüsterte er und sie mit den Armen umklammernd, hauchte er seine Seele in ihre Saiten aus, dass der himmlische Klang von Luftwelle zu Luftwelle weiterschwebte.«[34]

Die Verwünschung des Riesenvolks durch Vijelia führt zu dem ätiologischen Schluss, womit auch eine Erklärung für das Fehlen der Hirsche im »Hirschtal« des Bucegi-Gebirges gegeben wird:

> »Und siehe, vor ihren [Vijelias] Augen blieben die Leute im Halbkreis versteinert stehen. Sie aber seufzte so tief, dass ihre Seufzer ihr die Brust zersprengten und in tiefen Klagetönen der Welt erzählten von einer Mutter Schmerz, und an der Welt rüttelten, die so Uebles gethan!
> Die Hirsche aber hoben sich in die Luft und entschwanden für alle Zeit.«[35]

6.3. Wettstreit im Himmel (Der Hundegipfel)

Ein weiteres *Pelesch-Märchen*, *Der Hundegipfel*, das erst in der zweiten Auflage (1886) des Bandes veröffentlicht wurde, handelt von einem Wettstreit des Teufels mit den Engeln, bei dem der erstere letztlich besiegt wird. Das Märchen knüpft an die schwankhaften Teufelswetten aus der Volksliteratur an (AaTh 1060-1114). Hier wird kein ungerecht geführter Wettstreit dargestellt; der Sieg der Engel über den Teufel erfolgt nicht mittels List oder Betrug, sondern auf gerechte Weise, und zwar durch das geforderte überzeugende Erzählen. Sinnbildlich für den gerechten Wettstreit steht die Waage, die der Teufel selbst ins Spiel führt:

> »Der Teufel hatte eine Wage in der Hand, oben auf dem Bucegi und rief in die Welt hinaus: ›Schaut her, meine Wage! Die ist so groß, dass sie Berge und Thäler bedeckt und ins Thal hinaus halte ich sie und werfe in die eine Schale alle Schlechtigkeit der Welt!‹ Bumm! ging die Schale auf der andern Seite der Prahova nieder und bildete einen gewaltigen Berg. ›Wer kann die andere Schale so belasten, dass meine Wage gleich steht, aber wohlverstanden, nur mit Gutem, mit dem, was Ihr gut nennt!‹«[36]

---

[34] Ebd., S. 153.
[35] Ebd., S. 154.
[36] Ebd., S. 192f.

Die Versuche der Engel, die Schale durch alle Schönheit, Liebe, Freude, Güte, Ehre und Kraft sowie durch allen Ruhm und Wissen der Welt zu beschweren und die Waage wieder ins Gleichgewicht zu bringen, scheitern. Erst die sprichwörtliche Hundetreue hat eine Wirkung auf die Waage:

> »Aber Nichts rührte die Wage und der Teufel lachte, dass die Berge zitterten. Da nahte ein Engel, der bisher in tiefen Gedanken abseits gestanden hatte: ›Und ich‹, sprach er, ›ich werfe die Treue hinein und zwar die Hundetreue!‹ – In dem Augenblick begann das Zünglein an der Wage sich zu rühren, durch den ganzen, großen Berg [Cumpăt] ging ein Zittern und langsam hob sich die Schale, darin er lag.«[37]

Nun verlangt der Teufel aber wahre Beweise für die Hundetreue, denn mit jeder Unwahrheit würde sich die Waagschale des Engels wieder senken. Die drei exemplarischen Erzählungen über die Hundetreue enthalten somit keinerlei märchenhafte oder phantastische Züge, sondern wirken trotz ihres fiktiven Charakters und der Außergewöhnlichkeit der geschilderten Begebenheiten realistisch. Das Außergewöhnliche des Erzählten steigert sich mit jeder neuen Geschichte. Die erste Erzählung ist in Versen gefasst und handelt von einer abenteuerlichen Reise nach Amerika, bei der sich ein Hund seinem Besitzer mehrmals als Helfer in der Not erweist. Die zweite Geschichte handelt von einem Jagdhund, der im Keller versehentlich mit dem erlegten Wild eingesperrt und nach drei Tagen tot vor Hunger aufgefunden wird, weil er das Wild seines Besitzers nicht angerührt hatte. Die dritte und letzte Geschichte ist die kürzeste von allen und gleichzeitig die realistische: Sie handelt von der Treue eines Schäferhundes zu seinem verunglückten Besitzer, seiner Verweigerung weiterer Nahrungsaufnahme und seinem Tod auf dem Grab seines Herrn.

Weder das Aussehen des Teufels noch das der Engel wird beschrieben, einzig das Auftreten der Engelschar und die Reaktionen des Teufels beziehungsweise der Engel auf die erzählten Geschichten werden wiedergegeben. Dagegen wird die Landschaft, in der die Märchenhandlung lokalisiert ist, am Anfang des Märchens ausführlich geschildert. Auch in diesem *Pelesch-Märchen* führen die Landschaft beziehungsweise die Namen der Berge in der Umgebung des Peleschtales zu einer weiteren phantasievollen ätiologischen Deutung derselben. Anders als in den Märchen der Erstausga-

[37] Ebd., S. 193f.

be (1882) stellt sich die Autorin hier als schreibende, kunstfördernde Königin dar. Gleichzeitig zeigt sich ihre Vorliebe für eine geeignete Stimmung (hier die Morgenstimmung) beim Schreiben oder Musizieren.[38] Die bergige Landschaft – bei Anbruch des Tages, vom Zimmer der Königin im Schloss Pelesch aus gesehen – wird mit einem Königsmantel verglichen, und die Veränderung der Lichtverhältnisse verleitet zu einem sinnbildlichen Wettkampf zwischen Sonne und Mond in der Beleuchtung der Berge. Die menschlichen Züge, die der Mond bekommt, verdeutlichen umso bildhafter das Verblassen der Sichtbarkeit des Himmelskörpers auf der Erde durch das Tageslicht. Der Mond wird als ein »Verlierer« im morgendlichen »Zweikampf«[39] mit der Sonne ironisiert:

> »Gegenüber von Furnica und Piatra Arsa, auf der andern Seite der Prahova, erheben sich dicht nebeneinander zwei mächtige Berge, zwischen denen die kleine Rea sich zu Thal windet. Dort herüber steigen Sonne und Mond, wenn sie den Bucegi vergolden und versilbern und in die Fenster von Castel Pelesch hereinscheinen, die Sonne in Carmen Sylva's Erker, wo ihre Feder über das Papier fliegt, der Mond in's Musikzimmer, wo Gesang und Saitenspiel erschallen und kein Licht angezündet wird, damit der Mond allein durch die hohen Holzbogen den geheimnißvollen Raum und die singenden Mädchen beleuchte. Manchmal haben die aufgehende Sonne und der untergehende Mond einen Zweikampf, wer von ihnen die Berge schöner mache, und siehe, da strahlen oben die schneeigen Kuppen und drunter die Buchen und Tannen in doppeltem Licht: Rosa und Silber zugleich – ein wahrer Königsmantel, der sich in weichen Wellen über die Berge breitet, während die Thäler in Indigo gehüllt sind und nur winzige durchsichtige Wölkchen empor senden, die plötzlich in die doppelte Lichtregion eintreten und den Schleier bilden zu dem Königsmantel. Die Sonne bleibt natürlich die Siegerin, aber ihr voller Glanz ist lange nicht mehr so schön, als der erste, geheimnißvolle, jugendliche Kampf ums Dasein. Der Mond wird dann ganz weiß im Gesicht, vor Aerger, und eilt sich, der Welt ein schiefes Gesicht zu zeigen, wie die richtigen Volksbeglücker, denen es nicht gelungen ist, Alles in ihrem Sinn schön zu machen. Die beiden Berge aber heißen Cumpăt, von Cumpănă, Wage, und Piscu Cânelui, Hundegipfel.«[40]

---

[38] Vgl. auch Mite Kremnitz: *Carmen Sylva*, 1903, S. 263f. (Aus einem Brief Carmen Sylvas an Mite Kremnitz: *»Ich bekomme schon wieder Schreiblust, für's erste in den Fingern. Damit fängt es immer an. Das Gehirn folgt erst nach. Ach, der Schreibtisch, die Federn, das Rauschen und Rieseln draußen! Und dieses Maiengrün!«*).

[39] Carmen Sylva: *Pelesch-Märchen*, 1886, S. 192.

[40] Ebd., S. 191f.

Die Farben der Morgenröte sind auch in die Darstellung der Engelschar übernommen, doch wirken diese nicht so stimmungsvoll wie die Naturbeschreibung, sondern eher schwülstig:

> »Da schwebte eine Engelschar wie zarte Wölkchen heran, in dem rosigen Silberlichte von Sonne und Mond, in der Stunde vor Tag.«[41]

Die Reaktionen des Teufels auf das Erzählen und Wirken der Engel sind vor allem Schadenfreude, wenn die Versuche der Engel scheitern, oder Verärgerung, wenn die zweite Waagschale bewegt wird, aber auch Bedrohung durch die eventuelle Falschaussage des erzählenden Engels. Zwar steht der Teufel hier stellvertretend für das Böse in der Welt (er stellt das Gute auf die Probe), aber er verlangt einen gerechten Wettstreit. Trotz dieses positiven Aspekts wird der Teufel als schlechter Verlierer ironisiert. Er zweifelt an der Wahrheit des Erzählten, da er an der Waage selbst nichts verändern kann:

> »Der Teufel aber fühlte die Wage ganz bedenklich schwanken in seiner Hand und den ganzen großen Berg Cumpät sich sachte heben. Das ärgerte ihn sehr: ›Alles gelogen!‹ rief er, ›Nimm Dich in Acht mit deinen Erfindungen!‹«[42]

Die Engel hingegen sind nach jeder Erzählung gerührt und formulieren eine Moral der Geschichte:

> »Thränen der Rührung standen in der lieblichen Englein Augen, und sie hielten einen Rath, ob ein guter und treuer Hund nicht oftmalen den Himmel verdient hätte und ob sie Tom [den Hund aus der ersten Geschichte über die Hundetreue] nicht mit Ehren bei sich aufnehmen wollten.«[43]

> »Ob es wohl viele Leute geben würden, die lieber sterben, als ihrer Pflicht untreu werden? Das war ein Hund!«[44]

Der Sieg der Engel – und ironischerweise die Hundetreue als einziges Beispiel der Güte, wobei eine Sozialkritik nicht zu übersehen ist – führt zu einem wahren Freudenausbruch. In *Der Hundegipfel* wird wie auch in anderen *Pelesch-Märchen* (z. B. *Die Grotte der Jalomitza*[45], *Vârful cu Dor/Der Sehn-*

[41] Ebd., S. 193.
[42] Ebd., S. 213.
[43] Ebd., S. 212.
[44] Ebd., S. 213f.
[45] Vgl. Carmen Sylva: *Pelesch-Märchen*, 1886, S. 101 (Hier werden auch andere rumänische Volkstänze und Weisen genannt, wie Briu, Kindia sowie die Doina).

suchtsgipfel[46] und *Der Ceahlau*[47]) ein rumänischer Volkstanz (Hora) miteinbezogen und eine erneute Verbindung der Märchen mit der rumänischen Kultur angedeutet. Die wachsende Dichte der Engelscharen, die sie als Wolken erscheinen lässt, bewirkt einen Perspektivenwechsel aus der imaginären Welt zurück in die reale Landschaft. Der Wutausbruch des Teufels wirkt sich als Gewitter im Tal aus, womit auch Aussagen über das Klima in die ätiologische Deutung der Landschaft eingegliedert werden:

»Die Engel begannen vor Freude zu singen, nahmen sich bei den Händen und schwebten in einer endlosen Hora um alle Bergeshäupter. Immer dichter wurden ihre Scharen, die wie weiße Wolken erschienen. Der Teufel aber ballte wüthend die Faust und schickte zwischen Cumpăt und Piscu Cânelui ein Ungewitter zu Thal, dass die Berge zu wanken schienen. Seit der Zeit heißt das Thälchen zwischen den beiden Bergen valea reli, das böse Thal; denn von dort kommen alle Unwetter.«[48]

6.4. Überlisten der »Drachen« (Der Ceahlau)

In *Der Ceahlau* steht ein Kampf gegen einbrechende Feinde (Tataren), die das einheimische (rumänische) Volk nur durch List besiegen kann, im Mittelpunkt der Handlung. Dieser Stoff (von dem zwar unmächtigen und kleinen, aber trotzdem mithilfe der List unbesiegbaren Volk) ist in der rumänischen historischen Sagenliteratur oft anzutreffen und hat eine fast mythische Dimension erhalten. Nicht nur die Abstammung des rumänischen Volkes von den Römern (die sich im Laufe der Jahrhunderte zu einem Nationalmythos entwickelt hat[49]) wird in der rumänischen Geschichte und Kultur immer wie-

---

46 Vgl. ebd., S. 11f.

47 Vgl. ebd., S. 232.

48 Ebd., S. 215.

49 Zu den rumänischen Grundmythen in der Literatur, vgl. George Călinescu: *Istoria literaturii române*, 1988, S. 58.
Die Überbetonung der Abstammung des rumänischen Volkes von den Römern durch die Rumänen, begründet durch die Verwandtschaft mit der lateinischen Sprache und das Übersehen anderer Einflüsse auf Sprache und Kulturentwicklung, finden bei Carmen Sylva keine Sympathie: *»Trajan interessiert wie ein Adelsbrief. Die Rumänen stammen alle von Trajan, wie wir [die Deutschen] von Karl dem Großen. [...] Nein, Römer wollen sie sein, nur Römer, und alle anderen Beimischungen interessieren nur den Anthropologen und Sprachforscher.«* (Aus: Carmen Sylva, *Rheintochters Donaufahrt*, Regensburg: Wunderling, 1905).

der gerne betont[50], auch die »Unbesiegbarkeit« der rumänischen Fürstentümer im Kampf gegen einbrechende Feinde wird verherrlicht.[51] Die Behandlung ausgerechnet dieses historischen Stoffes in den *Pelesch-Märchen* verwundert nicht, wenn man in Betracht zieht, dass ein siegreicher Krieg Rumäniens gegen das Osmanische Reich erst 1878 (mit der darauffolgenden Unabhängigkeitserklärung des rumänischen Fürstentums) stattgefunden hat, also nur vier Jahre vor der rumänischen Erstauflage der *Pelesch-Märchen* (1882).

Der Berg Ceahlau gehört nicht zum Bucegi-Gebirge, sondern liegt in den Ostkarpaten, im moldauischen Gebiet Rumäniens. Der Einbeziehung der Moldau in die *Pelesch-Märchen* liegt hier ein politischer beziehungsweise nationalistischer Gedanke zugrunde: die Vereinigung der beiden rumänischen Fürstentümer Moldau und Wallachei. Diese Vereinigung wurde erst 1866 (dem Jahr der Thronbesteigung durch den hohenzollernschen Prinzen Karl, dem späteren Ehemann Carmen Sylvas) von den Großmächten Europas endgültig gebilligt. Somit steht der Ceahlau in den *Pelesch-Märchen* stellvertretend für die Moldau und betont die Vereinigung der zwei rumänischen Fürstentümer zu einem einzigen Land.

Die Erklärung der Entstehung des Berges bestimmt nicht primär die Handlung: Der Kampf gegen die einbrechenden Tataren wird, wie erwähnt, ausführlicher dargestellt und stellt somit das *Pelesch-Märchen* in Beziehung zu zahlreichen historischen Sagen der rumänischen Literatur zu diesem Thema. Durch die Bezeichnung der Feinde als die »Drachen«[52] wird eine

---

50 Eine verstärkte Betonung der Latinität der rumänischen Sprache ist vor allem seit dem 18. Jahrhundert zu erwähnen. Darauf zurückzuführen ist auch die große Beachtung historischer Sagen sowie Heldensagen in der rumänischen Nationalliteratur. (Zum Aspekt der Betonung der Latinität der rumänischen Sprache hinsichtlich ihres Einflusses auf die rumänische Literatur, vgl. auch: Karlinger/Turczynski: *Rumänische Sagen und Sagen aus Rumänien*, Berlin: Schmidt, 1982, S. 16).

51 Im Grunde genommen waren die rumänischen Fürstentümer dem Osmanischen Reich tributpflichtig. Nur wenigen Fürsten gelang es, gegen die Türken im Kampf zu siegen, darunter ist vor allem der moldauische Fürst Stefan, genannt »der Große« (1457-1504), zu nennen. Er bekämpfte mehrmals die Türken und stiftete nach jeder siegreichen Schlacht ein Kloster – die heute noch berühmten Moldauklöster. Vor allem letzteres führte (nach 1990) dazu, dass die orthodoxe Kirche in Rumänien Stefan den Großen heilig sprach.

52 Carmen Sylva: *Pelesch-Märchen*, 1883, S. 182, 184, 187.

Parallele zum mythischen Motiv des Kampfes mit einem Drachen gezogen und eine mythische Dimension des Geschehens erzielt. In der Beschreibung der Tataren wird die Hässlichkeit geradezu überbetont.[53] Sie sind »gar nicht wie Menschen«[54], sondern »klein und krumm«[55] und »mit ihren Pferden zusammengewachsen«[56]. Auch werden sie als »Leute ohne Augen« [57] bezeichnet oder mit »wilden Thieren«[58], »Schwärmen von grausamen Heuschrecken«[59] beziehungsweise einer »feindlichen Fluth«[60] verglichen, mit dem Ziel, die schrecklichen Folgen ihrer Raubzüge zu unterstreichen. Der Anführer der Feinde wird der »Gefürchtete« genannt, und von ihm heißt es, »er grinste und leckte sich die Lippen«, in der Hoffnung, die belagerten Rumänen zu besiegen[61]. Darüber hinaus wird aber die Vorstellung vom Ausmaß seines schrecklichen Aussehens dem Leser selbst überlassen:

> »[...] der Fürst sah ganz entsetzlich aus; Ihr müßt Euch vorstellen, was Ihr Euch nur von Grausamkeit und Bosheit denken könnt, und dann ist das Alles noch lammfromm gegen des Drachenfürsten Gesicht.«[62]

Das Aussehen der Einheimischen dagegen wird gar nicht beschrieben. Dafür wird mehr über ein weiteres Volk, das mit dem einheimischen Volk im Kampf gegen die Tataren verbündet ist, berichtet:

> »Sie [die Rumänen] waren verbündet mit einem andern Volke, das war von heller Haut, blauäugig und hoch gewachsen, mit langem, gelbem Haar, von dem Einige mit dem Messer in Holzstäbe schreiben konnten, und vereint zogen sie an den Dnjestr, die Schwärme von grausamen Heuschrecken nicht herüberzulassen.«[63]

Es handelt sich hier um die im heutigen Siebenbürgen (Transsilvanien) vom ungarischen König im 11. Jahrhundert kolonisierte deutsche Bevölkerung (»Siebenbürger Sachsen« genannt), die die Grenzen des ungarischen

53 Vgl. Kapitel 3.2.
54 Carmen Sylva: *Pelesch-Märchen*, 1883, S. 181.
55 Ebd., S. 181.
56 Ebd., S. 181.
57 Ebd., S. 182.
58 Ebd., S. 181.
59 Ebd., S. 182.
60 Ebd., S. 183.
61 Vgl. ebd., S. 186.
62 Ebd., S. 186.
63 Ebd., S. 182.

Reichs vor Tatareneinfällen bewachen sollten. Diese Einschätzung wird durch das Märchen bestätigt, weil die Bennenung »Ceahlau« in der Sprache dieses »andern Volkes«, »der Gelbhaarigen«[64], dieselbe ist wie bei den Siebenbürger Sachsen, und zwar »Kaukland«.[65]

Die Erschaffung des Berges Ceahlau – als ein Bollwerk gegen die heranrükkenden Feinde – durch die Rumänen stellt somit die Menschen als Schöpfer ihrer Umgebung dar. Obwohl der gebaute Berg beträchtliche Dimensionen annimmt, werden seine Schöpfer hier trotzdem nicht als Titanen aufgefasst: Ihre außergewöhnliche schöpferische Tat, zu der sie plötzlich und wie selbstverständlich die Fähigkeiten haben, verdanken sie hier ihrer großen Anzahl:

> »Da rief ihr [der Rumänen] weiser Fürst:
> ›Hört mich an, ihr Mannen! Ein Jeder von Euch nehme eine Hand voll Erde und werfe sie vor sich!‹
> Sie thaten wie ihnen geheißen war, und da ihrer so Viele waren, hatten sie bald einen großen Berg gebaut, den sie Ceahlau, die Gelbhaarigen aber Kaukland nannten.
> Noch bevor die furchtbaren Feinde herangestürmt waren, ragte der Berg in die Wolken und die Heere lagerten auf demselben in unerreichbarer Höhe.«[66]

Dieses Motiv der Entstehung eines Berges durch Menschenhand – wobei jeder Mensch eine Hand voll Erde auf eine gegebene Stelle wirft, so dass hier ein Berg entsteht – ist auch in der rumänischen Sagenliteratur zu finden. In der von V. A. Urechia (1834-1901) aufgezeichneten rumänischen Volkssage ist dieses Motiv jedoch mit der Entstehung des Berges Piatra Arsa (Verbrannter Stein) verbunden.[67] Andererseits vermittelt das Aussehen des Berges Ceahlau mit seinem Felsengebilde auf dem Gipfel den Eindruck, als hätte vor langer Zeit hier tatsächlich eine Festung existiert.

Die Darstellung der blutigen Kämpfe gegen die Tataren unterscheidet sich hier von der realistischen Beschreibung des Schlachtfeldes in *Piatra Arsa/Verbrannter Stein.*[68] Die Parallele zu einer Heuschreckenplage bewirkt eine fast ins Phantastische geführte Darstellung der Schlacht, bei der die Farbe »blutrot« dominiert:

---

[64] Ebd., S. 183.

[65] Vgl. ebd., S. 183.

[66] Ebd., S. 183.

[67] Vgl. Tony Brill: *Legende geografice românesti*, 1974, S. 110.

[68] Vgl. Kapitel 5.

»Der Kampf war lang und heiß und das Wasser des Dnjestr war roth von Blut und schwer von Leichen, aber die Leute ohne Augen ließen sich durch Nichts erschrecken. Und wieviele man ihrer auch tödtete, es kamen mehr und mehr, immer Drei für Einen, der gefallen war. Sie hatten vergiftete Pfeile, die den sichern Tod gaben und wenn sie in nächster Nähe einen abgeschossen, so jagten sie davon, um mit Lanzen wieder vorzustürmen. Die Leichen im Dnjestr bildeten endlich eine Brücke, über welche die kleinen Pferde herüberkamen und die Rumänen mußten sich hinter den andern Fluß, den Pruth zurückziehen, um sich dort von Neuem zu vertheidigen. Die Schlacht dauerte acht Tage; blutroth ging die Sonne auf und blutroth ging sie unter und blutroth waren Fluß und Feld.«[69]

Bilder wie »es kamen mehr und mehr«[70] und »Die Leichen im Dnjestr bildeten endlich eine Brücke, über welche die kleinen Pferde herüberkamen«[71], vor allem aber »die feindliche Fluth im Thale, die sich auf ihren [der Rumänen] Aeckern und Weiden sättigten«[72], machen den Vergleich des Tatarenheeres mit einem gewaltigen Heuschreckenschwarm nachvollziehbar. Eine schaurige Stimmung wird weiter mit der anschaulichen Schilderung der Ermordung einer Frau durch die Tataren (erzählt durch den Hirten Bujor, dem Helden des Märchens) erzielt:

»[...] sie haben vor meinen Augen meiner geliebten Maid die Brust durchstochen, sie so auf einen Baum genagelt, den ihren Pferden an die Schweife gebunden und sie fortgeschleift, dass eine blutige Straße den Weg bezeichnete, auf dem sie von dannen gejagt, bis von der wundervollen Maid Nichts mehr da war, als eine lange Haarsträhne, die sich fest um den Baum geschlungen.«[73]

Die Folgen der Schlacht werden in ähnlich extremen Tönen verdeutlicht, wobei die Wiedergabe des Begrabenseins unter Leichen aus der Perspektive des Helden Bujor die ergreifend-schaurige Stimmung zu einem Höhepunkt bringt:

»[...] es ward ein solches Gemetzel, dass man noch Jahre nachher dort Nichts als Schädel und Gliedmaßen fand, wie Maiskörner geschichtet.«[74]

»Schaudernd bemerkte er, dass er statt in Erde in Augen griff, oder in einen Mund und einigemale hörte er ein Stöhnen, das Leben verrieth.«[75]

---

69 Carmen Sylva: *Pelesch-Märchen*, 1883, S. 182.

70 Ebd., S. 182.

71 Ebd., S. 182.

72 Ebd., S. 183.

73 Ebd., S. 184.

74 Ebd., S. 187.

75 Ebd., S. 188.

Das Hervorheben der Grausamkeiten der einbrechenden Feinde soll hier die Sympathie des Lesers vor allem auf das Volk der Rumänen, das sein Land verteidigt, lenken. Durch das Motiv der Erschaffung eines Berges wird dem kollektiven Helden des Märchens eine übernatürliche schöpferische Kraft zugesprochen. So wie in den Märchen vom überlisteten Riesen oder Teufel wird auch hier der Gegner – als »Drache« bezeichnet – durch List und nicht in gerechtem Kampf besiegt.[76] Trotz des Sieges der Rumänen bleiben der Handlung dieses *Pelesch-Märchens* jegliche schwankhaften Züge fern. Die Forderung der historischen Sage an die Leser, die eigentlich unglaublichen und außergewöhnlichen Begebenheiten zu glauben, wird vor allem durch den ernsten Ton in der Narration verstärkt. Die Spannung zwischen Realität und Phantastik wird in der Rahmenhandlung dieses *Pelesch-Märchens* verdeutlicht. Hier wird eine Erzählsituation geschaffen, die zur Schilderung des sagenhaften Kampfes der Rumänen gegen die Tataren führt. Der ernste Ton des Erzählers Mosch Gloantza[77] und seine Aufforderung an die Zuhörerinnen (eine Gruppe junger Mädchen), die Geschichte zu glauben, spiegeln sich vor allem in dem Abschnitt der Erzählung, in dem Mosch Gloantza den Helden seiner Geschichte (den Hirten Bujor) als Opfer der Ungläubigkeit und Skepsis seiner Mitmenschen darstellt, wider. Dabei entsteht der Eindruck, als wären Mosch Gloantza und Bujor die gleiche Person, womit ein doppelter Anspruch auf Glaubwürdigkeit des Erzählten gefordert wird. Die Reaktion der Zuhörerinnen aber ist eine andere: Für sie haben die Geschichten des alten Mosch Gloantza nur einen Unterhaltungswert, und obwohl sie von der Geschichte beeindruckt sind, lehnen sie eine Überprüfung des Wahrheitsgehalts des Erzählten ab:

> »Wenn er dann Abends den Hirten seine Geschichte erzählte, so lachten sie über seine schöne Erfindung, denn bis zu ihnen war der Kriegslärm nicht gedrungen, sie hatten auch die Drachen nicht gesehen und Bujor's eingeschlagene Zähne schrieben sie einem Streite zu. Sie sagten: ›Bujor erzählt so oft seine Geschichte, dass er sie schon selber glaubt!‹ –

---

76 Zu den Märchen vom überlisteten Riesen beziehungsweise Teufel vgl. Lutz Röhrich: *Teufelsmärchen und Teufelssagen*. In: *Sage und Märchen*, Freiburg/Basel/Wien: Herder, 1976, S. 252-272 (insbesondere ab S. 261); Wilhelm Solms/Sigrid Früh (Hrsg.): *Märchen von Teufeln*, Frankfurt/Main: Fischer, 1994, S. 168f.

77 Mosch (eigentlich »moş«): rumänisch für »Gevatter«.

›Der Arme!‹ riefen die Mädchen, als Mosch Gloantza still war. ›Was machte er dann? Ist er immer dort geblieben? Wurde er nie belohnt, für seine Heldenthat?‹ so schwirrten die Fragen der jungen Mädchen durcheinander.
Mosch Gloantza aber hatte seinen Tabak herausgenommen, seine Pfeife gestopft, rauchte behaglich und schüttelte den Kopf zu allen Fragen. ›Geht ihn suchen‹, sagte er endlich; ›vielleicht hat ihm Gott ein langes, langes Leben geschenkt!‹
›Dann ist er gar zu alt und unheimlich!‹ riefen die Mädchen und tanzten eine Hora, um Bujor zu vergessen:«[78]

Abschließend ist für die hier untersuchten *Pelesch-Märchen* eine Beziehung zum Mythos beziehungsweise eine mythisierende Darstellungsweise der Gestalten zu erwähnen. Mit Ausnahme von *Der Hundegipfel*, in dem Motive der christlichen Mythologie (Engel, Teufel) in märchenhaft-schwankhafter Weise behandelt werden, wird in den anderen *Pelesch-Märchen* eine mythische Dimension zu behalten beziehungsweise zu erschaffen gesucht. In *Der Caraiman* wird der biblische Schöpfungsmythos auf eine Naturlandschaft verkleinert übertragen beziehungsweise angepasst und eigenwillig interpretiert. Die Handlung des Märchens *Das Hirschtal* spielt in einer imaginären, phantastischen Welt. Die allegorischen Gestalten – Personifikationen der Winde – sind Produkte der Phantasie der Autorin, aber dadurch, dass der Eindruck eines Vergleichs mit antiken mythologischen Darstellungen der Winde vermittelt wird (durch die Benennung der Gestalten beziehungsweise der Darstellung ihres Auftretens), wird eine mythische Dimension der Gestalten erzielt. *Der Ceahlau* ist das einzige *Pelesch-Märchen*, das historische Begebenheiten im Stil historischer Sagen erzählt. Dem sagenhaft-phantastischen kollektiven Held (das rumänische Volk) werden übernatürliche schöpferische Fähigkeiten zugeschrieben. Darüber hinaus führt die Parallele zu einem mythischen Archetypus, dem Drachenkampf, zur Bildung eines »Mythos vom unbesiegbaren Volk«.

[78] Carmen Sylva: *Pelesch-Märchen*, 1883, S. 190f.

7. Allegorie und Symbol

7.1. Autobiographisches in Märchenkleidung: *Pelesch im Dienst*

»Ich wollte schon gerne Königin sein,
Wenn die Krone von Blumen wär',
Der Königsmantel von Spinnweb' fein,
Und der Kronschmuck Tautropfen schwer.

Und Hofmarschall wär' der Sonnengott,
Und die Musen Edelfrau'n,
Eine Wolke der Wagen, – es wär' kein Spott,
Vom Himmel herabzuschau'n.

Mein Reich, das wären die Künste all'
Und der Wald, in weiter Welt
Der edeln Menschen Gedankenschwall,
Und die Macht, die Herzen hält.

Doch weil das alles nun nicht kann sein,
Und so schwer die Krone gemacht,
So wär' ich lieber das Wildbächlein,
Von dem moosigen Fels bedacht.«[1]

Carmen Sylva

Das Märchen *Pelesch im Dienst* weist drei größere Themenbereiche auf: Erstens die Wiedergabe der Autobiographie der Königin, zweitens die Darstellung der idyllischen Berglandschaft und drittens die Verdeutlichung einiger Aspekte der Zeitgeschichte (der Regierungszeit König Karls von Rumänien, der Bau des Schlosses Pelesch, der rumänische Unabhängigkeitskrieg gegen das Osmanische Reich von 1787-1788). Für alle drei Themenbereiche ist ein Wechsel zwischen realistischer und märchenhafter beziehungsweise phantastischer Darstellung des »Wunderbaren« zu bemerken. Ein unterschiedlicher Begriff des »Wunderbaren« ist vor allem anhand der Darstellung der Natur und der Landschaft festzustellen. Ferner sind allegorische Assoziationen, die teilweise in das Symbolische übergehen, im Handlungsablauf zu erkennen. Im Folgenden sollen die verschiedenen Aspekte des »Wunderbaren« anhand der autobiographischen, der landschaftlichen und der zeitgeschichtlichen Bezüge untersucht werden. Auch soll die Frage erläutert werden, wie sich die allegorischen und symbolischen Verknüpfungen sowie die mancherorts realistische Darstellungsweise auf das »Märchenhafte« auswirken.

Was die autobiographische Prägung betrifft, sind einerseits zahlreiche deutliche Bezüge zur Biographie der Königin zu entdecken: So zum Beispiel der

[1] *Im Traumland*, in: Carmen Sylva, *Meine Ruh'*. Band I: *Höhen und Tiefen*, Berlin: Duncker, 1901, S. 67.

Verlust ihrer Tochter Maria (1870-1874), der danach unerfüllt gebliebene Kinderwunsch und somit das Ausbleiben eines direkten Thronfolgers, der Bau des Schlosses Pelesch, die zeitweilige Erlahmung der Königin, der rumänische Unabhängigkeitskrieg (1877-1878), das Engagement der Königin bei der Verpflegung der Kriegsverwundeten und der Beginn ihrer schriftstellerischen Tätigkeit. Anderseits werden persönliche Erlebnisse und Gefühle mittels allegorischer und symbolischer Bilder widergespiegelt.

Auffallend ist in *Pelesch im Dienst* die mehmals wiederholte Problematik der Spannung zwischen Wunsch und Mangel, zwischen Freiheit und Abhängigkeit, zwischen »Wollen« und »Müssen«, die das Märchen zu einer Allegorie der Pflicht werden lassen. Dem »natürlichen« Kinderwunsch der Heldin wird die Klärung der Thronfolgerfrage, als eine soziale »Pflicht« der Königin gesehen, gegenübergestellt. Der Verlust des einzigen Kindes, der Tochter Maria, und der Kinderwunsch der Königin bilden im Märchen die Ausgangssituation der Handlung. Eine Anlehnung an das Feenmärchen wird durch die Einbeziehung von Feen beziehungsweise Elfen erreicht. Die Feen werden hier als die Schöpfer der Menschenkinder betrachtet, die die Kleinkinder in Blumen legen und diese dann läuten, bis die zukünftigen Eltern die Kinder finden und mitnehmen:

> »[...] die Kindchen machen die Feen auch und legen sie in die Blumen, und dann läuten sie, bis die Menschen das Kindchen finden, das ihnen bestimmt ist. Mir haben sie auch einmal geläutet, die Glockenblumen, und da habe ich ein wunderliebliches Kindchen gefunden. Das war wie eine Elfe, so zierlich und zart, und hatte so schöne Gedanken und so herzige Worte auf den Lippen. Und ich war froh. Aber der Pelesch hat es mir mitgenommen, er wollte mir's gar nicht lassen. Es rief immer: ›Pelesch! Pelesch!‹ und dann war es fort.[2] Seitdem saß ich immer am Pelesch und wartete, ob es nicht wiederkäme, schon viele, viele Jahre. Ich habe graue Haare bekommen bei dem Warten.«[3]

Das Motiv des Findens der Kleinkinder in Blumen ist wahrscheinlich an die rumänische Bezeichnung »copil din flori« (das heißt »Kind aus den Blumen« oder »Blumenkind«) angelehnt, mit dem jene Kinder bezeichnet werden, die nicht aus einer Ehe entspringen. Dadurch, dass diese geschönte Form der Stigmatisierung unehelicher Kinder für alle Menschenkinder gebraucht und

---

2 Die vierjährige Tochter Carmen Sylvas soll kurz vor ihrem Tod nach Wasser aus dem Waldbach Pelesch verlangt haben. vgl. Eugen Wolbe, *Carmen Sylva*, 1933, S. 78.

3 Carmen Sylva: *Pelesch im Dienst*, 1888, S. 5f.

damit verallgemeinert wird, wird die negative Bedeutung dieser in der Gesellschaft verpönten Bezeichnung, »Blumenkind«, neutralisiert.
Die Feen sind für die Heldin anfangs unsichtbar und werden durch den »erzählenden« Waldbach beschrieben.[4] Erst im späteren Verlauf der Handlung kommt es zu einer (Ausnahme-)Situation, bei der die Heldin eine Elfe sehen und (mit einem Lied) um Hilfe bitten kann. Hier rät ein Schlänglein der Heldin, der Elfe ein Lied von ihrem Leid vorzusingen, da die Elfe einem Dichter keinen Wunsch abschlagen werde. Die Schüchternheit der Heldin beim Singen vor den »großen Künstlern«[5] der Natur (den Singvögeln) ist eine Parallele zur Unsicherheit der Autorin mit ihren literarischen Werken an die Öffentlichkeit[6] zu treten, während die »kritischen« Brennesseln für die öffentlichen Kritiken an ihren Werken stehen. Das Schlänglein steht hier sinnbildlich für einen riskanten Ratschlag, und mit dem Rat des Schlängleins wird die Schuld für die kritischen Stimmen aus der Öffentlichkeit von der schreibenden Königin auf einen schlechten Berater verlagert. Während sich die Heldin anfangs voller Vertrauen beraten lässt, empört sich später die durch die »Kritik« der Brennesseln verunsicherte Künstlerin, einem »Schlagenrath« gefolgt zu sein:

> »Und ich war so bange, so bange, als sollte ich in einem großen Concerte singen. Ich bitt' euch, vor solchen großen Künstlern, wie sollte ich nicht bange sein! Leise, leise ließ ich die Finger über die Saiten gleiten und sang, zuerst so leise ich nur konnte, und die Augen hielt ich gesenkt, um nicht zu sehen, wenn sie Alle davonliefen vor meinem Liede. Dann aber vergaß ich meine Zuhörer und dachte nur an das Lied, und wie es mir im Herzen bebte, so ließ ich es hinaus, kunstlos, wie der Pelesch singt [...].
> ›Das war ein gar zu trauriges Lied‹, zischelten die Brennesseln, ›was brauchte auch ein Menschenkind hier zu singen, wo wir so viel bessere Sänger haben!‹ Ich hörte die Worte und wagte nicht aufzusehen; denn ich schämte mich, in die Frühlingspracht hinein eine mißtönende Klage gesungen zu haben. Ich wußte nicht, wie es gekommen war; warum hatte ich auch Schlangenrath befolgt!«[7]

Das Motiv der helfenden Fee beziehungsweise Elfe wird im Märchen nur bedingt verwendet: Die Hilfe der Elfe besteht darin, der Heldin Bewährungsproben zu stellen. Im weiteren Verlauf der Handlung taucht diese Elfe nicht mehr auf, aber eine andere Fee, die Sehnsuchtsfee, übernimmt die Rolle des

---

[4] Vgl. ebd., S. 4f.
[5] Ebd., S. 52.
[6] Vgl. dazu auch: Mite Kremnitz, *Carmen Sylva*, 1903, S. 123f.
[7] Carmen Sylva: *Pelesch im Dienst*, 1888, S. 52f.

Leitens der Heldin, indem sie dieser ihren sehnsüchtigsten Wunsch offenbart: das Lied.

Die Bewährungsproben der Heldin sind ein Netz phantastischer, vieldeutig-symbolischer Bilder. Die erste Wegstrecke der Heldin führt durch eine dunkle Schlucht, in der eine riesige Schlange den Weg mit ihren Augen beleuchtet und die Heldin in einen Abgrund leitet. Hier ertönt ein höllischer Chor, der das vorher gesungene Lied der Heldin durch alle Tonarten verzerrt, wobei der Heldin eine glühende Harfe zum Spielen aufgezwungen wird. Beim Spielen wird die Heldin durch die plötzlich beflügelte Harfe in eine enge Eishöhle getragen. Indem die Heldin gegen die Eiswand haucht, stürzen die Wände zusammen, und sie befindet sich nun in einer Eiswüste, von der aus sie von einem Eisbär ins Meer gejagt wird. Beim Versinken verliert die Heldin das Bewusstsein und erwacht später in einer Sandwüste. Barfuß und in dünner Bekleidung muss die Heldin durch diese brennende Wüste auf Dornen schreiten und durch einen Wald von Brennesseln gehen. Die Heldin verfolgt ein böses Geflüster, ihre Kunst verspottend und sie entmutigend, bis sie zu einem Sumpf gelangt, wo sie im Schlamm zu versinken droht. Ein Krokodil kommt ihr zu Hilfe, doch sie läuft entsetzt davon, als sie das Ufer erreicht. Erneut in einer Sandwüste angekommen, erblickt sie eine steinerne Sphynx, aus deren Brüsten Wasser fließt. Die Heldin trinkt Wasser aus der Brust der Sphynx und schläft darauf ein. Beim Erwachen bemerkt sie, dass sich vor ihr ein Kinderparadies erstreckt, mitten in der Sandwüste, von der steinernen Sphynx bewacht. Somit hat die Heldin die Bewährungsproben auf dem »mühseligen Weg« bestanden und kann sich nun aus dem Kinderparadies ein Kind wählen, das als zukünftiger Thronfolger später ihr Land regieren soll.

Der phantastisch dargestellte Weg der Heldin hin zum Kinderparadies deutet auf die eigene Biographie der Autorin. Der Weg durch dunkle, enge Schluchten, das Fallen in einen Abgrund, der Weg auf Dornen, die eisige oder brennend heiße Atmosphäre, die Verspottung der eigenen Leistungen (vor allem der Kunst der Königin), das Versinken in einem Sumpf, alles soll auf einen extremen Leidensweg der Königin hinweisen. Das Motiv der Sphynx ist, über die Rolle im Märchen als Bewacherin des Kinderparadieses hinaus, landschaftlich an den realen Handlungsort gebunden. Und zwar handelt es sich hier um ein erosives Felsengebilde im Bucegi-Gebirge, »Sphynx« genannt, mit dem erneut der Bezug zu einem realen Handlungsort geschaffen wird.

Inwiefern das Schlangenmotiv oder die Motive des Eisbären, des Krokodils und der Brennesseln auch eine allegorische Dimension haben und die Autorin damit auf reale Personen hindeutet, bleibt offen. Auffällig ist die Relativität der negativen Dimension dieser Motive. Schlange, Eisbär und Krokodil lösen die Furcht der Heldin vor allem durch ihr drohendes Aussehen aus und weniger durch ihr Handeln. Das Krokodil erweist sich sogar als Helfer der Heldin, da es sie aus dem Sumpf rettet, trotzdem läuft die Heldin entsetzt davon, sobald sie festen Boden unter den Füßen spürt.

Weniger die körperlichen als die seelischen Schmerzen werden hervorgehoben, so zum Beispiel die Qual der Heldin beim Hören ihres verunstalteten Liedes und des schmerzenden Lautes ihrer Leier:

> »Zugleich begann ein wahrer Höllenchor mir dasselbe Lied zu singen, das ich vorhin gemacht, jedes Wort verdrehend, in unterirdischen Tönen sie brüllend, jeder in einer anderen Tonart, in Moll, in Dur, in Secunden und Nonen, in Septimen und Quintengängen, bis mir's war, als würden mir alle Nerven aus dem Leibe gezogen mit glühenden Zangen. In meiner Todesangst griff ich mit solcher Gewalt in meine Leyer, dass mit schrillendem, gellendem Ton alle Saiten sprangen. Das gab ein solches Getöse, dass das Geheul ringsum still wurde und nur die Felsen hundertmal im Echo den Ton der zersprungenen Saiten wiedergaben. Das war ein Schmerz in meinen Ohren, noch vielmehr aber in meinem Herzen, als ginge eine Säge durch.«[8]

Genauso wird das »böse Flüstern« des Waldes von der Heldin viel schlimmer empfunden als die körperlichen Qualen:

> »Die Dornen zerrissen mich, die Brennesseln peitschten mich, die Sonne versengte meinen Scheitel und verdorrte mir die Zunge und, was viel schlimmer war als das Alles, durch diesen wilden Wald ging ein Geflüster von allem Bösen, was man nur wider mich sagen konnte. Meine Kunst wurde so verspottet, dass ich dachte, ich wollte nie mehr dichten. Ja, selbst der schwere Weg, den ich wandelte, wurde verhöhnt und das Wort, das mich bisher geschützt: ›Für's Land! Für's Land! Für's Land!‹ in allen Tönen wiederholt, bis ich mir die Ohren zuhielt, um es nicht mehr zu hören. Aber die Dornen rissen mir die Hände wieder herunter und ich mußte hören, was sie sagten.«[9]

---

8 Ebd., S. 59f.

9 Ebd., S. 65f.

Auch nach dem Überwinden der Gefahren und Drohungen endet der »mühselige Weg« nicht, denn die Märchenheldin wird mit der Einsamkeit konfrontiert:

»Aber vor mir lag die Wüste in ihrer ganzen furchtbaren, brennenden Einsamkeit.«[10]

Somit liegt in diesem psychischen Aspekt der Schlüssel zu Carmen Sylvas Idee vom »mühseligen Weg«[11], den ihre Märchenheldin gehen muss und den sie selbst als Königin ertragen haben soll. Nicht die körperlichen Qualen und auch nicht die Drohung der »Schlange«, die Gefährlichkeit des »Krokodils« oder die Verfolgung durch den »Eisbären« (wahrscheinlich sinnbildlich für die gefährliche List oder die heuchlerische Hilfe beziehungsweise für die Intrigen mancher Untertanen und Berater am Hof) sind das, was der Heldin im Märchen (und der Königin im eigenen Leben) den größten Schmerz zugefügt haben. Als besonders schmerzlich auf dem »mühseligen Lebensweg« werden die Verleumdung und die Verspottung ihrer Kunst wie ihrer Leistungen hinter ihrem Rücken wie auch die Einsamkeit der Heldin (beziehungsweise der Königin, bedingt durch die soziale Position) betrachtet.
Das Handlungsmoment, bei dem die Heldin vor dem Kinderparadies steht und sich mit der Sphynx über die Wahl eines Thronfolgers berät, sich aber für keines der Kinder entschließen kann, ist zugleich ein Mittel, nach den Zügen zu fragen, die einen idealen zukünftigen König ausmachen würden. Keines der Kinder aus dem Paradies scheint für diese zukünftige Aufgabe (ein Land zu führen) geschaffen zu sein, womit deutlich gemacht wird, dass ein idealer König selten zu finden ist:

»›Aber‹, sagte ich, ›ich brauche einen zweiten Moses, der Staatsmann und Arzt und Krieger sei, voll Weisheit und Größe! kannst du mir Keinen zeigen?‹
›Moses kam einmal, sie kommen niemals wieder!‹ [Antwort der Sphynx]
Und so lag ich und schaute hinunter in das Paradies, und Keiner schien mir der Rechte zu sein. Je mehr ich frug und je länger ich wählte, je unschlüssiger wurde ich. Den Glücklichen wollte ich nicht die Last eines Thrones aufladen und damit ihre Lebenslust zerstören, die Schlimmen und Leichsinnigen konnte ich nicht brauchen, die von zartem Körper fürchtete ich für einen so anstrengenden Beruf zu nehmen, die Dummen wollte ich nicht haben, die dem Unglücke geweihten wollte ich nicht dahin stellen, wo ein Volk durch sie und mit ihnen unglücklich werden

[10] Ebd., S. 67.
[11] Ebd., S. 55.

könnte – Keiner, Keiner schien mir zu passen; aber es that mir gar nicht leid; mir war Alles gleichgültig geworden.«[12]

Die Gleichgültigkeit der Heldin, nachdem sie Wasser aus der Brust der Sphynx getrunken hat, wird durch die Unentschlossenheit und Erfolglosigkeit bei der Wahl eines Thronfolgers verstärkt. Der Wunsch der Heldin, auch eine Sphynx zu werden und das Kinderparadies zu bewachen, bewirkt, dass das Kinderparadies plötzlich verschwindet und die Heldin sich wieder einsam in der Wüste befindet. Mit Hilfe der Elfe hatte die Heldin die Möglichkeit erhalten, durch das Lösen einer Aufgabe (hier einen »mühseligen Weg« zu gehen) ihren Wunsch, einen Thronfolger für das Land zu finden, zu erfüllen. Diese Möglichkeit der Wunscherfüllung durch die Elfe wird im Märchen als ein Ausnahmefall betrachtet. Mit ihrem Lied macht die Heldin die Elfe auf ihr Leid aufmerksam, doch das entscheidende Kriterium für die Hilfsbereitschaft der Elfe ist die Tatsache, dass der Kinderwunsch der Heldin zugleich aus ihrer Pflicht als Königin gegenüber ihrem Land entspringt.[13] Die Erfüllung eines weiteren Wunsches als Ersatz für das verlorene Interesse der Heldin an ihrem ersten Wunsch sowie an ihrer Pflicht war aber nicht vorgesehen. Mit dem »irrsinnigen« Ersatzwunsch, eine Sphynx zu werden, verliert die Heldin die Möglichkeit der Erfüllung ihres Hauptwunsches – einen Thronfolger für das Land zu finden.

Somit kehrt die Königin des Märchens nach den bestandenen Bewährungsproben nicht mit einem Thronfolger in die Wirklichkeit zurück, sondern – nachdem die Sehnsuchtsfee der Heldin ihre größte Sehnsucht, das Lied, offenbart hat – mit »Feder und Pinsel«[14]. Doch diese Gaben werden der Heldin erst dann bewusst, als sie sie tatsächlich, nach Ermunterung des Waldbaches Pelesch, in Taten umsetzt. Dabei sind nicht nur die »gefüllte Feder«[15] und der Pinsel der Sehnsuchtsfee die einzigen »magischen« Hilfsmittel beim Schreiben und Malen, sondern auch eine ganze Schar Bergmännlein ist im Dienst der Königin. Die märchenhafte Darstellung der Erdgeister im Dienst der geistigen und kunsthandwerklichen Arbeiten der Kö-

[12] Ebd., S. 77f.
[13] Vgl. ebd., S. 55, 73.
[14] Ebd., S. 93.
[15] Vgl. ebd., S. 94.

nigin vermittelt die ideale harmonische Atmosphäre beim künstlerischen Schaffen:

> »Drinnen im Zimmer aber, wen fand ich da? Schaaren von Bergmännchen, die Glühwürmchen an den Mützen trugen, um ihnen bei der Arbeit zu leuchten, und die mich gar nicht bemerkten vor lauter Fleiß. Da hatten sie mir die schönsten Blumen hereingetragen und Moos und Pilze und Blätter und Flechten zum Malen, und saßen mit kleinen Pinselchen an meinen Pergamentblättern, wenigstens zwanzig zusammen an einem Blatt. Und an meinem Schreibtisch hatten sie kleine, schwarze Spiegel getragen, in denen ich die ganze Welt sehen konnte. [...] Auf dem Geländer der Altane saß eine ganze Reihe von Bergmännchen wie die Spatzen neben einander, mit ganz kleinen Violinen, Baßgeigen, Pfeifen und Hörnern, und spielten mir bei der Arbeit die süßeste Musik.«[16]

Die Bergmännlein – die in deutschen Sagen und Märchen häufig sind[17] (in der rumänischen Volkserzählung dagegen selten)[18] – werden hier als heimliche Helfer dargestellt. Die Darstellung und die Rolle der Bergmännlein (als Arbeitshilfen der Märchenheldin) erinnern zwar an die Wichtelmänner in KHM 39[19], in Carmen Sylvas Märchen aber werden diese in höherem Maße verniedlicht. Die Bergmännlein zeigen sich der Heldin, die sich nachts an den Schreibtisch setzt, wobei ihre Beziehung zueinander vergleichbar mit der zwischen dem König und seinen Ministern ist:

> »Sie kommen nur, wenn ich ganz, ganz allein bin, so wie die Minister zum König. Da darf auch Keiner herein und ihre Arbeit stören. Beim Morgengrauen huschen sie Alle davon.«[20]

Am Schluss des Märchens werden demnach der Heldin (da sie sich für keinen Thronfolger aus dem Kinderparadies entschließen konnte) alternative

---

16 Ebd., S. 97f.

17 Bergmännlein (beziehungsweise Wichtlein, Kobolde oder Zwerge) zum Beispiel in den Sagen, vgl. Jacob und Wilhelm Grimm (Hrsg.): *Deutsche Sagen*, Berlin: Nicoliaische Verlags-Buchhandlung R. Stricker, 1906, Nr. 25 und 37; Ludwig Bechstein: *Sagen aus deutschen Landen*, Erlangen: Müller, 1987, S. 25, 270, 306, 354, 471, 472, 553, 555; Paul Zaunert: *Rheinland Sagen*, Jena: Diederichs, 1924, Bd. 1, S. 193-210 (Zwerge als Hausgeister: S. 200); Paul Zaunert: *Deutsche Natursagen*, 1. Reihe: Von Holden und Unholden, Jena: Diederichs, 1921, S. 24-65 (Im Dienst beim Menschen: S. 44f.); 55-59; 60-64. In Märchen, zum Beispiel in KHM 39; Erich Ackermann (Hrsg.): *Märchen von Zwergen*, Frankfurt/Main: Fischer, 1995.

18 Vgl. dazu: Felix Karlinger: *Rumänische Sagen und Sagen aus Rumänien*, 1982, S. 16.

19 Vgl. KHM 39, 1 (Die Wichtelmänner).

20 Carmen Sylva: *Pelesch im Dienst*, 1888, S. 101.

Aufgaben im Dienst des Landes genannt: das Fördern der Kultur und die sozialen Hilfeleistungen. Somit besteht die »Rolle« der Königin nicht bloß in der Zuständigkeit für die Kontinuität einer Dynastie, sondern eine Königin hat darüber hinaus im sozialen Bereich wichtigen Verpflichtungen nachzugehen. Die Allegorien der Sehnsucht (die Sehnsuchtsfee im Märchen ist zugleich die Quelle beziehungsweise die »Mutter« des Waldbachs Pelesch) und der Dichtung (das Lied) beziehen sich auf die dichterische Veranlagung der Heldin. Somit wird die im Privaten ausgeübte dichterische Beschäftigung, die sich nach dem Tod des einzigen Kindes zu einer öffentlichen schriftstellerischen Tätigkeit entwickelt, im Märchen thematisiert, wobei die Beweggründe der Dichterin zum Dichten idealisiert werden:

> »[...] o Kinder! Ihr wißt ja nicht, was es für den Dichter heißt: das Lied! dafür gibt er alle Güter der Welt, Glück und Ehren, Reichtum und Kinder, seiner Seele Seligkeit dahin für das Lied!«[21]

Das Motiv des »Liedes« und der »Leier« werden im Märchen mehrmals erwähnt und in Beziehung zum Dichten der Heldin (beziehungsweise der Autorin) gesetzt. Mit dieser Verbindung von Dichtkunst und Musik, als »dem unmittelbarsten Ausdruck der Empfindung« (Reuter)[22], wird auch der Verweis auf den Dichternamen der Autorin (Carmen Sylva, d.h. »Waldgesang«) erneut deutlich. Ihre Dichtung soll somit als ein wenn nicht immer kunstvolles, dann zumindest »natürliches«, das heißt aus der Empfindung heraus gesungenes »Lied« verstanden werden.

Die geographische Lokalisierung verbindet die Märchenhandlung mit einem realen Ort, dem Bucegi-Gebirge. In der Darstellung der Landschaft wird in erster Linie die reale Idylle, die Natur an sich hervorgehoben. Die an sich »wunderbare« Natur wird durch die Personifizierung der Naturelemente ins Märchenhafte überführt, sie wird poetisiert. Hier ist eine Parallele zum romantischen Kunstmärchen zu ziehen, in dem Sinne, dass in *Pelesch im Dienst*

---

21 Ebd., S. 88.

22 Zur Verbindung von Dichtkunst mit Musik und Empfindung, die auch auf Carmen Sylvas lyrische Dichtung übertragen werden kann, vgl. Wilhelm Reuter: *Literaturkunde*, Freiburg/Br.: Herder, 1919, S. 52f.: »Die lyrische Poesie führt ihren Namen nach der Lyra, die bei den Griechen zur Begleitung der Gesänge diente, wie auch im Mittelalter die Geige oder Harfe beim Klange der Minne- oder Heldenlieder ertönte. In diesem

auch von einer »poetisierten, ins Märchenhafte überführten Wirklichkeit« (Apel)[23] gesprochen werden kann, die vor allem durch die sprachliche Gestaltung des Märchens zustandegebracht wird. Die Naturelemente jedoch verlieren trotz ihrer anthropomorphischen Züge (sie können mit der Heldin sprechen und zeigen menschliche Affekte) sowie den allegorischen und symbolischen Verweisen nicht ihre ursprünglichen Eigenschaften als Pflanzen, Tiere oder als Waldbach. Eine Ausnahme bildet das Blumenturnier, auf das später eingegangen werden wird. Die Beziehung zur Wirklichkeit wird vor allem durch die bis ins Detail gehende Beschreibung der Naturelemente immer wieder hergestellt. Auffallend ist somit ein Wechsel zwischen realitätsgetreuer Beschreibung der Naturelemente und ihrer märchenhaften Darstellung. Die Verbindung der Realität mit dem Märchenhaften vor allem in der Darstellung der Naturelemente ist auf der sprachlichen Ebene zu verfolgen. Das »Wunderbar-Märchenhafte« dominiert von Anfang an die Handlung: Die Heldin des Märchens lebt in einer Symbiose mit der anthropomorphisierten Natur. Vor allem mit dem personifizierten Waldbach Pelesch fühlt sich die Heldin freundschaftlich verbunden. Die Darstellung des Waldbaches ist dieselbe wie in den *Pelesch-Märchen*: Auch hier handelt es sich um einen »erzählenden« Waldbach. Die Naturbeschreibung am Anfang des Märchens ist realistisch: Die Heldin sitzt am Ufer des Baches und sieht in das Wasser hinein. Erst mit diesem »Hineinschauen« in den bewegten, »tanzenden« Waldbach wird die Schwelle zum magischen Reich langsam überschritten, und dieser Übergang wird durch den Wechsel von der indirekten Rede zum Zwiegespräch der Heldin mit dem personifizierten Pelesch widergespiegelt:

> »Im Urwald, wo die Tannen über einander gestürzt sind und sich mit Moos und Farren, Storchschnabel und Vergißmeinnicht bedeckt haben, da saß ich auf einem Stein und sah in den Pelesch. Und der Pelesch tanzte daher, so wild, so ungestüm, so schaumig und frisch, wie das Bergkind, das er ist. Er kennt keinen Zügel und keine Arbeit. Lesen und Schreiben hat er nicht gelernt. Er sagt, die Feen können es selber nicht, die drinnen im Berge wohnen, aus dem er kommt, und darum hätten sie's ihn auch nicht gelehrt. Aber was können sie denn, die Feen? Der Pelesch sah mich groß an. ›Was für eine Einbildung!‹ rief er, ›als ob Euer Lesen

Namen liegt eine enge Verbindung mit der Musik ausgesprochen als dem unmittelbarsten Ausdruck der Empfindung.«

[23] Friedemar Apel: *Die Zaubergärten der Phantasie*, Heidelberg: Winter, 1978, S. 200.

und Schreiben was wäre! Und nun begann er mir zu erzählen, was die Alles können [...].«[24]

Manche Eigenschaften des Pelesch sind weder märchenhaft noch phantastisch, sondern sie entsprechen größtenteils der Realität: Der Waldbach fließt in schäumenden Strömen dem Tale zu. Affekte, die Pelesch zugeschrieben werden (z. B. Ärger, Trauer, Wut und Fröhlichkeit), sind durch realistische Charakteristika eines Baches verdeutlicht. So zum Beispiel führt seine »Wut« zu einer Überschwemmung:

> »Da ward der Pelesch so wüthend, dass er in einer Nacht zu einem großen wilden Fluß wurde, Felsen wie ein ganzes Zimmer fortwälzte, alle Brücken forttrug und sich gebärdete wie ein ganz ungezogener Bach.«[25]

In der Darstellung der »Schadenfreude« des Pelesch verweisen die Mimik und Gestik des personifizierten Waldbachs auf die Bewegungen der Wellen:

> »Das war des Pelesch Rache, und der tanzte dort drunten so lustig vorbei und drehte mir Nasen und streckte mir die Zunge heraus.«[26]

Die realistischen Eigenschaften des Waldbachs werden mittels der Sprache anthropomorphisiert, und der vermenschlichte Pelesch verwundert die Märchenheldin nicht. Diese märchenhafte Darstellung des Pelesch bleibt im Laufe der Märchenhandlung konstant und geht nicht ins Phantastische über. Nicht bloß die Reaktionen des Pelesch sind vermenschlicht (er nennt sich selber im späteren Verlauf der Handlung »der wichtigste Mann« im Schloss[27]), die Heldin selber behandelt den Pelesch wie eine sehr vertraute Person:

> »›Mir ist ein Trost versprochen, Pelesch!‹ sagte ich, setzte mich dicht zu ihm hin und legte die Arme um meine Knie. ›So!‹ brummte der, ›mir nicht!‹ ›Ja, aber wenn er zu mir kommt, dann sollst du auch Theil daran haben, Pelesch, mein Freund, ich werde dich nicht vergessen. Erstens bist Du der Pathe vom Schloß.‹ ›Hab' Nichts davon!‹ brummte der, zog die Stirne kraus und schüttelte die Locken, so dass ich über und über mit Wasser bespritzt wurde.«[28]

---

[24] Carmen Sylva: *Pelesch im Dienst*, 1888, S. 3f.

[25] Ebd., S. 9.

[26] Ebd., S. 31.

[27] Vgl. ebd., S. 91.

[28] Ebd., S. 13f.

Die Spannung zwischen Freiheitswunsch und Abhängigkeit – verdeutlicht durch den »Dienst« des Waldbachs Pelesch für das Schloss – steht einerseits allgemein für die Natur, die in den »Dienst« des Menschen gestellt wird, andererseits wird der Unabhängigkeitskrieg des rumänischen Fürstentums[29] gegen das Osmanische Reich im Gegensatz zum späteren freudigen »Dienen« des Waldbachs Pelesch betrachtet. Der Krieg und seine Ursachen werden im Märchen nicht weiter thematisiert, doch anhand des »Schicksals« des Pelesch wird einem freiwilligen (gegenseitigen) Dienen unter den Ländern eine gerechte und gleichwertige gegenseitige Behandlung dieser Länder vorausgesetzt.

Anfangs versucht Pelesch, sich aus der »Knechtschaft« des Königs (bedingt durch den Bau des Schlosses) zu befreien, indem er eine »Revolution« der Wildbäche gegen den Bau des Schlosses veranstaltet. Später »weint« er aber, da seine Kräfte zu schwach sind im »Kampf« gegen die Menschen und letztlich ist er froh über seinen »Dienst« für den König. Der personifizierte Pelesch sieht sich nun als »wichtigster Mann« im Schloss, weil er Wasser und Strom liefert.[30] Auch begründet er seine Freude am Dienen mit der Güte und Gerechtigkeit des Königs:

> »In deines Königs Dienst ist man gern; denn er ist gerecht und gut, und was er verlangt, das thu' ich ohne Besinnen.«[31]

In der Darstellung der Natur beziehungsweise der geographischen Landschaft wird das Malerische der Umgebung des Pelesch-Tales und des späteren Pelesch-Schlosses hervorgehoben. Aus dem direkten Übergang von der realistischen Beschreibung der Natur zur märchenhaften Darstellung derselben (durch Personifizierung der Naturelemente, dem selbstverständlichen Dialog zwischen der Heldin und der Naturelemente) ist abzuleiten, dass auch die Natur als solche als etwas »Wunderbares« begriffen wird. Ein Beispiel für diesen Übergang von der »natürlich-wunderbaren« zur »märchenhaft-wunderbaren« Natur ist im folgenden Textausschnitt zu sehen. Die

---

[29] Der rumänische Unabhängigkeitskrieg (beziehungsweise der russisch-türkische Krieg) fand 1877-1878 satt; die Vereinigten Rumänischen Fürstentümer der Moldau und der Walachei wurden 1881 zum Königreich Rumänien erhoben.

[30] Vgl. Carmen Sylva: *Pelesch im Dienst*, 1888, S. 91.

[31] Ebd., S. 95.

Heldin wünscht sich hier das Läuten der Glockenblumen, durch das (im Märchen) das Kommen eines Kindes in die Welt angekündigt wird:

> »Dann ging ich weiter und kam zu einem himmelhohen Felsen, auf dessen höchster Spitze ein Tannenbaum schwebte und an dessen glatten, überhängenden Wänden doch noch Glockenblumen einen Fingerhut voll Erde gefunden, um darin Wurzel zu fassen. Die wiegten ihre Köpfchen so zart blau vor dem grauen Stein hin und her. Ich setzte mich drunter und dachte: Vielleicht läuten sie auf einmal! Aber der Pelesch kam in einem Wasserfall heruntergebraust und zischte mich ganz wüthend an. Ich that aber, als merkte ich seinen Zorn nicht, und sagte: ›Denkt mal', ihr lieben Glockenblumen! Sie wollen ein Haus bauen, ein großes Schloß und ich soll darin wohnen und es wird so still sein, so still, so still! Könnt ihr nicht ein bißchen läuten?‹ ›Der Wind weht nicht zum Läuten!‹ sagten die Glockenblumen, ›sonst thäten wir's gern für dich.‹«[32]

Unerwartet wirkt das »Natürlich-Wunderbare« dann, wenn es erst als außergewöhnlich und für den ersten Moment unerklärlich dargestellt wird. Das ist insbesondere in dem Handlungsabschnitt festzustellen, in dem die Heldin durch eine Krankheit an das Bett gefesselt ist und sich die plötzliche Helle im Zimmer nicht erklären kann. Die Autorin spielt hier bewusst mit der Erwartung des Lesers, und das Eintreten einer erklärbaren – für manche Erdteile sehr gewöhnlichen und unspektakulären – Naturerscheinung (Schneefall) wirkt überraschend. Das Spiegelmotiv ist hier kein Mittel zum Übergang in das Märchenhaft-Wunderbare oder in ein phantastisches »magisches Reich«, sondern es spiegelt die Wirklichkeit wider: die mit Schnee bedeckte Landschaft. Auch die erwähnten Tiere (Adler und Bär) haben im Märchen keine weitere Funktion als die naturbedingten Veränderungen in ihrem Verhalten durch das Nahen des Winters zu verdeutlichen:

> »Eines Morgens war eine merkwürdige Helle in meinem Zimmer, aber nicht so wie Sonne, solch ein Schein und Glanz wie Wasser im Schatten; die Decke, die Wände, meine eignen Hände schimmerten so weiß in dem weißen Licht. – Da bauten sie mir Spiegel um mein Bett, damit ich hinaussehen konnte. Und siehe da: es war ein ungeheurer Schneefall! Die Berge waren so weiß, so weiß, und im Thale lag bald drei Fuß Schnee und die Adler kamen herunter und umkreisten uns. An einem Nebeltage kam ein Bär bis an's Schloß und erschreckte meine junge Hofdame, die dort spazieren ging [...]. Das war der letzte Besuch vom Bären, bevor er seinen Winterschlaf begann.«[33]

---

[32] Ebd., S. 16f.

[33] Ebd., S. 36f.

Ausführlich ist auch die Darstellung der nächtlichen Athmosphäre in der Natur, von der Heldin vom Balkon des Schlosses aus betrachtet:

> »Die Nacht war so lau, dass ich auf meinen Balkon hinaustrat und den Thurm umging. Der Mond lag silbern auf den Bergen und silbern im Springbrunnen. Die Tannen ragten kohlschwarz empor, und in ihrem Schatten flatterte hie und da ein todtes Buchenblatt zur Erde nieder. Es war wie ein leises Kinderathmen in der ganzen Natur.«[34]

Die Schilderung der Morgenstimmung am Schluss des Märchens erinnert an das Märchen *Der Hundegipfel* aus dem Sammelband *Pelesch-Märchen*, in dem das Aufgehen der Sonne von demselben Betrachtungswinkel aus (dem Zimmer der Königin) beschrieben wird. In *Pelesch im Dienst* wird nicht bloß die Natur, sondern auch der Fensterschmuck zum Objekt der Betrachtung. Auffallend ist hier erneut die Lebendigkeit in der Wiedergabe des vermenschlichten Waldbachs Pelesch:

> »Und da geht in ihrer ganzen Herrlichkeit die Sonne auf; zuerst erscheinen die fernsten schneeigen Bergspitzen rosa, dann vergolden sich die Tannen und Buchen, während leise blaue Schleier sie umziehen. Dann macht sie einen großen Schritt über den Berg in unser Thal [das Pelesch-Tal] hinein, und die Buche vor meinem Fenster glitzert im schönsten Schmuck. Dann guckt sie in meinen Erker hinein, so dass das Schneewittchen und die Zwerge an den Scheiben ganz purpurroth werden und die Lampe gar keinen Schein mehr gibt. Der Pelesch aber macht einen Sprung in die Luft und lässt sich auf den Rücken fallen und strampelt mit den Beinen vor Freude, dass wieder ein neuer Tag gekommen ist. Und rings auf meinem Balkon geht es: ›tuck! tuck! tuck! tuck!‹ und ›ziep! ziep!‹ das sind die Grünlinge und Finken, die die Nüsse aufschlagen und ihre Freunde rufen zum Frühstück.«[35]

Allegorische Verknüpfungen zur Hofgesellschaft mit ihren Intrigen sind in der Darstellung der Brennesseln zu bemerken. Mit der von diesen »erzählten« Geschichte wird hier ein ätiologisches Märchen in die Märchenhandlung eingeführt, das auch autobiographisch geprägt ist und sinnbildlich für die schweren Regierungsjahre des rumänischen Königs steht[36], wobei die Brennesseln als die »bösen Zungen« am Hof dargestellt werden:

---

[34] Ebd., S. 99f.

[35] Ebd., S. 101f.

[36] Wegen der Unstimmigkeiten im Parlament – auch bezüglich der unterschiedlichen politischen Interessen und Verbindungen zwischen Fürst (Rumänien wurde erst 1881 zum Königreich erhoben) und Parlament sowie den nationalistischen und frankophilen Sym-

»Der Weg war dort sehr gefährlich auf schmalem, glattem Felsenpfade, gerade über dem immer wilderen Wasser. Zum Halten war auch Nichts da, als ein ganzer Wald von Brennesseln, fast so hoch wie ich selber. Darin war ein boshaftes Geflüster, das ich schon kannte. Was es nur Häßliches gab, das sagten sie über den König und gedachten mich damit zu geißeln und zu verbrennen und mir weh zu thun. Ich aber sah sie mitleidig an und dachte: ›Was hat euch nur so boshaft gemacht, ihr armen Brennesseln! Jetzt müßt ihr Alles stechen, aber warum? das muß doch eine Strafe sein?‹«[37]

Auf diese mitleidige Frage der Heldin hin erzählt eine der Brennesseln, wie es zu der Verwandlung der einstmals »lustigen«, über alles »scherzenden« Blumen in Brennesseln kam. Der ätiologische Schluss dieser Geschichte vermittelt einerseits ein Gefühl des Mitleids mit den »gestraften« Brennesseln, andererseits aber ist zugleich eine ironische Wendung mit der Einbeziehung des Esels – mit seiner »dicken Haut«[38] – festzustellen. Hiermit wird eine Parallele zur menschlichen Unempfindsamkeit beziehungsweise Dummheit in den fabelartigen Schluss der Geschichte gezogen:

»Unsere [der Brennesseln] zarteste Berührung verbrennt. Und wenn wir etwas Freundliches sagen wollen, so klingt es immer boshaft, und wir werden zerschlagen und zertreten. Nur die Esel verachten uns nicht und merken nicht, dass wir sie stechen, weil sie so dicke Haut haben!«[39]

Die »erzählenden« Blumen am Krankenbett der Heldin gewinnen in der Darstellung des Blumenturniers eine »märchenhaft-phantastische« Dimension. Denn die Schnittblumen sind hier nicht mehr den Naturgesetzen unterworfen (sie haben keine Wurzeln) und ihre Fähigkeit sich fortzubewegen, erscheint als etwas Selbstverständliches. Während das bisher »Wunderbare« in der Darstellung der Blumen darin bestand, dass sich die Blumen mit der Märchenheldin unterhalten konnten, ihre sonstigen Eigenschaften als Blumen aber behielten, sind die Fähigkeiten und Eigenschaften der Schnittblumen in der Turnierszene völlig anthropomorphisiert. Die Blumen können sich nicht

---

pathien im Land – vor allem aber nach einer deutschfeindlichen Demonstration in Bukarest, erwägte Fürst Karl 1871 abzudanken. Die Bemühungen der promonarchistischen Minister, den Fürsten von der Treue des Großteils seiner Untertanen zu überzeugen, verhinderten schließlich die Abdankung des Fürsten (Vgl. Eugen Wolbe: *Carmen Sylva*, 1933, S. 75; Mite Kremnitz: *Carmen Sylva*, 1903, S. 87).

37 Carmen Sylva: *Pelesch im Dienst*, 1888, S. 20f.

38 Ebd., S. 24.

39 Ebd., S. 24.

bloß fortbewegen, sondern sie können rennen, auf Pferden reiten und miteinander kämpfen. Diese Darstellung der Blumen ist jedoch nicht rein phantastisch, sondern bleibt märchenhaft, da die wunderbaren Fähigkeiten der Blumen hier als selbstverständlich erscheinen:

> »Und als alle Blumen erschienen und rings auf dem Bette einen Kreis gebildet hatten, ritt der Herold herein, das war Silberdistel und von der andern Seite die violette Distel, beide mit ihren Kronen und ausgezackten Gewändern und scharfen Lanzen in der Hand. Die stießen in schmetternde Hörner und forderten die Ritter zum Turnier. Und herein ritten der blaue Enzian, der violette Enzian, der hellblaue Enzian und der weiße Enzian. Die rannten sich mit Speeren an und stachen sich von den Pferden, und zu allerletzt blieb der weiße Enzian allein in der Bahn, der hatte die Andern heruntergestochen.«[40]

Neben den autobiographischen Bezügen im Märchen und der Schilderung der Landschaft am Fuße des Bucegi-Gebirges sind zahlreiche Bezüge zur Zeitgeschichte festzustellen. Vor allem der Bau des Schlosses im Pelesch-Tal wird von den Anfängen der Bauarbeiten und der Grundsteinlegung des Schlosses bis hin zum Zustand der Bewohnbarkeit des Schlosses verfolgt. Damit verbunden ist auch die Thronfolgerfrage, die besonders mit dem allgemeinen Kinderwunsch der Heldin verknüpft wird, und der rumänische Unabhängigkeitskrieg (1877-1878), durch den die Bauarbeiten am Schloss für zwei Jahre eingestellt wurden.

Die realistische Schilderung der Grundsteinlegung des Schlosses im Märchen zeigt ein malerisches Bild der Zeit. Das Tragen der rumänischen Tracht durch die Königin (und ihre Hofdamen) in der Öffentlichkeit wird hier erwähnt, und die Schönheit der Trachten betont.[41] Zugleich wird mit der Erwähnung der Erdgeister die Ebene des Märchens mit der des Aberglaubens der Menschen in der Realität in Beziehung gesetzt:

> »Und in den nächsten Tagen wurde feierlich der Grundstein gelegt. Die Militärmusik blies darüber in den Wald hinein, die Chorknaben sangen so laut, die Geistlichen beteten und besprengten die Fundamente mit Weihwasser, damit Hexen und Nixen und Quellen und Bergmännlein ihnen Nichts mehr anhaben könnten. Und Offiziere waren gekommen und Bauern und vornehme Leute in Fest-

---

[40] Ebd., S. 33f.

[41] Die rumänische Tracht soll durch Königin Elisabeth (Carmen Sylva) hoffähig gemacht worden sein (Vgl. Mite Kremnitz: *Carmen Sylva*, 1903, S. 141; Benno Diederich: *Elisabeth, Königin von Rumänien (Carmen Sylva)*, 1898, S. 37).

kleidern und wir [die Heldin (Königin) und ihre Hofdamen] in der Tracht des Landes, mit den schönen Schleiern und den gestickten Hemden. Mir hatten sie einen prachtvollen Blumenstrauß gemacht.«[42]

Die Prophezeiungen der Straußblumen bei der Grundsteinlegung des Schlosses deuten darauf, dass das Schloss auch anderen Menschen Freude machen wird[43]:

»[...] du sollst viele Menschen froh und glücklich machen in deinem Hause!«[44]

Also sei das Schloss Pelesch nicht bloß für die königliche Familie und nicht bloß für eine gegebene Zeit geschaffen, sondern es werde einen Platz in der Geschichte und Kultur des Landes einnehmen, als ein »Sinnbild des Aufblühens des Landes«[45].
In der Darstellung der Bauarbeiten wird die Idee eines gemeinsamen, übernationalen und einander verbindenden Schaffens vermittelt: Am Schloss arbeiten Menschen verschiedener Nationalitäten zusammen unter der Leitung des Königs. Es wird in vierzehn Sprachen »gesungen, geflucht, gestritten«[46] – also verläuft die Arbeit nicht ohne problematische Zwischenfälle. Trotzdem aber wird letztlich das Schloss als ein Symbol für eine geglückte Zusammenarbeit der daran beteiligten Menschen verschiedener Nationalitäten betrachtet. Diese idealistische Vorstellung von Übernationalität mündet in eine Utopie des »Gemeinsamen«, und eine Parallele zum Turmbau zu Babel ist nicht zu übersehen. Das Schloss sollte nicht bloß dem rumänischen Volk zugeschrieben werden, sondern als ein Ergebnis der gemeinsamen Bemü-

---

42 Carmen Sylva: *Pelesch im Dienst*, 1888, S. 12.

43 Die (etwas idealistische) Idee der Freude vieler anderer Menschen am Schloss Pelesch, das Carmen Sylva auch »Märchenschloss« nannte, ist auch in einem Brief (um 1911) Carmen Sylvas ausführlicher erklärt: »*Es ist ein Monument und mehr ein Museum als ein Wohnhaus und da alle Menschen bei uns essen, die uns zu sehen begehren, sind es wirklich viele, die das Schöne mitgenießen. [...] Nur einmal hat ein Herr gesagt: »Wie soll mir das Freude machen, da es mir nicht gehört?» Nur ein einziges Mal war das! Das Schöne gehört allen Menschen gleich, sie begreifen es nur nicht! Der sogenannte Besitzer hat doch auch nur zwei Augen und ein Gehirn, also die Fähigkeit, gerade so viel davon zu haben als andere auch.«* (Zit. in: Lina Sommer, *Carmen Sylva. Briefe einer einsamen Königin*, 1916, S. 12f.).

44 Carmen Sylva: *Pelesch im Dienst*, 1888, S. 13.

45 Carmen Sylva, zit. in: Lina Sommer, *Carmen Sylva. Briefe einer einsamen Königin*, 1916, S. 14.

46 Carmen Sylva: *Pelesch im Dienst*, 1888, S. 43.

hungen aller Nationalitäten, die eine Rolle beim Bau und Schmücken des Schlosses gespielt haben, gelten. Dieses »Gemeinsame« ist hier jedoch unter dem Einfluss und Leiten eines Einzigen, des Königs, zu verstehen, dessen Wirken verherrlicht wird:

> »Endlich fing der König auch wieder zu bauen an. Italiener mauerten, Rumänen brachten Erde, Zigeuner trugen Kalk und Ziegel, Serben und Bulgaren rührten den Speis, Deutsche und Ungarn zimmerten, Polen waren Bauleiter und Böhmen Werkführer, Türken machten Ziegel und Franzosen zeichneten, Engländer nahmen Entfernungen auf, Albanesen und Griechen brachen Steine. Vierzehn Sprachen wurden auf dem Bauplatz gesprochen; alle Trachten waren vertreten. Es war ein Gewühl von Menschen, Pferden, Ochsen, Büffeln, Eseln; in allen Lauten wurde gesungen, geflucht, gestritten. Der König stand auf den höchsten Mauern und schwindelnden Gerüsten und leitete Alles selbst.«[47]

Das Märchen *Pelesch im Dienst* verbindet Autobiographisches und Zeitgeschichtliches innerhalb der Märchenhandlung. Anhand der teils realistischen, teils poetisierten Beschreibung der Umgebung des Pelesch-Schlosses ist auch eine gewisse werbende Absicht der Autorin für das Land zu bemerken. Realitätsnahes und Märchenhaftes stehen sich im Märchen nicht antithetisch gegenüber, sondern das Übergleiten von realistischer Beschreibung zu märchenhafter Darstellung der Naturelemente wirkt unauffällig und wie selbstverständlich. Das »Märchenhaft-Wunderbare« ist von Anfang an gegenwärtig und verwundert die Heldin nicht. Nur hinsichtlich der Bewährungsproben der Heldin kann von einem »Phantastisch-Wunderbaren« gesprochen werden, da die Heldin den Gestalten auf ihrem Weg mit Angst begegnet und sie als undefinierbare Bedrohung empfindet. In der Darstellung der Naturelemente (zum Beispiel die Geschichte der Brennesseln) beziehungsweise in der Darstellung der Sehnsuchtsfee und des Liedes sind allegorische Verknüpfungen zur Biographie der Autorin zu erkennen. Hinsichtlich der Darstellung der Bewährungsproben der Heldin geht der allegorische Verweis auf das Schicksal der Königin und Autorin in das Symbolische über – die Einsamkeit des Menschen in einer hohen sozialen Position.

---

[47] Ebd., S. 42f.

8. Geschichten zum Verwundern und Begeistern

»Ich glaube, man ist in Europa über Chile, Peru und Argentinien besser unterrichtet als über die Balkanhalbinsel.«[1]

Carmen Sylva

In der vorliegenden Studie wurden die beiden Märchenwerke Carmen Sylvas, der ersten Königin Rumäniens, Elisabeth (1843-1916), *Pelesch-Märchen* (1883) und *Pelesch im Dienst* (1888) untersucht. Zu Carmen Sylvas Lebzeiten in mehreren Sprachen und Auflagen weit verbreitet, nahmen die Neuauflagen ihrer Werke nach dem Tod der Schriftstellerin stark ab. Politische Gegebenheiten spielten besonders für die literaturhistorische Rezeption in Rumänien eine Rolle, denn nach dem Sturz der Monarchie 1947 wurde der öffentliche Zugang zu den Werken der Königin erschwert und teilweise gesperrt. Erst seit 1990, bedingt durch die politischen Veränderungen in Rumänien, nähert man sich erneut ihren Werken an, beispielsweise durch die Neuauflage ihrer *Pelesch-Märchen* (1990).

Die *Pelesch-Märchen* entstanden unter anderem auf Anregung des damaligen Kultusministers als Prämienbuch für die Schuljugend und erschienen zum ersten Mal 1882 in Rumänien. Eine deutschsprachige, vermehrte Fassung der *Pelesch-Märchen* erschien ein Jahr später in Deutschland. Im Laufe seiner Editionsgeschichte erhielt der Märchenband ergänzende Veränderungen und wurde in der Kritik unterschiedlich bewertet. In dem 1888 erschienenen Märchen *Pelesch im Dienst* wurden zahlreiche Motive und Themen der *Pelesch-Märchen* wieder aufgegriffen, wobei die autobiographischen Bezüge hier deutlich in den Vordergrund rückten.

Unter dem Aspekt des »Wunderbaren« betrachtet, lassen die *Pelesch-Märchen* eine facettenreiche Darstellung desselben erkennen. Doch sollten im Rahmen dieser Untersuchung neben den inhaltlichen auch die formalen Aspekte der Märchen berücksichtigt werden. Mit dieser ausführlicheren Analyse der Märchen nach formalen und inhaltlichen Kriterien wurde versucht,

[1] Carmen Sylva: *Rheintochters Donaufahrt*, Regensburg: Wunderling, 1905, S. 47.

den vorwiegend inhaltlichen Kritiken der Jahrhundertwende eine differenziertere Kritik entgegenzustellen.

In den *Pelesch-Märchen* ist einerseits eine Orientierung an dem Muster des Volksmärchens festzustellen, wobei das Wunderbare im Märchen als selbstverständlich dargestellt wird (die Märchen in Kapitel 4); andererseits bewirkt die Annäherung zur Sage eine realistischere Sichtweise innerhalb der Märchenhandlung, wobei das Wundergeschehen zu einem Ausnahmefall wird (Kapitel 5: *Piatra Arsa/Verbrannter Stein* und *Die Jipi*). In beiden Fällen ist das Interesse an der Verdeutlichung des Innenlebens der Helden von Bedeutung, vor allem hinsichtlich der Beziehung der Märchengestalten zum »wunderbaren« Geschehen. So entpuppt sich die Auseinandersetzung der Helden mit den Vertretern des magischen Reichs zu einer Auseinandersetzung mit ihren eigenen Wünschen und Sehnsüchten; oder aber es deutet das einzelne Wundergeschehen auf einen Konflikt der Helden mit Situationen in der Wirklichkeit hin. Aus den genannten Auseinandersetzungen treten die Helden nicht siegreich hervor, und ihr Scheitern wird in allen Fällen auf einen unvorteilhaften beziehungsweise extremen Charakterzug zurückgeführt. Die Darstellung der Menschenwelt aus der Perspektive einer Vertreterin des magischen Reichs, der die eigene Welt genauso fremd wie die menschliche ist, ermöglicht eine Distanzierung sowohl zum magischen Reich als auch zur menschlichen Welt, wobei die Heldin des Märchens *Die Hexenburg* zu einem Opfer beider Welten wird. Ein einziges Märchen (*Omul/Der Mann*), das Züge des Volksmärchens mit denen der Legende beziehungsweise der Erbauungsgeschichte verbindet, zeigt den Helden in seiner Entwicklung und führt zu einem glücklichen Ende. In anderen Märchen (*Der Caraiman* und *Das Hirschtal*) ist eine mythisierende Darstellung der Märchenhandlung beziehungsweise der Gestalten zu bemerken. Andernorts (*Der Hundegipfel*) werden zwar Motive aus der christlichen Sphäre verwendet, doch wird ihnen die mythische Dimension zugunsten einer schwankhaften Darstellung der Handlung entzogen. In einem weiteren Märchen (*Der Ceahlau*) wird eine geschichtliche Begebenheit (Kampf gegen die Tataren) im Stil historischer Sagen erzählt, wobei in der Rahmenerzählung der Wahrheitsanspruch des Erzählers bezüglich der geschilderten »sagenhaften« Ereignisse durch seine Zuhörer in Frage gestellt wird. In allen *Pelesch-Märchen* bildet die geographische Landschaft den Ausgangspunkt der Handlung. Die Schilderung eines

Ortes stellt die Einleitung zum folgenden, die Entstehung oder Benennung der Landschaft erklärenden Märchen dar, das mit dem ätiologischen Schluss wieder zum realen Ort zurückführt. Aber auch innerhalb der Märchenhandlung sind oft Bezüge zu realen Orten aus der Umgebung des Pelesch-Tales anzutreffen. Sowohl Motive aus der rumänischen Volksliteratur (z. B. zur Ballade »Mioriţa«, zum Mythos des »Sburător«, zu historischen Sagen bezüglich der Tatareneinfälle) wie aus der deutschen Märchen- und Sagenwelt (vor allem die Bergmännlein) sind feststellbar. Die Darstellung der dörflichen Atmosphäre, die Beschreibung der rumänischen Tracht, ferner die Erwähnung rumänischer Bräuche und Tänze vermitteln Lokalkolorit.
In dem später entstandenen Märchen *Pelesch im Dienst* (1888) sind viele Motive aus den *Pelesch-Märchen* wiederzufinden. Die eher seltenen autobiographischen Bezüge in den *Pelesch-Märchen* werden in *Pelesch im Dienst* zum Zentralaspekt der Märchenhandlung. Hier stellt sich die Autorin erneut als Vermittlerin zwischen dem Märchen »erzählenden« Waldbach Pelesch und den Lesern (Kindern) vor. Im Laufe der Märchenhandlung werden mit der Spannung zwischen Wunsch (Kinderwunsch) und Entbehrung (Kinderlosigkeit) der autobiographisch geprägten Heldin die Beweggründe für den Beginn ihrer schriftstellerischen Tätigkeit erklärt, womit sie letztlich Pflicht mit Neigung verbindet. In der Darstellung der Natur wird einerseits das »wunderbare« Geschehen auf der Märchenebene durch Personifizierung der Naturelemente erreicht, wobei hier auch zahlreiche allegorische Verknüpfungen zur Biographie der Autorin gezogen werden können. Andererseits wird die Natur als solche beschrieben und als »wunderbar-malerisch« hervorgehoben. Erwähnungen von zeitgeschichtlichen Erreignissen – wie Grundsteinlegung und Bau des Schlosses Pelesch, die Regierungszeit des Königs Karl I. von Rumänien, der rumänische Unabhängigkeitskrieg (1877-1878) – führen entweder zu ausführlichen, realistischen Zeitbildern oder werden idealisiert. Doch nicht nur autobiographische Aspekte stehen in *Pelesch im Dienst* im Zentrum des Interesses der Autorin. Einerseits lassen die zahlreichen malerischen Landschaftsschilderungen eine werbende Absicht Carmen Sylvas für das Schloss Pelesch und seine Umgebung erkennen. Andererseits sind die geschichtlichen und politischen Bezüge (vor allem bezüglich des Königs) ein Mittel, die Errungenschaften und positiven Veränderungen im Land während der Regierungszeit Karl I. in Rumänien

hervorzuheben. Dadurch, dass diese teils realistischen, teils idealisierten Bezüge zur historischen und politischen Wirklichkeit im Märchen oft mittels personifizierter Naturelemente (der Waldbach Pelesch, die Blumen im Wald, etc.) zum Ausdruck gebracht werden und die Handlung sich vor allem abseits des Hofes, im Wald oder in der bergigen Landschaft abspielt, erleidet die Märchenatmosphäre keinen Bruch.

Um auf die zitierten Kritiken[2] zu den *Pelesch-Märchen* und zu *Pelesch im Dienst* aus der Sekundärliteratur zurückzukommen, haben die vorliegenden Analysen zu verdeutlichen versucht, dass Carmen Sylvas Märchen eigene literarische Produktionen und keine Nacherzählungen rumänischer Volksmärchen oder Sagen sind. Die *Pelesch-Märchen* können als »kleine Kunstwerke« bezeichnet werden, da die Autorin in ihren Kunstmärchen auf originelle und anschauliche Weise eigene Phantasie mit übernommenen Motiven der Volksliteratur verbindet, diese gekonnt mit einer geographischen Landschaft in Beziehung setzt und den Eindruck einer mündlich überlieferten Geschichte vermittelt. In gleicher Weise ist das längere Märchen *Pelesch im Dienst* nicht bloß als eine autobiographisch gefärbte und Einblick in eine historische Zeit gewährende Märchenhandlung zu betrachten. Die Verbindung von Realem und Märchenhaftem wird mittels der poetisierten beziehungsweise märchenhaft wiedergegebenen Natur überzeugend dargestellt. Nicht nur die märchenhafte Darstellung, sondern auch das Malerische der Natur oder die farbenfrohen Festlichkeiten inmitten der Natur werden hier als etwas »Wunderbares« oder zumindest als etwas »Wunderschönes« betrachtet – und dieser Aspekt verbindet beide Werke Carmen Sylvas. Somit wird der Leser ständig zum Bewundern und Betrachten des Geschilderten, zum Staunen und sich Verwundern über die Ereignisse – ob märchenhaft oder realistisch dargestellt – aufgefordert, womit das Interesse der Leser sowohl für »Carmen Sylvas Königreich« als auch für weitere Märchen »des Pelesch« geweckt werden soll.

[2] Vgl. Kapitel 3.1.

Bibliographie

Primärliteratur

Aus Carmen Sylva's Königreich. Bd. 1: Pelesch-Märchen, 1. Auflage, Leipzig: Friedrich, o. J. [1883], (Anhang: »Balta/Der See«; »Puiu/Nesthäkchen«).

Aus Carmen Sylva's Königreich. Bd. 1: Pelesch-Märchen, 2. unveränderte Auflage, Leipzig: Friedrich, o. J., (Anhang: »Balta/Der See«; »Puiu/ Nesthäkchen«).

Aus Carmen Sylva's Königreich. Bd. I: Pelesch-Märchen, 3. vermehrte Auflage, Bonn: Strauß, 1886, (zusätzlich: *Der Hundegipfel*; im Anhang zusätzlich: »Riul Doamnei«; »Die Dimbovitza«).

Poveştile Peleşului. Bucureşti: Socec & Teclu, o. J. [1882], [Ediţiunea Ministeriului de Culte şi Instrucţiuni Publice].

Poveştile Peleşului. Iaşi: Editura Librăriei Şcoalelor Fraţii Şaraga, 1894, (zusätzlich: »Sola«).

Poveştile Peleşului. Bucureşti: Editura Librăriei Socec & Co, Societate anonimă,1908, [Reihe: Scriitori români].

Poveştile Peleşului/ Pelesch-Märchen. Bucureşti, 1933.

Povestile Peleşului. Timişoara: Argo, 1991.

Pelesch im Dienst. Ein sehr langes Märchen für den Prinzen Heinrich XXXII. von Reuß, Bonn: Strauß, 1888.

Robia Peleşului. (Pelesch im Dienst), Übersetzung von Elena Radu Rosetti, Bucureşti: Müller, 1897, [Reihe: Biblioteca pentru toţi].

Sekundärliteratur

Zum Leben und Werk Carmen Sylvas

Adamiu, Natalia: Carmen Sylva. In: Fapte şi oameni de seamă, Bucureşti: Tipografia Dâmbovita, o. J., [Biblioteca Tineretului Român].

Badea-Păun, Gabriel: Carmen Sylva. Uimitoarea regină Elisabeta a României, Bucureşti: Humanitas, 2003; 4. Auflage 2010.

Bengesco, George: Carmen Sylva. Bibliographie et extraits de ses ouvres, Bruxelles, Paris und Bucarest, 1904.

Bengesco, George: Din viaţa M.S. Elisabeta, Regina României, Bucureşti: Socec, 1906.

Bengescu, George: Carmen Sylva. Viaţa Reginei Elisabeta, Iaşi: Ed. Porţile Orientului, 1995.

Carandino-Platamona, Lucreţia: Carmen Sylva. Prima regină a României, Bucureşti: Universul, 1936.

Diederich, Benno: Elisabeth, Königin von Rumänien (Carmen Sylva). Ein Lebensbild, Leipzig: Voigtländer, 1898.

Dungern, Maria Elisabeth Freiin von: Am Musenhof der Märchenkönigin. In: Westermanns Monatshefte, Mai 1923, Braunschweig 1923, S. 293-296.

Dungern, Otto Freiherr von: Königin Elisabeth von Rumänien. In: Deutsche Rundschau, April 1916, Berlin 1916, S. 1-16.

Eckardt, Uwe: Carmen Sylva. In: Rheinische Lebensbilder, Bd. 8, Köln 1980, S. 285-303.

Gottschall, Rudolf von: Eine Dichterin auf dem Throne. In: Gottschall, Rudolf von: Studien zur neuen deutschen Literatur, Berlin: Allgemeiner Verein Deutscher Literatur, 1892, S. 358- 383.

Heimpel, Elisabeth: Carmen Sylva. In: Neue deutsche Biografie. Hrsg. von der historischen Kommission bei der Bayerischen Akademie der Wissenschaften, Bd. 3, Berlin: Duncker & Humblot, 1957, S. 149.

Kremnitz, Mite: Carmen Sylva. Eine Biografie, Leipzig: Haberland, 1903.

Lindenberg, Paul: Carmen Sylva (Königin Elisabeth von Rumänien). In: Paul Lindenberg: Das Denkmal der deutschen Frauen, Essen: Schumann, 1927, S. 268-275.

Peters, Karl: Carmen Sylva als lyrische Dichterin. (Dissertation: Marburg) Marburg: Friedrich's Universitäts-Buchdruckerei, 1925.

Mazilu, D. R.: Ce a scris Carmen Sylva, în: Omagiu Carmen Sylvei, Revista Fundaţiilor Regale, Jahrgang X, Dezember 1943, Nr. 12, Bucureşti.

Podlipny-Hehn, Annemarie: Mittlerrolle zwischen zwei Kulturen. Zum 150. Geburtstag der Dichterin Carmen Sylva. In: Allgemeine Deutsche Zeitung für Rumänien, 28. Dezember 1993,1. Jahrgang, Nr. 253, Bukarest 1993, S. 5.

Schmidt, Hildegard Emilie: Carmen Sylva (1843-1916). Eine progressive Frau an der Schwelle des 20. Jahrhunderts, In: Von Frau zu Frau. Auf der Suche nach der verschütteten Geschichte bedeutender Frauen in und um Neuwied (hrsg. vom Frauenbüro Neuwied unter der Leitung von Susanne Klein, Initiatorin Petra Magnus), Neuwied: Frauenbüro, 1993, S. 115-125.

Schmidt, Hildegard Emilie: Die Förderung von Kultur und Bildung in Rumänien durch die Königin Elisabeta geb. Prinzessin zu Wied (Carmen Sylva, 1843-1916), Neuwied, 1983.

Schmidt, Hildegard Emilie: Elisabeth, Königin von Rumänien, Prinzessin zu Wied, »Carmen Sylva«. Ihr Beitrag zur rumänischen Musikkultur von 1880 bis 1916 im Kulturaustausch zwischen Rumänien und Westeuropa. Dissertation, Bonn, 1991.

Schmitz, Maximilian: Carmen Sylva und ihre Werke. Neuwied und Berlin: Heuser, 1889.

Stackelberg, Freiin Natalie von: Aus Carmen Sylva's Leben. Heidelberg: Winter's Universitätsbuchhandlung, 1889.

Stefănescu Delavrancea, Barbu: Carmen Sylva (I). Carmen Sylva, Neagoe Basarab şi Meşterul Manole (II). Carmen Sylva şi românii (III). Carmen Sylva. Capitala şi românii (IV). Carmen Sylva (V). Carmen Sylva şi România (VI). Carmen Sylva (VII, VIII, IX, X, XI), în: Opere, vol. V, (hrsg. von Emilia Şt. Milicescu), Bucureşti: Editura pentru Literatură. 1962, [Reihe: Scriitori români].

Tzigara-Samurcas, Al.: Memorii. Vol. I. (1872-1910), Bucureşti: Editura »Grai şi suflet«- Cultura natională, 1991.

Wolbe, Eugen: Carmen Sylva. Der Lebensweg einer einsamen Königin, Leipzig: Koehler & Amelang, 1933.

Zimmermann, Silvia Irina: Die dichtende Königin. Elisabeth, Prinzessin zu Wied, Königin von Rumänien, Carmen Sylva (1843-1916). Selbstmythisierung und prodynastische Öffentlichkeitsarbeit durch Literatur (Dissertation Universität Marburg, digitale Publikation: Universitätsbibliothek Marburg, 2003), Stuttgart: ibidem, 2010.

Weitere Literatur zu Carmen Sylva

Alecsandri, Vasile. Cele mai frumoase scrisori (hrsg. von Marta Anineanu), Bucureşti: Editura Minerva, 1972, [Reihe: Biblioteca pentru toţi], S. 266.

Bernhardt, Walter/*Seigel*, Rudolf : Bibliographie der Hohenzollerischen Geschichte. In: Zeitschrift für Hohenzollerische Geschichte (hrsg. vom Hohenzollerischen Geschichtsverein Sigmaringen), 10./11. Bd. der ganzen Reihe 97./98. Bd., 1974/75, S. 471.

Bocca, Geoffrey: Könige mit und ohne Thron, Stuttgart und Hamburg: Deutscher Bücherbund, o. J. (um 1960), S. 138.

Der große *Brockhaus* in 12 Bänden, Wiesbaden: Brockhaus, 1953, Bd. 2, S. 532.

D'Ester, Karl: Die Rheinlande. Ein Heimatbuch, Frankfurt/Main: Weidlich, 1982, S. 140 (enthält das Gedicht »Bonn« von Carmen Sylva).

Dungern, Otto Freiherr von: Rumäniens Abfall. In: Deutsche Rundschau, 2. Oktober 1916, Berlin 1916, S. 24-41.

Engel, Eduard: Geschichte der deutschen Literatur von den Anfängen bis in die Gegenwart, Bd. 2: das 19. Jahrhundert und die Gegenwart, Wien: Tempsky/Leipzig: Freytag, 1912.

Ewers, Hanns Heinz: Führer durch die moderne Literatur. Dreihundert Würdigungen der hervorragendsten Schriftsteller unserer Zeit, Berlin: Globus, 1911, S. 170.

Friedrichs, Elisabeth: Die deutschsprachigen Schriftstellerinnen des 18. und 19. Jahrhunderts, Stuttgart: Metzler, 1981 [Repertorien zur Literaturgeschichte, Bd. 9], S. 72 (bibliographische Angaben zu Carmen Sylva).

Gottschall, Rudolf von (Hrsg.): Deutsche Lyrik des neunzehnten Jahrhunderts bis zur modernen Aera, Leipzig: Reclam, 1908, S. 46, 661-664 (drei Gedichte von Carmen Sylva).

Grebing, Renate: Mite Kremnitz (1852-1916). Eine Vermittlerin der rumänischen Kultur in Deutschland, Frankfurt/Main und Bern: Lang, 1976,

Dissertation Marburg/Lahn, [Osteuropäische Studien der »Europäischen Hochschulschriften«, Reihe XXXIV, Band 1].

Groß, Heinrich (Hrsg.): Deutsche Dichterinnen und Schriftstellerinnen in Wort und Bild, Bd. 3, Frankfurt/Main: Goldstein, 1893 (enthält mehrere Gedichte und zwei Märchen von Carmen Sylva).

Hamann, Brigitte: Bertha von Suttner. Ein Leben für den Frieden, München: Piper, 1987, S. 254, 319, 401.

Hamann, Brigitte: Elisabeth. Kaiserin wider Willen, München und Zürich: Piper, 1990, S. 214, 460-465, 602.

Hamann, Brigitte (Hrsg.): Kronprinz Rudolf. Schriften, Wien und München: Amalthea, 1981, S. 127f.

Hübner, Paul: Der Rhein. Von den Quellen bis zu den Mündungen, Frankfurt/Main: Büchergilde Gutenberg, 1977, S. 368 und 389.

Jahrbuch der Dobrutschadeutschen, 1971 (hrsg. von Otto Klett), Heilbronn: Heilbronner Stimme, 1971 (darin: »Carmen Sylva« von Lydia Germann, S. 124-127; »Rheintochters Donaufahrt«. Eine Erinnerung an Königin Elisabeth von Rumänien von Hans Petri, S. 129-131; weitere Erwähnungen: S. 15 und 44).

Kaiser Wilhelm II.: Ereignisse und Gestalten aus den Jahren 1878-1918, Leipzig und Berlin: Koehler, 1922, S. 137.

Kienzl, Hermann (Hrsg.): Die Fäulnis Rumäniens im Lichte rumänischer Dichter und Schriftsteller. Dichtungen und Aufsätze übersetzt von Mite Kremnitz (mit einem Vorwort vom Herausgeber: S. 7- 48; über Carmen Sylva: S. 39), München: Müller, 1917.

Klabund: Literaturgeschichte. Die deutsche und die fremde Dichtung von den Anfängen bis zur Gegenwart, Wien: Phaidon, 1929.

Kluge, Hermann: Geschichte der deutschen Nationalliteratur. Zum Gebrauch an höheren Unterrichtsanstalten und zum Selbststudium bearbeitet von Reinhold Besser und Otto Oertel, 44. und 45. Auflage, Altenburg: Bonde, 1913, S. 288.

Kremnitz, Mite: Aus dem Leben König Karls von Rumänien. Aufzeichnungen eines Augenzeugen, 4. Bde., Stuttgart: Cotta, 1894-1900.

Kremnitz, Mite: König Karl von Rumänien. Ein Lebensbild, Breslau: Schottländer, 1906.

Kremnitz, Mite: Regele Carol al României. O biografie, Iaşi: Editura Portile Orientului: 1995, [Reihe: Colectia Dinastia].

Lindenberg, Paul: Carol, König von Rumänien. Ein Lebensbild dargestellt unter Mitarbeit des Königs, 2 Bde., Berlin: Hafen, 1923.

Lindenberg, Paul: Das Denkmal deutscher Frauen, Essen: Schumann, 1927, S. 268-275.

Lindenberg, Paul: Schloß Pelesch und seine Bewohner, Berlin: Holten, 1913.

Maria, Königin von Rumänien: Traum und Leben einer Königin, Leipzig: List, 1935.

Meyers Enzyklopädisches Lexikon in 25 Bänden, Mannheim, Wien und Zürich: Bibliographisches Institut/Lexikon Verlag, 1972, Bd. 5 , S. 349, 350.

Meyers Handbuch für Literatur, Mannheim: Bibliographisches Institut/Allgemeiner Verlag, 1964, S. 252.

Munteanu, Basil: Geschichte der neueren rumänischen Literatur, Übersetzung aus dem Französischen von Wolf von Aichelburg, Wien: Wiener Verlag, 1943, [Beiträge zur Kultur- und Geistesgeschichte Südosteuropas, hrsg. von Franz Thierfelder, Bd. I.].

Rathgeber, Alphons Maria (Hrsg.): Von Mädchenglück und Frauenliebe. Ein Buch für die deutsche Familie, Ulm: Berg, 1925, S. 265, 315, 318 (zwei Gedichte und ein Essay von Carmen Sylva).

Reuter, Wilhelm: Literaturkunde, Freiburg im Breisgau: Herder, 1919, S. 328.

Scherer, Georg (Hrsg.): Deutscher Dichterwald. Lyrische Anthologie, Stuttgart und Leipzig: Deutsche Verlags-Anstalt, o. J. (nach 1902), S. 368-370.

Scherr, Johannes: Illustrierte Geschichte der Weltliteratur, 2 Bde., Stuttgart: Franck, 1895, S. 452 (Bd. I).

Stuker, Jürg: Die große Parade. Glanz und Untergang der Fürsten Europas. Olten und Freiburg im Breisgau: Walter, 1971, S. 259-262.

Teutsch, Friedrich: Geschichte der Siebenbürger Sachsen für das sächsische Volk, Bd. 4: 1868-1919. Unter dem Dualismus, Hermannstadt: Krafft, 1926, S. 67.

Tismar, Jens: Das deutsche Kunstmärchen des zwanzigsten Jahrhunderts, Stuttgart: Metzler, 1981 [Germanistische Abhandlungen; 51], S. 29.

Waldemar, Oehlke: Die deutsche Literatur seit Goethes Tode und ihre Grundlagen, Halle: Niemeyer, 1921, S. 311.

Wirtgen, Philipp: Neuwied und seine Umgebung (hrsg. von Rudolf Blenke), Neuwied: Heuser, 1902, S. 273f.
Zimmermann, Magdalene (Hrsg.): Die Gartenlaube als Dokument ihrer Zeit, München: Deutscher Taschenbuchverlag, 1967, S. 92, 230.

Weitere Literatur zur Zeit- und Literaturgeschichte

Biese, Alfred: Deutsche Literaturgeschichte, Bd. 3: Von Hebbel bis zur Gegenwart, München: Beck, 1911.
Brinker-Gabler, Gisela (Hrsg.): Deutsche Literatur von Frauen. Bd. 2: 19. und 20. Jahrhundert, München: Beck, 1988.
Călinescu, George: Istoria literaturii române de la origini până în prezent, Bucureşti: Editura Minerva, 1985.
Chronik des 19. Jahrhunderts (hrsg. von Imanuel Geiss), Dortmund: Chronik/Harenberg , 1993.
Friedell, Egon: Kulturgeschichte der Neuzeit. Die Krisis der europäischen Seele von der Schwarzen Pest bis zum Ersten Weltkrieg, München: Beck, 1989.
Fürstenhöfe und Fabriken. Die Welt im Zeitalter des Imperialismus (hrsg. von Heinrich Pleticha), Gütersloh: Bertelsmann Lexikon, 1990.
Glaser, H./*Lehmann*, J./*Lubos*, A.: Wege der deutschen Literatur. Eine geschichtliche Darstellung, Frankfurt/Main; Berlin: Ullstein, 1986.
Hubmann, Franz: Das deutsche Familienalbum. Die Welt von gestern in alten Photographien. Von der Romantik zum Zweiten Kaiserreich, Wien, München und Zürich: Molden, 1972.
Iorga, Nicolae: România cum era pînă la 1918, Vol. 1, Bucureşti: Editura Minerva, 1972 [Reihe: Biblioteca pentru toţi, Nr. 717].
Kayser, C. G.: Bücher-Lexikon, Leipzig: Weigel, 1883.
Kinder, H./*Hilgemann*, W.: dtv - Atlas zur Weltgeschichte. Bd. II: Von der Französischen Revolution bis zur Gegenwart, München: Deutscher Taschenbuchverlag, 1977.
Laaths, Erwin: Geschichte der Weltliteratur, Bindlach: Gondrom, 1988.
Vărzaru, Simona (Hrsg.): Prin ţările române. Călători străini, din secolul al XIX-lea. Bucureşti: Sport-Turism, 1984.
Weber-Kellermann, Ingeborg: Frauenleben im 19. Jahrhundert. Empire und Romantik, Biedermeier, Gründerzeit, München: Beck, 1991.

Fachliteratur (Volks- und Kunstmärchen, Sage, Legende)

Aarne, Antti: The Types of the Folk-Tale. A Classification and Biography. Antti Arnes Verzeichnis der Märchentypen (FFC Nr. 3), translated and enlarged by Stith Thompson, Ph. D., Helsinki, 1928, (FFC Nr. 74).

Anghelescu, Mircea: Max Lüthi, »Das Volksmärchen als Dichtung«. In: Revista de istorie si teorie literară, Tomul 25, Nr. 3, 1976, Bucureşti: Editura Academiei, 1976, S. 460.

Apel, Friedmer: Die Zaubergärten der Phantasie. Zur Theorie und Geschichte des Kunstmärchens, Heidelberg: Winter, 1978 [Reihe Siegen. Beiträge zur Literatur- und Sprachwissenschaft, Bd. 13].

Bausinger, Hermann: Formen der »Volkspoesie«, Berlin: Schmidt, 1980.

Beit, Hedwig von: Das Märchen. Sein Ort in der geistigen Entwicklung, Bern und München: Francke, 1965.

Beit, Hedwig von: Symbolik des Märchens. Versuch einer Deutung, Bern: Francke, 1986.

Bethe, E.: Märchen. Sage. Mythus. Leipzig: Quelle & Meyer, 1922.

Botez, Liliana: Şarpele, apa, soarele - cîteva sugestii despre mituri şi simboluri în literatura română veche şi folclor, în: Revista de istorie şi literatură, Tomul 28, Nr. 2, 1979, Bucureşti: Editura Academiei, 1978, S. 243-253.

Brackert, Helmut (Hrsg.): Und wenn sie nicht gestorben sind... Perspektiven auf das Märchen, Frankfurt/Main: Suhrkamp, 1980.

Brill, Tony: Legende populare romaneşti (Studiu introductiv), Bucureşti: Minerva, 1981, [Editii critice de folclor - Genuri], S. 1-83.

Buchwald, Ellinor: Symbolik im Märchen. In: Beiträge zur Würdigung und Weitergabe des Werkes von Ludwig Klages (hrsg. von Wilhelm Schürer), Bonn: Bouvier & Co., 1960 [Hestia 1960/61], S. 62-70.

Bühler, Charlotte/*Bilz*, Josephine: Das Märchen und die Phantasie des Kindes, München: Barth, 1958.

Büttner, Christiane (Hrsg.): Zauber, Magie und Rituale. Pädagogische Botschaften in Märchen und Mythen, München: Kösel, 1985.

Călinescu, George: Estetica basmului, Bucureşti: Editura pentru literatură, 1965. [Reihe: Studii de folclor].

Chitimia, I. C.: Folcloristica românească în ultimele decenii, în: Revista de istorie şi teorie literară, Tomul 21, Nr. 4, 1972, Bucureşti: Editura Academiei, 1972, S. 595-599.

Cioculescu, Simona: Structura artistică a povestirii populare, în: Revista de istorie şi teorie literară, Tomul 19, Nr. 4, 1970, Bucureşti: Editura Academiei, 1970, S. 573-588.

Dieckmann, Hans: Märchen und Träume als Helfer des Menschen, Stuttgart: Bonz & Co., 1968 [Psychologisch gesehen, Nr. 4].

Dinges, Ottilie (Hrsg.): Märchen in Erziehung und Unterricht (im Auftrag der Europäischen Märchengesellschaft), Kassel: Röth, 1986 [Veröffentlichungen der Europäischen Märchengesellschaft, Bd. 9].

Eliade, Mircea: Myths and Fairy Tales. In: Myth and Reality, London: Allen & Unwin, 1968 [World Perspectives], S. 195-202.

Eliade, Mircea: Timpul sacru şi miturile, în: Sacrul şi profanul, Bucureşti: Humanitas, 1992, S. 64-106.

Esterl, Arnica/ *Solms*, Wilhelm (Hrsg.): Tiere und Tiergestaltige im Märchen (im Auftrag der Europäischen Märchengesellschaft), Regensburg: Röth, 1991 [Veröffentlichungen der Europäischen Märchengesellschaft; Bd. 15].

Ewe, Brigitte: Das Kunstmärchen in der Jugendliteratur des 20. Jahrhunderts, München, 1965.

Heindrichs, Ursula (Hrsg.): Tod und Wandel im Märchen (im Auftrag der Europäischen Märchengesellschaft), Regensburg: Röth, 1991 [Veröffentlichungen der Europäischen Märchengesellschaft; Bd. 16].

Jolles, André: Einfache Formen: Legende, Sage, Mythe, Rätsel, Spruch, Memorabile, Märchen, Witz, Tübingen: Niemeyer, 1982 [Konzepte der Sprach- und Literaturwissenschaft, 15].

Karlinger, Felix: Die Funktion des Liedes im Märchen der Romania, Salzburg und München: Pustet, 1968 [Salzburger Universitätsreden, Heft 34].

Karlinger, Felix: Gesammelte Aufsätze zur rumänischen Literatur und Kulturgeschichte, Salzburg: Arbeitskreis für rumänische Sprache und Literatur, 1985 [Studien zur rumänischen Sprache und Literatur, Heft 7].

Karlinger, Felix: Geschichte des Märchens im deutschen Sprachraum. Grundzüge, Darmstadt: Wissenschaftliche Buchgesellschaft, 1988.

Karlinger, Felix: Legendenforschung. Aufgaben und Ergebnisse, Darmstadt: Wissenschaftliche Buchgesellschaft, 1986.

Karlinger, Felix (Hrsg.): Wege der Märchenforschung, Darmstadt: Wissenschaftliche Buchgesellschaft, 1973 [Wege der Forschung, Bd. CCLV].

Klotz, Volker: Das europäische Kunstmärchen, München: Deutscher Taschenbuchverlag, 1987.

Le Blanc, Thomas/*Solms*, Wilhelm: Phantastische Welten. Märchen, Mythen, Fantasy (im Auftrag der Europäischen Märchengesellschaft), Regensburg: Röth, 1994 [Veröffentlichungen der Europäischen Märchengesellschaft; Bd. 18].

Leyen, Friedrich von der: Das Märchen, Heidelberg: Quelle & Meyer, 1958.

Lüthi, Max: Das Volksmärchen als Dichtung. Ästhetik und Anthropologie, Düsseldorf und Köln: Diederichs, 1975 [Studien zur Volkserzählung, Bd. 1, hrsg. von F. Karlinger und K. Schier].

Lüthi, Max: Es war einmal... Vom Wesen des Volksmärchens, Göttingen: Hubert & Co., 1964.

Lüthi, Max: Das europäische Volksmärchen. Form und Wesen, München: Francke, 1978.

Lüthi, Max: Märchen (Sammlung Metzler: Realien zur Literatur, Band 16), Stuttgart: Metzler, 1990.

Lüthi, Max: Das Märchen als Dichtung. Ästhetik und Anthropologie, Düsseldorf und Köln: Diederichs, 1975.

Lüthi, Max: Volksmärchen und Volkssage. Grundformen erzählender Dichtung, Bern und München: Francke, 1961.

Mackensen, Lutz (Hrsg.): Handwörterbuch des deutschen Märchens, Berlin und Leipzig: de Gruyter, 1930-1940.

Märchen, Mythen und Symbole. Vorträge und Aufsätze, Klages-Bibliographie (im Auftrag der Klages-Gesellschaft Marbach e. V. hrsg. von Franz Tenig), Bonn: Bouvier, 1985, [Hestia, 1984/85].

Oberfeld, Charlotte (Hrsg.): Wie alt sind unsere Märchen (im Auftrag der Europäischen Märchengesellschaft), Regensburg: Röth, 1990 [Veröffentlichungen der Europäischen Märchengesellschaft, Bd. 14].

Olteanu, A. Gh., Folclor şi literatură cultă, Braşov: Editura Orientul Latin, 1994.

Oprişan, I.: Antologia basmului cult, în: Revista de istorie şi teorie literară, Tomul 18, Nr. 3, 1969, Bucureşti: Editura Academiei, 1969, S. 527-529.

Petzoldt, Leander: Dämonenfurcht und Gottvertrauen. Zur Geschichte und Erforschung unserer Volkssagen, Darmstadt: Wissenschaftliche Buchgesellschaft, 1983.

Petzoldt, Leander (Hrsg.): Vergleichende Sagenforschung, Darmstadt: Wissenschaftliche Buchgesellschaft, 1969 [Wege der Forschung, Bd. CLII].

Pinsent, John: Griechische Mythologie, Wiesbaden: Vollmer, 1969.

Projekt Deutschunterricht 1: Kritisches Lesen - Märchen, Sage, Fabel, Volksbuch (hrsg. von Heinz Ide), Stuttgart: Metzler, 1971/1973.

Propp, Vladimir: Die historischen Wurzeln des Zaubermärchens, München und Wien: Hanser, 1987 [Literatur als Kunst].

Propp, Vladimir: Morphologie des Märchens (hrsg. von Karl Eimermacher), Frankfurt/ Main: Suhrkamp, 1975 [Suhrkamp Taschenbuch Wissenschaft, 131].

Ranke, Kurt (Hrsg.): Enzyklopädie des Märchens, Bd. 1-8, Berlin und New York: De Gruyter, 1977-1994.

Röhrich, Lutz: Märchen und Wirklichkeit, Wiesbaden: Steiner, 1964.

Röhrich, Lutz: Sage, Stuttgart: Metzler und Poeschel, 1966 [Realienbücher für Germanisten. Abt. E: Poetik].

Röhrich, Lutz (Hrsg.): Probleme der Sagenforschung, Freiburg im Breisgau: Forschungsstelle Sage (Deutsche Forschungsgemeinschaft),1973.

Röhrich, Lutz: Sage und Märchen. Erzählforschung heute, Freiburg, Basel und Wien: Herder, 1976.

Sagen und ihre Deutung. Beiträge von Max Lüthi, Lutz Röhrich und Georg Fohrer. Göttingen: Vandenhoeck & Ruprecht, 1965 [Evangelisches Forum, Heft 5].

Şăinean, Lazăr: Basmele române. In comparaţiune cu legendele antice şi clasice. Şi în legătură cu Basmele poporelú Romanice. Studiu comparativú, Bucuresci: Göbl, 1890.

Scherf, Walter: Bedeutung und Funktion des Märchens, München: Internationale Jugendbibliothek, 1982 [Sonderdruck für die Mitglieder der Europäischen Märchengesellschaft].

Scherf, Walter: Lexikon der Zaubermärchen, Stuttgart: Kröner, 1982.

Scholl, Kurt: Märchenbibliographie, Heidelberg: Heidelberger Märcheninformation, 1983.

Schullerus, Adolf: Verzeichnis der rumänischen Märchen und Märchenvarianten nach dem System der Märchentypen Antti Aarnes, Helsinki, 1928 (FFC Nr. 78).

Şerb, Ioan: Antologia basmului cult, vol. II. (Studii critice), Bucureşti: Editura pentru literatură, 1968.

Siegert, Christa M.: Geheime Botschaft im Märchen, Bad Teinach-Zavelstein: hermanes T, 1991.

Siegmund, Wolfdietrich (Hrsg.): Antiker Mythos in unseren Märchen, Kassel: Röth, 1984 [Veröffentlichungen der Europäischen Märchengesellschaft, Bd. 6].

Solms, Wilhelm (Hrsg.): Das selbstverständliche Wunder. Beiträge germanistischer Märchenforschung, Marburg: Hitzeroth, 1986 [Marburger Studien zur Literatur; Bd. 1].

Solms, Wilhelm: Die Moral von Grimms Märchen, Darmstadt: Primus, 1999.

Solms, Wilhelm: Einfach phantastisch. Von der Wundererzählung zur Phantastischen Literatur. In: Phantastische Welten, (im Auftrag der Europäischen Märchengesellschaft hrsg. von Thomas Le Blanc und Wilhelm Solms), 1994, S. 9-22.

Taloş, Ioan: Volksmärchen und Volksmärchenerzählen in Rumänien. In: Märchen und Märchenforschung in Europa (hrsg. von D. Röth und W. Kahn, im Auftrag der Märchen-Stiftung Walter Kahn, Braunschweig), Frankfurt/Main: Haag & Herchen, 1993, S. 190-202.

Tismar, Jens: Das deutsche Kunstmärchen des zwanzigsten Jahrhunderts, Stuttgart: Metzler, 1981 [Germanistische Abhandlungen, 51].

Tismar, Jens: Kunstmärchen, Stuttgart: Metzler, 1977 [Realien zur Literatur, Sammlung Metzler, Nr. 155, Abt. E, Poetik].

Uther, Hans-Jörg (Hrsg.): Märchen in unserer Zeit. Zu Erscheinungsformen eines populären Erzählgenres, München: Diederichs, 1990.

Velculescu, Cătălina: Legende: Relexe în istoriografie, în: Revista de istorie şi teorie literară, Tomul 27, Nr. 1, 1978, Bucureşti: Editura Academiei, 1978, S. 23-33.

Wehse, Rainer (Hrsg.): Märchenerzähler - Erzählgemeinschaft (im Auftrag der Europäischen Märchengesellschaft), Kassel: Röth, 1983 [Veröffentlichungen der Europäischen Märchengesellschaft, Bd. 4].

Wührl, Paul-Wolfgang: Das deutsche Kunstmärchen, Heidelberg: Quelle & Meyer, 1984 [UTB für Wissenschaft: Uni Taschenbücher; 1341].

Wührl, Paul-Wolfgang: Im magischen Spiegel. Variationen über das Wunderbare in den Märchen deutscher Dichter von Wieland bis Döblin. In: Im magischen Spiegel. Märchen deutscher Dichter aus zwei Jahrhunderten, (Anthologie hrsg. von P.-W. Wührl), Frankfurt/Main: Insel, 1978.

Weitere Literatur

Badauta, Al.: Images roumaines, Bucarest, 1932.

Bilder aus Rumänien, Bukarest: Meridiane, 1961.

Die Karpaten. Landschaftsbilder aus Rumänien, Bukarest: Meridiane, 1963.

Die Bibel nach der Übersetzung Martin Luthers, Berlin/Altenburg: Evangelische Haupt-Bibelgesellschaft, 1986

Eliade, Mircea: Geschichte der religiösen Ideen, Freiburg im Breisgau: Herder, 1993, [Spektrum, Bd. 4200].

Fletcher, John (Hrsg.): Romantic Mythologies, London: Routledge & Kegan Paul, 1967.

Gassen, Richard W./*Holeczek*, Bernhard (Hrsg.): Mythos Rhein, Ausstellungskatalog des Wilhem-Hack-Museum/Ludwigshafen am Rhein (12. Juni-16. August 1992).

Grimm, Jacob: Deutsche Mythologie, 3 Bde., Frankfurt/Main, Berlin und Wien: Ullstein, 1981 [Ullstein Materialien].

Jenseits der Wälder. Deutsches Volk in Sebenbürgen, Stuttgart: Deutsche Verlags-Expedition, 1940.

Lehrer, Milton F.: Sinaia, Bukarest: Meridiane, 1967.

Lurker, Manfred (Hrsg.): Wörterbuch der Symbolik, Stuttgart: Kröner, 1988 [Körners Taschenausgabe; Bd. 464].

Mackensen, Lutz: Das große Buch der Vornamen, Wiesbaden: VMA-Verlag, 1990.

Muntii Carpati, Sibiu: Thausib, 1995.

Niculescu, Mihai: Omul si pământul românesc, Paris, 1955.

Paläste und Schlösser in Europa (Text von Rainer Frenzel), Wien und München: Schroll, 1970.

Peles. Das Nationalmuseum Peles/Sinaia (hrsg. von C. Dina und I. Serban), Sinaia: Publirom, 1994.

Pinsent, John: Griechische Mythologie, Wiesbaden: Vollmer, 1969.

Richter, Gert/*Ulrich*, Gerhard: Lexikon der Kunstmotive. Antike und christliche Welt, München: Orbis, 1993.

Taschenlexikon Rumänien, Leipzig: Bibliographisches Institut, 1985.

The Pelesh Castle - A Work of a Lifetime, o. O., Editura Arhimede, o. J. [nach 1990].

Weimann, Robert: Literaturwissenschaft und Mythos. In: Literaturgeschichte und Mythologie. Methodologische und historische Studien, Berlin und Weimar: Suhrkamp, 1977 [Taschenbuch Wissenschaft, 204], S. 306-359.

Zum Vergleich herangezogene Literatur (Märchen, Sagen, Mythen, Volksdichtung)

Ackermann, Erich (Hrsg.): Märchen von Zwergen, Frankfurt/Main: Fischer, 1995.

Alecsandri, Vasile: Legende şi pasteluri, Bucureşti: Editura Ion Creangă, 1978, [Reihe: Biblioteca şcolarului].

Aller Zauber dieser Welt. Die schönsten Kunstmärchen der deutschen Romantik (mit einem Nachwort von Franz Loquai), Augsburg: Goldmann, 1994 [Goldmann Klassiker mit Erläuterungen, Bd. 7637].

Balade populare româneşti, Bucureşti: Editura Ion Creangă, 1984, [Reihe: Biblioteca pentru toţi, Nr. 79].

Bechstein, Ludwig: Sagen aus deutschen Landen, Erlangen: Müller, 1987.

Bei Săcel den Berg hinan. Rumänische Volksdichtung, Cluj-Napoca: Dacia Verlag, 1977.

Bolintineanu, Dimitrie: Legende istorice, Bucureşti: Editura Ion Creangă, 1989.

Brentano, Clemens: Das Rheinmärchen (hrsg. von B. Schillbach), Stuttgart, Berlin und Köln: Kohlhammer, 1991.

Brill, Tony (Hrsg.): Legende geografice româneşti, Bucureşti: Editura penrtu turism, 1974 [Reihe: Colectia locuri şi legende].

Brill, Tony (Hrsg.): Legende populare româneşti, Bucureşti: Editura Minerva, 1970.

Creangă, Ion: Poveşti, povestiri, amintiri, Bucureşti: Editura Minerva, 1980 [Reihe: Biblioteca pentru toţi, Nr. 6].

Dähnhardt, Oskar (Hrsg.): Naturgeschichtliche Volksmärchen, 2. Bde., Leipzig: Teubner, 1909.

Densusianu, Ovidiu (Hrsg.): Povestiri din cronicari, Bucureşti: Alcaly, o. J., [Biblioteca pentru toti].

Densusianu, Tradiţii şi legende, Bucureşti: Alcaly, o. J., [Biblioteca pentru toţi].

Der Prinz aus der Träne. Rumänische Kunstmärchen, (ausgewählt und kommentiert von Klaus Hammer), Berlin: Rütten & Loening, 1976.

Deutsche Dichtermärchen von Goethe bis Kafka, München: Deutscher Taschenbuchverlag, 1994.

Die Edda (übertragen von Felix Genzmer), Jena: Diederichs, 1933.

Dima, Alexandru (Hrsg.): Rumänische Märchen (In deutscher Übersetzung nach Haupttypen ausgewählt und mit Anmerkungen versehen vom Herausgeber) Leipzig: Harassowitz, 1944.

Doina, Doina.... Eine Anthologie rumänischer Literatur aus Vergangenheit und Gegenwart (mit einer Einleitung und nach Textvorschlägen von Liviu Rusu, hrsg. von Kurt Schebesch), Leer (Ostfriesland): Rautenberg, 1969.

Grimm, Jacob und Wilhelm: Kinder- und Hausmärchen, Frankfurt/Main und Leipzig: Insel, 1992.

Grimm, Jacob und Wilhelm (Hrsg.): Deutsche Sagen, Berlin: Nicoliaische Verlags-Buchhandlung R. Stricker, 1906.

Ispirescu, Petre: Der Zauberkater. Das verzauberte Schwein und andere Märchen, Bukarest: Kriterion, 1982.

Ispirescu, Petre: Legende sau basmele românilor, Bucureşti: Editura pentru literatură, 1968.

Karlinger, Felix/*Mykytiuk*, Bohodan (Hrsg.): Legendenmärchen aus Europa, Köln: Diederichs, 1967 [Die Märchen der Weltliteratur, begründet von Friedrich von Leyen, hrsg. von Kurt Schier und Felix Karlinger].

Karlinger, Felix: Rumänische Legenden aus der mündlichen Tradition - Fragmentarische Skizzen und exemplarische Texte, Salzburg: Institut für

Romanistik der Universität Salzburg, 1990 [Studien zur rumänischen Sprache und Literatur, Heft 10].

Karlinger, Felix (Hrsg.): Rumänische Märchen außerhalb Rumäniens, Kassel: Röth, 1982 [Veröffentlichungen der Europäischen Märchengesellschaft, Bd. 3].

Karlinger, Felix/*Turczynski*, Emanuel (Hrsg.): Rumänische Sagen und Sagen aus Rumänien, Berlin: Schmidt, 1982 [Europäische Sagen, 11].

Lessing, Gotthold Ephraim: Nathan der Weise, Stuttgart: Reclam, 1983.

Märchen der deutschen Romantik (mit einem Nachwort von Gerhard Muschwitz), Leipzig: Dieterich, 1959 [Sammlung Dieterich, Bd. 200].

Musäus, Johann Karl August: Märchen und Sagen, Leipzig und Weimar: Kiepenheuer, 1989.

Neculce, Ion: Letopisețul Țării Moldovei și O samă de cuvinte, (hrsg. von Ioan Iorgu), București: Editura de Stat pentru Literatură și Artă, 1955, [Clasicii Români].

Ovid [Publius Ovidius Naso]: Metamorphosen, Wiesbaden: Drei Lilien, 1986.

Penzoldt, Leander (Hrsg.): Balkan-Märchen, Frankfurt/Main: Fischer, 1995, [Märchen der Welt, Band 12744].

Popa, Ștefan N./*Florea*, Pavel (Hrsg.): Legende populare din Moldova, Iași: Casa județeană a creației populare, 1968.

Romantische Märchen (hrsg. von Anneliese Brezinová), Prag: Artia, 1986.

Rumänische Märchen (hrsg. von Sabina C. Stroescu), Bukarest: Ion Creangă Verlag, 1987.

Rumänische Märchen, erzählt von Maria Kaková, Hanau: Dausien, o. J. [Reihe: Märchen der Welt].

Rumänische Märchen, übersetzt von Mite Kremnitz, Leipzig: Friedrich, 1882.

Schopenhauer, Adele: Haus-, Wald- und Feldmärchen (hrsg. von K. W. Bekker), Hanau: Dausien, 1987.

Schott, Albert und Arthur: Walachische Märchen. Mit einer Einleitung über das Volk der Walachen und einem Anhang zur Erklärung der Märchen, Stuttgart und Tübingen: Cotta, 1845.

Schwab, Gustav (Hrsg.): Die schönsten Sagen des klassischen Altertums nach seinen Dichtern und Erzählern, Gütersloh und Leipzig: Bertelsmann, 1892.

Şerb, Ioan (Hrsg.): Antologia basmului cult, vol. I (Texte), Bucureşti: Editura pentru literatură, 1968.

Şerb, Ioan (Hrsg.): Făt-frumos cu părul de aur. Basme populare româneşti, Bucureşti: Editura pentru literatură, 1967.

Şerb, Ioan (Hrsg.): Tinereţe fără bătrâneţe şi viaţă fără de moarte. Basme populare româneşti, Bucureşti: Editura pentru literatură, 1967.

Slavici, Ioan: Povesti, în: Proză. Poveşti. Nuvele. Mara., Bucureşti: Cartea românească, 1980, [Reihe: Mari scriitori români].

Solms, Wilhelm/*Früh*, Sigrid (Hrsg.): Märchen von Teufeln, Frankfurt/Main: Fischer, 1994.

Weitershagen, Paul: Das große Sagenbuch vom Rhein, Düsseldorf: Bagel, 1963.

Zaunert, Paul: Deutsche Natursagen, Jena: Diederichs, 1921.

Zaunert, Paul: Rheinland Sagen, 2. Bde., Jena: Diederichs, 1924.

Verzeichnis der publizierten schriftstellerischen Werke Carmen Sylvas [1]

Im Folgenden verwendete Abkürzungen und Anmerkungen:

*	= kurze Erläuterung, im laufenden Text folgend
Fußnote	= längere Erläuterungen (z. B. Quellenangaben aus der Sekundärliteratur).
^{a}[Jahr]	= bei späteren Ausgaben, deren Erstauflage nicht bekannt ist.
[Jahr]**f**	= spätere, vermehrte bzw. veränderte Auflagen; spätere Erstauflage weiterer Bände.
/Jahr/	= vermutliche Jahresangabe laut Bibliotheks- bzw. Archivangaben
A. d. V. bzw. **[...]**	= Angaben der Verfasserin

1880 »*Sappho*« [Versepos], Leipzig: F. A. Brockhaus.

1880 »*Hammerstein*« [Versepos], Leipzig: F. A. Brockhaus.

1881 »*Stürme*« [Theaterstücke], 1. Auflage, Bonn: Strauß; 4. Auflage, Bonn: Strauß, 1903.

1882* »*Leidens Erdengang. Ein Märchenkreis*«, Berlin: Duncker; 2. Auflage, 1885; 3. Auflage, 1888; illustriert von Emma Marie Elias, Berlin: Duncker, 1889; 4. Auflage, 1890; 5. Auflage, 1899; 6. Auflage, 1904; 7. Auflage, 1908; 8. Auflage, Weimar: Duncker, 1914; 12. Auflage, Weimar: Duncker, 1922; [*Teilveröffentlichung: »Das Sonnenkind und andere Märchen«. In: »Wiesbadener Volksbücher«, Nr. 80, Wiesbaden, 1906].

1882* »*Puiu*« [Allegorie, rumänisch]. In: Analele Academiei Române, Seria II, Tomul V, Sectia II, »Memorii si notite«, Bucureşti: Socec et Teclu; [* deutsche Fassung: »*Nesthäkchen*«, in: »*Pelesch-Märchen*« erschienen].

1882 »*Die Hexe*« [Versepos, zu einer Statue von Carl Cauer, mit einem Titelbild der Statue], Berlin: Duncker.

[1] Vgl. die ausführliche Bibliographie zur dichtenden Königin in Silvia Irina Zimmermann: *Die dichtende Königin. Elisabeth, Prinzessin zu Wied, Königin von Rumänien, Carmen Sylva (1843-1916). Selbstmythisierung und prodynastische Öffentlichkeitsarbeit durch Literatur* (Diss. Universität Marburg, 2003), Stuttgart: ibidem, 2010.

1882 »*Ein Gebet*« [Erzählung], Berlin: Duncker; 2. Auflage: Berlin: Duncker, 1883; 3. Auflage: Berlin: Duncker, 1887; 4. Auflage: Berlin: Duncker, 1897; 1904.

1882 »*Jehovah*« [Versepos], Berlin: Duncker, 1882; Leipzig: Friedrich, 1882; 2. Auflage, Bonn: Strauß, 1883; Leipzig: Friedrich, 1883; 3. Auflage, Berlin: Duncker, 1887.

1883 »*Aus Carmen Sylva's Königreich*«, Bd. 1: »*Pelesch-Märchen*«, 1. und 2. Auflage: Bonn: Strauß; 1. Aufl. Leipzig: Friedrich, o. J. [1883]; 2. unveränderte Auflage: Leipzig: Friedrich, o. J.; 3. vermehrte Auflage, Bonn: Strauß, 1886; Bonn: Strauß, 1888; 1889; 4. Auflage, Bonn und Stuttgart, 1899; 5. Auflage, Stuttgart: Kröner, 1904; Bucureşti: Fundaţia Carol I., 1933.

1884f[2] »*Meine Ruh'*« [Gedichte], mit einem Titelbild, Leipzig: Druckerei W. Druglin; Berlin: Duncker, 1884; 2. veränderte Auflage, 4 Gedichtbände, Berlin: Duncker, 1885; 3. vollständige Auflage, 5 Gedichtbände [zusätzl. Band: »Blutstropfen«, 1. Aufl.], Berlin: Duncker, 1901.

1884 »*Handzeichnungen*« [Erzählungen und literarische Skizzen], Berlin: Duncker.

1884 »*Mein Rhein*« [Gedichte], illustriert von E. Doeppler, nebst 20 landschaftlichen Radierungen, unter Leitung von Hans Meyer ausgeführt von F. Krostewitz und R. Heinrich, 1. und 2. Auflage, Leipzig: Titze; 4. Auflage, mit 20 photographischen Rheinansichten: Leipzig: Titze, /1891/.

1885 »*Aus Carmen Sylva's Königreich*«, Bd. 2 bzw. »Durch die Jahrhunderte« [Geschichten und Nacherzählungen von Balladen und Legenden, aus der rumänischen Geschichte von Decebal bis König Carol I., dem rumänischen Dichter Vasile Alecsandri gewidmet], Leipzig und Bonn: Strauß, 1887.

1886 »*Mein Buch*« [faksimilierte Gedichte mit Randzeichnungen von C. M. Seyppel], Düsseldorf: Felix Bagel.

[a]1887 »*Es klopft*« [Novelle], 2. und 3. Auflage, Regensburg: Wunderling,

---

2 D. R. Mazilu gibt das Erscheinungsjahr 1883 an, vgl. D. R.: Mazilu: *Ce a scris Carmen Sylva*. In: *Omagiu Carmen Sylvei*, Revista Fundatiilor Regale, Jahrgang X, Dezember 1943, Nr. 12, Bucureşti, S. 612.

1887; 5. Auflage, Regensburg: Wunderling, 1903; 6. Auflage, Regensburg: Wunderling, 1908.

1888 »*Pelesch im Dienst. Ein sehr langes Märchen für den Prinzen Heinrich XXXII. von Reuß*« [Märchen], Bonn: Strauß.

1890 »*Deficit*« [Roman], Bonn: Strauß; 2. Auflage, Bonn: Strauß, 1891.

1890 »*Frauenmuth*« [Theaterstücke], Bonn: Strauß.

1890[3] »*Die Sphynx*«: Versepos aus »Mein Buch«, geschrieben und gemalt von Carmen Sylva und vertont von August Bungert), Berlin: Friedrich Luckhardt und New York: G. Schirmer.

1891 »*Sola*« [Erzählung, rumänisch], în: Analele Academiei Române, XIII, I, 107, S. 111-113 und Anexe: S. 247-254; în: »Baria literară« [4], 1891, Bucureşti: Carol Göbl.

1891 »*Handwerkerlieder*« [Gedichte], Bonn: Strauß.

1891 »*Heimath*« [Gedichte]. Bonn: Strauß.

1891 »*Meerlieder*« [Gedichte], Bonn: Strauß.

1891 »*Weihnachtskerzen von Pallanza*« [Gedichte], Pallanza: Vercellini.

1892 »*Meister Manole*« [Drama], Bonn: Strauß.

1893 »*Um ein paar Stiefelchen*« [Theaterstück], Neuwied: Strüder.

1898* »*Monsieur Hampelmann*« [Kinderbuch], viersprachig: deutsch, rumänisch, französisch, englisch, Mitarbeit Lecomte de Nouy, Bucureşti [*auf der letzten Zeichnung die Datierung L. de Nouy's: »Pallanza 7. April 1892«].

1900 »*Thau*« [Gedichte], Bonn: Strauß.

1901 »*Märchen einer Königin*« [Märchenband], mit Bildschmuck von Elias, Fidus, Kado, Bonn: Strauß.

1903 »*Unter der Blume*« [Gedichte], Regensburg: Wunderling.

1904* »*In der Lunca. Rumänische Idylle*« [* Novelle, dem rumänischen Komponisten George Enescu gewidmet, mit zwei Illustrationen nach Gemälden von Nicolae Grigorescu], Regensburg: Wunderling; 2. Auflage: Regensburg: Wunderling, 1906.

---

3 Hildegard E. Schmidt: *Elisabeth, Königin von Rumänien, Prinzessin zu Wied, »Carmen Sylva«. Ihr Beitrag zur rumänischen Musikkultur von 1880 bis 1916 im Kulturaustausch zwischen Rumänien und Westeuropa*. Dissertation. Bonn, 1991, S. 252.

4 Vgl. D. R.: Mazilu: *Ce a scris Carmen Sylva*, in: *Omagiu Carmen Sylvei*, Revista Fundatiilor Regale, Jahrgang X, Dezember 1943, Nr. 12, Bucureşti, S. 617.

1912 »*Aus dem Leben*«, 2 Novellen, mit einer Einführung von Paul Lindenberg, Leipzig: Reclam.

Literarische Werke in Zusammenarbeit mit Mite Kremnitz (unter dem Pseudonym: »Dito und Idem«)

1884 »*Aus zwei Welten*« [Briefroman], Leipzig: Friedrich; 2. Auflage, Bonn: Strauß, 1886; 4. Auflage, Bonn: Strauß, 1898; 8. Auflage, Leipzig: Kröner, o. J.; Bonn: Strauß, 1901.

1886 »*Anna Boleyn*« [Historisches Trauerspiel], Bonn: Strauß.

1886 »*Astra*« [Briefroman], 1. und 2. Auflage, Bonn: Strauß; 4. Auflage, Bonn, 1898; 6. Auflage, Bonn: Strauß, 1903, 7. Auflage, Leipzig: Kröner, o. J.

1886 »*Feldpost*« [Briefroman], Bonn: Strauß; 4. Auflage: Bonn: Strauß, 1903.

1888 »*In der Irre*« [Novellen], Bonn: Strauß; 4. Auflage, Bonn: Strauß, 1901.

1888 »*Rache und andere Novellen*« [Novellen], Bonn: Strauß, 2. Auflage, Bonn: Strauß, 1889, 3. Auflage, Bonn: Strauß, 1890.

Diverses (Artikel, Briefe, Essays, Aphorismen, Erinnerungen, Berichte, Libretti)

/1879/[5] »*Vârful cu Dor*«, Rumänische Ballade in drei Teilen von F. de Laroc* [* Pseudonym Königin Elisabeths von Rumänien, Anagramm von »Femme de Carol«], [Opernlibretto]; Musik von Zdislaw Lubicz, rumänische Fassung von M. E[min]escu: »Vêrful cu Dor«; italienische Fassung von L. F. Paganini, Bucureşti: Tipografia Curţii F. Göbl.

1882* »*Les pensées d'une reine*« [Aphorismen], französisch, préface par Louis Ulbach, Paris: Calmann-Lévy; Paris: Calmann-Lévy, 1888, Paris: Calmann-Lévy, /1906/[Jahr der Druckbestellung, A. d. V.]; [* deutsche Ausgabe: »Vom Amboß«, Bonn: Strauß; 2. Auflage, 1890; Bonn: Strauß, 1890].

5 Datierung nach der Bibliothekskartei der Biblioteca Academiei Române Bucureşti.

1888* »*Cuvinte sufleteşti*« [geistliche Texte, rumänisch], Bucureşti: Tipografia Cărţii Bisericeşti; Bucureşti, (Mica Bibliotecă Carmen Sylva), 1989; Bucureşti, (Biblioteca pentru toti, nr. 827-828), /1914/; Brasov: Tipografia, 1915; [* deutsche Ausgabe: »*Seelengespräche*«, Bonn, 1900].

1892* »*Bucharest*« [Essay]. In: Les Capitales du Monde, No. 12, P. 297-320), Paris, [* rumänische Fassung: »*Bucureşti*«, Bucureşti: Ed. Tip. Universul, 1892; deutsche Fassung: »*Bukarest*«. In: Die Hauptstädte der Welt, Breslau: Kunst- und Verlagsanstalt, o. J (um 1890?)].

1896* »*Femeia română*« [Essay]. In: Telegraful Român, 31. August/12. September 1896, Jahrgang XLIV, Nr. 98; 3./15. September 1896, Jahrgang XLIV, Nr. 99; 5. /17. September 1896, Jahrgang XLIV, Nr. 100, Sibiu; [* französische Fassung[6]: »*La femme roumaine*«. In: »Les Annales politiques et littéraires«, 21 décembre 1902].

1902 »*Es ist vollbracht. Das Leben meines Bruders Otto Nicholas, Prinz zu Wied*«, Berlin: Duncker.

1903f »*Geflüsterte Worte*« [Essays und Lyrik], 5. Bde., Regensburg: Wunderling, 1903-1912; 1913; 1920; 5 Bde. in einem Band gebunden, Regensburg: Wunderling, 1922; 4. und 5. Bde. in einem Band gebunden, 1912, 1922.

[Bd. 1], »*Den Schlaflosen gewidmet*«, 1. und 2. Auflage, 1903; 7. Auflage, /um 1920/; 10. Auflage, 1917.

[Bd. 2], »*Den Schlaflosen gewidmet*«, 5. Auflage, o. J.; 6. Auflage, /um 1913/.

[Bd. 3], »*Insomnia*«, 3. Aufl., /um 1913/.

[Bd. 4], »*Frageland*« und [Bd. 5], »*Mein Jenseits*«, in einem Bd. gebunden, 1912.

1903 »*In der Hölle*« [Essay]. In: »Die Zukunft«, Nr. 45, 1903, S. 188-193, Regensburg.

6 Vgl. D. R Mazilu: *Ce a scris Carmen Sylva*. In: *Omagiu Carmen Sylvei*, Revista Fundatiilor Regale, Jahrgang X, Dezember 1943, Nr. 12, Bucureşti, S. 618.

1904 »*Die bösen Männer*« [Erzählung]. In: »Die Zukunft«, Nr. 47, S. 482-485, Regensburg.

1904 »*Arbeit*« (Separatabdruck [sic!] aus »Rumänischer Lloyd«, Nr. 5079/80, 4. und 5. Mai 1904), Bucureşti.

1905 »*Rheintochters Donaufahrt*« [Reiseschilderung: 10.-16. Mai 1904], Regensburg.

1906* »*Cetatea orbilor*«. In: Tribuna Aradului, 19. September 1906, Arad; [* deutsche Fassung: »*Die Blindenstadt*«, in: Neue Freie Presse, Wien, 23. September 1906, Nr. 15118, S. 1-3].

1906 »*Le ›Foyer de lumière‹. Pensées d'une reine*« [Aphorismen], /Paris/.

1908 »*Mein Penatenwinkel*« [Lebenserinnerungen], Bd. 1, Frankfurt/Main: Minjon; 3. Auflage, 1908; 4. Auflage, 1908; 6. und 7. Auflage, Frankfurt/Main: Minjon, 1911; 8. Auflage, Frankfurt/Main: Minjon, 1917.

1908 »*Was ich von Erziehung denke*«. In: Die Woche, Berlin, 18. Januar 1908, 10. Jahrgang, Nr. 3, S. 89-92.

1912 »*Mein Großonkel Maximillian*«. In: Velhagen und Klasings Monatshefte, Bielefeld, S. 245-250.

1913* »*Aliunde*« [Aphorismen], französisch: Bucureşti: Minerva [*Jahresangabe auf dem Buchrücken].

1916 »*Briefe einer einsamen Königin*«, herausgegeben von Lina Sommer München: Braun & Schneider.

Übersetzungsarbeiten Carmen Sylvas (ggf. Angabe des Mitarbeiters bzw. der Mitarbeiterin)

1878* »*Rumänische Dichtungen*« [* darunter zwei Gedichte von Vasile Alecsandri, »Stelele« und »Secerisul«, ins Deutsche übersetzt und unter dem Pseudonym »E. Wedi« veröffentlicht in der Zeitschrift »Die Gegenwart«][7].

[7] Vgl. George Bengescu: *Carmen Sylva. Viata Reginei Elisabeta*, Iaşi: Ed. Portile Orientului, 1995, S. 62.

1881 »*Rumänische Dichtungen*«, deutsch von Carmen Sylva, hrsg. und mit weiteren Beiträgen versehen von Mite Kremnitz, 1. Auflage: Leipzig: W. Friedrich, Verlag des »Magazin für die Literatur des In- und Auslandes«; 1. Auflage, Leipzig: Kröner, 1881; 2. Auflage, Bonn: Strauß und Leipzig, 1883; 3 Auflage, Bonn, 1889.

1885 »*Islandfischer*«, [Roman »Pecheurs d'Islande« von Pierre Loti], ins Deutsche übersetzt von Carmen Sylva, Bonn: Strauß; 2. Auflage, Bonn: Strauß, 1888; 4. Auflage, Bonn: Strauß, 1895; Bonn: Strauß, 1902.

1888[8] Eminescu, Mihai: »*Die Märchenkönigin*« und »*Des Waldes Märchen*«, übersetzt aus dem Rumänischen von Carmen Sylva. In: Hans Grabow: Die Lieder aller Völker und Zeiten: Hamburg, S. 566; 567-568.

1889 »*Lieder aus dem Dimbovitzathal*« [Alternativtitel: »Der Rhapsode der Dimbovitza«]. Aus dem Volksmunde gesammelt von Helene Vacarescu, ins Deutsche übertragen von Carmen Sylva, Bonn: Strauß.

1892 »*The Bard of Dimbovitza*«, romanian folk-songs collected from the peasants by Hélène Vacaresco, translated by Carmen Sylva and Alma Strettell, London: James R. Osgood, Mc. Ilvaine; 1897 [2 Bde. in einem Band gebunden].

1898 »Rumänische Dichtungen«, Bucureşti: Institut der graphischen Künste, Carol Göbl (Kleine Bibliothek).

1899f »*Die beiden Masken*« [eine historische Darstellung des Dramas, »*Les deux Masques*« von Paul de Saint-Victor], übersetzt ins Deutsche von Carmen Sylva unter Mitarbeit von Mite Kremnitz, 3 Bde. Berlin: Duncker, 1899-1900, 3 Bde., Paris.

1914 »*Aus lichten Höhen*«, Aufzeichnungen zum Evangelium und der Offenbarung Johannis sowie zum I. Corintherbrief 15. Kapitel, von Hilda Baronin von Deichmann. Ins Deutsche übertragen von Carmen Sylva und Bucura Dumbravă, Regensburg.

---

[8] Basil Munteanu: *Geschichte der neueren rumänischen Literatur*, Übersetzung aus dem Französischen von Wolf von Aichelburg, Wien: Wiener Verlag, 1943, [Beiträge zur Kultur- und Geistesgeschichte Südosteuropas, hrsg. von Franz Thierfelder, Bd. I.], S. 286.

Postum erschienene Übersetzungsarbeiten Carmen Sylvas:

1917 »*Feindliche Brüder*« [Erzählung Marias, Königin von Rumänien], nach der rumänischen Handschrift deutsch bearbeitet von Carmen Sylva, Berlin: L. Oehmigke's (R. Appelius).

1917[9] Gârleanu, Emil: »*Der Aufschneider*«, übersetzt von Carmen Sylva. In: Beldiceanu, N. N.: »Rumänien in Wort und Bild« (Zeitschrift Bucureşti: Carol Verlag, 1917-1918), Jahrgang 1, 1917, Heft 23, S. 11-12.

1917[10] Sadoveanu, Mihail: »*Der Prozeß*«, übersetzt von Carmen Sylva. In: Beldiceanu, N. N.: »Rumänien in Wort und Bild«, (Zeitschrift Bucureşti: Carol Verlag, 1917-1918), Jahrgang 1, Heft 11, S. 11-12.

1918[11] Alecsandri, Vasile: »*Die Weichseln*«, übersetzt von Carmen Sylva. In: Beldiceanu, N. N.: »Rumänien in Wort und Bild«, (Zeitschrift, Bucureşti: Carol Verlag, 1917-1918), Jahrgang 2, H. 11, S. 11-12.

1918[12] Gârleanu, Emil: »*Der Schatz*«. In: Beldiceanu, N. N.: »Rumänien in Wort und Bild« (Zeitschrift, Bucureşti: Carol Verlag, 1917-1918), Jahrgang 2, Heft 2, S. 11-12.

1918[13] Vlahuta, Alexandru: »*Die Untröstlichen*«, übersetzt von Carmen Sylva. In: Beldiceanu, N. N.: »Rumänien in Wort und Bild«, (Zeitschrift Bucureşti: Carol Verlag, 1917-1918), Jahrgang 2, Heft 3, S. 12).

---

9 Ebd., S. 286.

10 Ebd., S. 289.

11 Ebd., S. 283.

12 Ebd., S. 287.

13 Ebd., S. 290.

Silvia I. Zimmermann

Die dichtende Königin

Elisabeth, Prinzessin zu Wied,
Königin von Rumänien, Carmen Sylva (1843-1916)

Selbstmythisierung und prodynastische
Öffentlichkeitsarbeit durch Literatur

ISBN 978-3-8382-0185-6
484 S., Paperback, € 49,90

Erhältlich in jeder Buchhandlung
oder direkt bei

ibidem

Elisabeth, die erste Königin von Rumänien und Prinzessin zu Wied (1843-1916), entfaltete seit 1880 unter dem Künstlernamen Carmen Sylva eine äußerst rege schriftstellerische Tätigkeit. Als engagierte und erfolgreiche Kulturvermittlerin fand die Königin bereits zu Lebzeiten Anerkennung, doch die Beurteilung der Dichterin blieb bis heute kontrovers. Die kulturpolitische Tendenz ihres Werks wurde bisher nur selten thematisiert; eine systematische Untersuchung lag bislang nicht vor. Was ihre Schreibpraxis, ihr literarisches Anliegen und ihre Legitimationsbestrebungen als 'dichtende Königin' betreffen, handelt es sich bei ihrem Werk um eine konsequente Instrumentalisierung des Literaturbegriffs: Carmen Sylvas Werk ist Teil ihres 'Berufs' als Königin und somit vorwiegend prodynastische Öffentlichkeitsarbeit durch Literatur.
Silvia Irina Zimmermanns Studie ist die erste systematische wissenschaftliche Auseinandersetzung mit dem gesamten literarischen Werk Carmen Sylvas überhaupt und bietet die bislang umfangreichste Bibliografie zur dichtenden Königin. Neu für Carmen-Sylva-Kenner ist Zimmermanns Ermahnung, das literarische Werk der Königin von Rumänien auch unter dem Aspekt der Öffentlichkeitsarbeit durch Literatur zu betrachten. Das Phänomen einer in eigener und prodynastischer Sache literarisch tätigen Königin offenbart unerwartete Modernität. Zugleich ermöglicht diese Betrachtungsweise eine genauere literarhistorische Einordnung und Bewertung der schriftstellerischen Tätigkeit Carmen Sylvas, die ihren Anliegen besser gerecht wird. Für neue Leser ist die dichtende Königin Carmen Sylva auf alle Fälle eine spannende Entdeckung.

Die Autorin:
Silvia Irina Zimmermann, geboren 1970 in Sibiu / Hermannstadt, Rumänien, studierte an den Universitäten Sibiu und Marburg Germanistik, Anglistik, Kunstgeschichte und Soziologie, wobei sie sich unter anderem auch mit den Märchen Carmen Sylvas auseinandersetzte. Sie betreibt mehrere Websites zur Schriftsteller-Königin (www.carmen-sylva.de), und gegenwärtig übersetzt sie eine rumänische Biografie Carmen Sylvas ins Deutsche.

***ibidem*-Verlag**

Melchiorstr. 15

D-70439 Stuttgart

info@ibidem-verlag.de

www.ibidem-verlag.de
www.ibidem.eu
www.edition-noema.de
www.autorenbetreuung.de

Zeitfracht Medien GmbH
Ferdinand-Jühlke-Straße 7
99095 Erfurt, Deutschland
produktsicherheit@kolibri360.de